Karl Spühler / Rodrigo Rodriguez

Internationales Zivilprozessrecht

Internationales Zivilprozessrecht

Zuständigkeit, Verfahren, LugÜ,
Anerkennung und Vollstreckung, Rechtshilfe,
Internationales Konkursrecht, Rechtsmittel

2. Auflage

von

Karl Spühler
Em. Professor an der Universität Zürich
ehemals Bundesrichter
Dr. iur., Rechtsanwalt

Rodrigo Rodriguez
Assistenzprofessor an der Universität Bern
Dr. iur., Rechtsanwalt

Schulthess § 2013

Zitiervorschlag: Spühler/Rodriguez, IZPR

Bibliografische Information der Deutschen Nationalbibliothek
Die Deutsche Nationalbibliothek verzeichnet diese Publikation in der Deutschen Nationalbibliografie; detaillierte bibliografische Daten sind im Internet über http://dnb.d-nb.de abrufbar.

ISBN 978-3-7255-6689-1

www.schulthess.com

Vorwort

Das internationale Zivilprozessrecht ist für Studenten, Gerichte und Rechtsanwälte immer wieder eine Herausforderung, und dies trotz der Begrenztheit der sich stellenden Sachfragen. Das vorliegende kleine Werk richtet sich vorab an Studenten, wobei gute Grundkenntnisse des nationalen Prozessrechtes vorausgesetzt werden. Es ist zudem für Anwaltskandidaten konzipiert und soll auch den Gerichten und Rechtsanwälten als grundlegende Orientierung dienen.

Die vorliegende Auflage berücksichtigt insbesondere die Neuerungen, die sowohl durch das revidierte Lugano-Übereinkommen (LugÜ) als auch durch die Schweizerische Zivilprozessordnung auf den 1. Januar 2011 hin in Kraft getreten sind.

Der wachsenden Bedeutung des internationalen Insolvenzrechts trägt diese Auflage mit einer Darstellung desselben in seinen wesentlichen Grundzügen Rechnung.

Beide Autoren sind für das Ganze verantwortlich. Dem tut kein Abbruch, dass sie sich die Bearbeitung aufteilten.

Eine erste Auflage der vorliegenden Schrift, die längst vergriffen ist, erfolgte vor elf Jahren von Karl Spühler und Claudia Meyer. Letztere musste leider aus verschiedenen Gründen für die vorliegende zweite Auflage ausscheiden. An ihre Stelle trat Rodrigo Rodriguez.

Für die sorgfältige Durchsicht und Überarbeitung des Manuskripts danken wir herzlich Frau Anna-Lea Keller. Ein besonderer Dank geht auch an Herrn Marco Gianini, Frau Sandra Kutnjak-Klopp und Herrn Ulrich Gaebler vom Schulthess Verlag für die gute Zusammenarbeit bei der Herausgabe des Werkes.

Literatur und Rechtsprechung wurden bis Ende August 2012 berücksichtigt.

Zürich/Bern, im November 2012 — Karl Spühler und Rodrigo Rodriguez

Inhaltsübersicht

Inhaltsverzeichnis

Abkürzungsverzeichnis

a.a.O.	am angeführten Ort
Abl.	Amtsblatt
Abs.	Absatz
a.E.	am Ende
AG	Aktiengesellschaft
AGB	Allgemeine Geschäftsbedingungen
AJP	Aktuelle Juristische Praxis
aLugÜ	Übereinkommen über die gerichtliche Zuständigkeit und die Vollstreckung gerichtlicher Entscheidungen in Zivil- und Handelssachen vom 16. September 1988
a.M.	anderer Meinung
Art.	Artikel
Aufl.	Auflage
BB1	Bundesblatt
BGE	Bundesgerichtsentscheid
BGG	Bundesgesetz vom 17. Juni 2005 über das Bundesgericht (Bundesgerichtsgesetz; SR 173.110)
BGer	Bundesgericht
BK	Berner Kommentar
BlSchK	Blätter für Schuldbetreibung und Konkurs
BSK	Basler Kommentar
Bsp.	Beispiel
bzw.	beziehungsweise
BV	Bundesverfassung der Schweizerischen Eidgenossenschaft vom 18. Dezember 1998 (SR 101)
c.	contra
dergl.	dergleichen
d.h.	das heisst
Diss.	Dissertation
E.	Erwägung
EFTA	Europäische Freihandelsassoziation
EG	Europäische Gemeinschaft
EG ZSJ (BE)	Einführungsgesetz zur Zivilprozessordnung, zur Strafprozessordnung und zur Jugendstrafprozessordnung (BGS 271.1)
Eidg.	Eidgenössisch(e/r/s)
EIZ	Europa Institut Zürich

EJPD	Eidgenössisches Justiz- und Polizeidepartement
EMRK	Konvention zum Schutze der Menschenrechte und Grundfreiheiten vom 4. November 1950 (SR 0.101)
ESA	Europäisches Übereinkommen über Staatenimmunität vom 16. Mai 1972 (SR 273.1)
et al.	et alii
EU	Europäische Union
EU 77	Europäisches Übereinkommen über die Übermittlung von Gesuchen um unentgeltliche Rechtspflege vom 27. Mai 1977 (SR 0.274.137)
EuGH	Gerichtshof der Europäischen Gemeinschaften
EuGVO	Verordnung (EG) Nr. 44/2001 des Rates über die gerichtliche Zuständigkeit und die Anerkennung und Vollstreckung von Entscheidungen in Zivil- und Handelssachen
EuGVÜ	Brüsseler Übereinkommen über die gerichtliche Zuständigkeit und die Vollstreckung gerichtlicher Entscheidungen in Zivil- und Handelssachen vom 27. September 1968
evtl.	eventuell
f.	und folgende (Seite/Note/Artikel)
ff.	und folgende (Seiten/Noten/Artikel)
Fn	Fussnote
FusG	Bundesgesetz vom 3. Oktober 2003 über Fusion, Spaltung, Umwandlung und Vermögensübertragung (Fusionsgesetz; SR 221.301)
GebV SchKG	Gebührenverordnung zum Bundesgesetz über Schuldbetreibung und Konkurs vom 23. September 1996 (SR 281.35)
GebV ZH	Verordnung über die Gerichtsgebühren vom Kanton Zürich vom 30. Juni 1993 (LS 211.11)
GestG	Bundesgesetz über den Gerichtsstand in Zivilsachen vom 24. März 2000
ggf.	gegebenenfalls
GmbH	Gesellschaft mit beschränkter Haftung
GOG (ZH)	Gesetz über die Gerichts- und Behördenorganisation im Zivil- und Strafprozess vom Kanton Zürich (LS 211.1)
HAVE	Haftung und Versicherung
HBewUe70	Haager Übereinkommen über die Beweisaufnahme im Ausland in Zivil- und Handelssachen vom 18. März 1970 (SR 0.274.132)
HKsÜ	Haager Übereinkommen vom 19. Oktober 1996 über die Zuständigkeit, das anzuwendende Recht, die Anerkennung, Vollstreckung und Zusammenarbeit auf dem Gebiet der elterlichen Verantwortung und der Massnahmen zum Schutz von Kindern (SR 0.211.231.011)
Hrsg.	Herausgeber

HUe54	Haager Übereinkommen betreffend Zivilprozessrecht vom 1. März 1954 (SR 0.274.12)
HUe80	Haager Übereinkommen über den internationalen Zugang zur Rechtspflege vom 25. Oktober 1980 (SR 0.274.133)
HUntVÜ	Haager Übereinkommen über die Anerkennung und Vollstreckung von Unterhaltsentscheidungen vom 2. Oktober 1973 (SR 0.211.213.02)
HZUe65	Haager Übereinkommen über die Zustellung gerichtlicher und aussergerichtlicher Schriftstücke in Zivil- und Handelssachen vom 15. November 1965 (SR 0.274.131)
h.L.	herrschende Lehre
IGE	Institut für Geistiges Eigentum
IPR	Internationales Privatrecht
IPRG	Bundesgesetz über das Internationale Privatrecht vom 18. Dezember 1987 (SR 291)
IZPR	Internationales Zivilprozessrecht
i.d.R.	in der Regel
i.e.S.	im engeren Sinn
insb.	insbesondere
i.S.	in Sachen
i.S.v.	im Sinn von
i.V.m.	in Verbindung mit
i.w.S.	im weiteren Sinn
JAR	Jahrbuch des Schweizerischen Arbeitsrechts (Bern)
kant.	kantonale
Kap.	Kapitel
KOV	Verordnung vom 13. Juli 1911 über die Geschäftsführung der Konkursämter (SR 281.32)
KSG	Konkordat über die Schiedsgerichtsbarkeit vom 27. März 1969
lit.	litera
LugÜ	Übereinkommen vom 30. Oktober 2007 über die gerichtliche Zuständigkeit und die Anerkennung und Vollstreckung von Entscheidungen in Zivil- und Handelssachen (SR 0.275.11)
MSA	Haager Übereinkommen über die Zuständigkeit der Behörden und das anzuwendende Recht auf dem Gebiet des Schutzes von Minderjährigen vom 5. Oktober 1961 (SR 0.211.231.01)
MSchG	Bundesgesetz über den Schutz von Marken und Herkunftsangaben (Markenschutzgesetz) vom 28. August 1992 (SR 232.11)
m.w.H.	mit weiteren Hinweisen
N	Note

Nb	Nichtigkeitsbeschwerde
Nr.	Nummer
NYÜ	New Yorker Übereinkommen über die Anerkennung und Vollstreckung ausländischer Schiedssprüche vom 10. Juni 1958 (SR 0.277.12)
OG	BG über die Organisation der Bundesrechtspflege vom 16. Dezember 1943
OR	Bundesgesetz vom 30. März 1911 betreffend die Ergänzung des Schweizerischen Zivilgesetzbuches (Fünfter Teil: Obligationenrecht; SR 220)
Pra	Praxis
Rs.	Rechtssache
Rz	Randziffer
SchKG	Bundesgesetz über Schuldbetreibung und Konkurs vom 11. April 1989 (SR 281.1)
S.	Seite
SjL	Stämpflis juristische Lehrbücher
SJZ	Schweizerische Juristen-Zeitung
Slg.	Sammlung
sog.	sogenannte(s/r)
SR	Systematische Sammlung des Bundesrechts, Bern 1970 ff.
StGB	Schweizerisches Strafgesetzbuch vom 21. Dezember 1937 (SR 311.0)
SVG	Strassenverkehrsgesetz vom 19. Dezember 1958 (SR 741.01)
SZIER	Schweizerische Zeitschrift für internationales und europäisches Recht
u.a.	unter anderem/und andere
u.E.	unseres Erachtens
UNCITRAL	Kommission der Vereinten Nationen für internationales Handelsrecht
UNO	Vereinte Nationen
UNO-Pakt II	Internationaler Pakt vom 16. Dezember 1966 über bürgerliche und politische Rechte (SR 0.103.2)
URG	Bundesgesetz über das Urheberrecht und verwandte Schutzrechte (Urheberrechtsgesetz) vom 9. Oktober 1992 (SR 231.1)
usw.	und so weiter
u.U.	unter Umständen
vgl.	vergleiche
WÜD	Wiener Übereinkommen über diplomatische Beziehungen vom 18. April 1961 (SR 0.191.01)
WÜK	Wiener Übereinkommen über konsularische Beziehungen vom 24. April 1963 (SR 0.191.02)
z.B.	zum Beispiel
ZBJV	Zeitschrift des Bernischen Juristenvereins

ZGB	Schweizerisches Zivilgesetzbuch vom 10. Dezember 1907 (SR 210)
Ziff.	Ziffer
ZInsO	Zeitschrift für das gesamte Insolvenzrecht
zit.	zitiert
ZPO	Schweizerische Zivilprozessordnung vom 19. Dezember 2008 (Zivilprozessordnung; SR 272)
ZR	Blätter für Zürcherische Rechtsprechung
ZZZ	Schweizerische Zeitschrift für Zivilprozess- und Zwangsvollstreckungsrecht

Literaturverzeichnis

AMONN KURT/WALTHER FRIDOLIN, Grundriss des Schuldbetreibungs- und Konkursrechts, 8. Aufl., Bern 2008.

BOMMER FLORIAN, Die Zuständigkeit für Widerspruchs- und Anfechtungsklagen im internationalen Verhältnis, Diss. Zürich 2001.

BRUNNER ALEXANDER/GASSER DOMINIK/SCHWANDER IVO (Hrsg.), Schweizerische Zivilprozessordnung, Kommentar, Zürich/St. Gallen 2011 (zit. DIKE ZPO-Kommentar BEARBEITER/IN).

BUCHER ANDREAS (Hrsg.), Loi sur le droit international privé (LDIP)/Convention de Lugano (CL), Commentaire romand, Basel 2011 (zit. CoRo-LDIP/CL BEARBEITER/IN).

BÜHR DANIEL LUCIEN, Verfahrensfragen der Vollstreckbarerklärung ausländischer Geldleistungs-Entscheidungen in der Schweiz nach dem System des Lugano-Übereinkommens, in: AJP 1993, 694 ff.

DASSER FELIX/OBERHAMMER PAUL (Hrsg.), Lugano-Übereinkommen, Stämpflis Handkommentar, 2. Aufl., Bern 2011 (zit. LugÜ-Handkommentar BEARBEITER/IN).

DONZALLAZ YVES, La Convention de Lugano du 16 septembre 1988 concernant la compétence judiciaire et l'exécution des décisions en matière civile et commerciale, 3 Bände, Bern 1996–1998.

GEIMER REINHOLD, Internationales Zivilprozessrecht, 6. Aufl., Köln 2009.

GIRSBERGER DANIEL et al. (Hrsg.), Zürcher Kommentar zum IPRG, 2. Aufl., Zürich 2004 (zit. ZK-IPRG BEARBEITER/IN).

GROLIMUND PASCAL/SCHNYDER ANTON K., Internationales Privat- und Zivilprozessrecht, Zürich/St. Gallen 2011.

GULDENER MAX, Das internationale und interkantonale Zivilprozessrecht der Schweiz, Zürich 1951, mit Supplement Zürich 1959 (zit. GULDENER, Internationales und Interkantonales Zivilprozessrecht).

DERSELBE, Schweizerisches Zivilprozessrecht, 3. Aufl., Zürich 1979 (zit. GULDENER, Schweizerisches Zivilprozessrecht).

HABSCHEID WALTHER J., Schweizerisches Zivilprozess- und Gerichtsorganisationsrecht, 2. Aufl., Basel 1990.

HONSELL HEINRICH et al. (Hrsg.), Internationales Privatrecht, Basler Kommentar zum Schweizerischen Privatrecht, 2. Aufl., Basel 2007 (zit. BSK-IPRG BEARBEITER/IN).

JAMETTI GREINER MONIQUE, Der Begriff der Entscheidung im schweizerischen internationalen Zivilverfahrensrecht, Diss. Basel und Frankfurt a.M. 1998 (zit. JAMETTI GREINER, Entscheidung).

DIESELBE, Grundsätzliche Probleme des vorsorglichen Rechtsschutzes aus internationaler Sicht, in: Spühler Karl (Hrsg.), Vorsorgliche Massnahmen aus internationaler Sicht, Europa Institut Zürich, Zürich 2000, 11 ff. (zit. JAMETTI GREINER, EIZ).

DIESELBE, Überblick zum Lugano-Übereinkommen über die gerichtliche Zuständigkeit und die Vollstreckung gerichtlicher Entscheidungen in Zivil- und Handelssachen, in: ZBJV 1992, 42 ff. (zit. JAMETTI GREINER, ZBJV).

KREN KOSTKIEWICZ JOLANTA, Grundriss des schweizerischen internationalen Privatrechts, Bern 2012 (zit. KREN KOSTKIEWICZ, SjL Internationales Privatrecht).

DIESELBE, Internationales Konkursrecht: Anerkennung ausländischer Konkursdekrete und Durchführung eines Sekundärkonkurses in der Schweiz, in: BlSchK 1993, 1 ff. (zit. KREN KOSTKIEWICZ, BlSchK).

DIESELBE, Staatenimmunität im Erkenntnis- und im Vollstreckungsverfahren nach schweizerischem Recht, Bern 1998 (zit. KREN KOSTKIEWICZ, Staatenimmunität).

DIESELBE, Vorsorgliche Massnahmen im schweizerischen IPRG: direkte Zuständigkeit, anwendbares Recht sowie Anerkennung und Vollstreckung, in: Bolle Pierre-Henri (Hrsg.), Mélanges en l'honneur de Henri-Robert Schüpbach, Basel/Genf/München 2000, 289 ff. (zit. KREN KOSTKIEWICZ, Vorsorgliche Massnahmen).

KREN KOSTKIEWICZ JOLANTA/RODRIGUEZ RODRIGO, Der unwidersprochene Zahlungsbefehl im revidierten Lugano-Übereinkommen, in: Jusletter 26. April 2010.

KROPHOLLER JAN/VON HEIN JAN, Europäisches Zivilprozessrecht: Kommentar zu EuGVO und Lugano-Übereinkommen, EuVTVO, EuMVO und EuGFFVO, 9. Aufl., Frankfurt am Main 2007.

LIERSCH OLIVER/WALTHER FRIDOLIN, Geltung und Grenzen der deutsch-schweizerischen Staatsverträge auf dem Gebiet des Insolvenzrechts, in: ZInsO 11/2007, 582–585.

LORANDI FRANCO, Handlungsspielraum ausländischer Insolvenzmassen in der Schweiz, in: AJP 2008, 560 ff.

LEUENBERGER CHRISTOPH, Lugano-Übereinkommen: Verfahren der Vollstreckbarerklärung ausländischer «Geld»-Urteile, in: AJP 1992, 965 ff.

MARKUS ALEXANDER R., Zahlungsbefehl als Mahnmittel nach dem revidierten Lugano-Übereinkommen, in: Kren Kostkiewicz Jolanta/Markus Alexander R./Rodriguez Rodrigo (Hrsg.), Internationaler Zivilprozess 2011, Zusammenspiel des revLugÜ mit dem revSchKG und der schweizerischen ZPO, Bern 2010, 33 ff.

OETIKER CHRISTIAN/WEIBEL THOMAS (Hrsg.), Lugano-Übereinkommen, Basler Kommentar, Basel 2011 (zit. BSK-LugÜ BEARBEITER/IN).

NIGGLI MARCEL ALEXANDER/ÜBERSAX PETER/WIPRÄCHTIGER HANS (Hrsg.), Bundesgerichtsgesetz, Basler Kommentar, 2. Aufl., Basel 2011 (zit. BSK-BGG BEARBEITER/IN).

PEDRAZZINI MARIO M./HILTI CHRISTIAN, Europäisches und schweizerisches Patent- und Patentprozessrecht, (unter Berücksichtigung des EPÜ 2000, der Patentgesetzrevisionen 2007/2008 sowie der reorganisierten Bundesrechtspflege), 3. Aufl., Bern 2008.

PETER HANSJÖRG, Ausländische Urkunden als Titel für die provisorische Rechtsöffnung, in: Spühler Karl (Hrsg.), Vorsorgliche Massnahmen aus internationaler Sicht, Europa Institut Zürich, Zürich 2000, 141 ff.

REISER HANS/JENT-SØRENSEN INGRID, Exequatur und Arrest im Zusammenhang mit dem revidierten Lugano-Übereinkommen, in: SJZ 2011, 453 ff.

RODRIGUEZ RODRIGO, Belgium vs. Switzerland on Airline Insolvencies – High noon at The Hague called off, in: International Insolvency Law Review 2011, 423 ff. (zit. RODRIGUEZ, International Insolvency Law Review).

DERSELBE, Die fehlerhafte Zustellung im revidierten Lugano-Übereinkommen, insbesondere der schweizerische Vorbehalt, in: Kren Kostkiewicz Jolanta/Markus Alexander R./Rodriguez Rodrigo, Internationaler Zivilprozess 2011, Zusammenspiel des revLugÜ mit dem revSchKG und der schweizerischen ZPO, Bern 2010, 13 ff. (zit. RODRIGUEZ, Zustellung).

DERSELBE, Sicherung und Vollstreckung nach revidiertem Lugano Übereinkommen, in: AJP 2009, 1550 ff. (zit. RODRIGUEZ, AJP).

DERSELBE, Vollstreckungs- und Rechtsmittelprobleme bei internationalen Zivilurteilen, in: Dolge Annette (Hrsg.), Die neue ZPO – Erfahrungen – Unstimmigkeiten – Schwachstellen – Lösungen, 97 ff. (zit. RODRIGUEZ, PraxiZ).

RÜETSCHI DAVID, Zur Revision des Sanierungsrechts, in: Die Volkswirtschaft 2010, 4 ff.

SCHNYDER ANTON K. (Hrsg.), Lugano-Übereinkommen zum internationalen Zivilverfahrensrecht, Kommentar, Zürich/St. Gallen 2011 (zit. LugÜ-Kommentar BEARBEITER/IN).

SCHNYDER ANTON K./LIATOWITSCH MANUEL, Internationales Privat- und Zivilverfahrensrecht, 3. Aufl., Zürich 2011.

SCHWAB KARL-HEINZ/WALTER GERHARD, Schiedsgerichtsbarkeit: systematischer Kommentar zu den Vorschriften der Zivilprozessordnung, des Arbeitsgerichtsgesetzes, der Staatsverträge und der Kostengesetze über das privatrechtliche Schiedsgerichtsverfahren, 7. Aufl., München 2005.

SCHWANDER IVO, Einführung in das internationale Privatrecht, 3. Aufl., St. Gallen/Lachen 2000 (zit. SCHWANDER, Einführung).

DERSELBE, Neue Entwicklungen im Internationalen Zivilprozessrecht, in: ZZZ 2010, 213 ff. (zit. SCHWANDER, ZZZ).

DERSELBE, Prozessführungsbefugnis eines ausländischen Konkursverwalters, Besprechung des Bundesgerichtsentscheids vom 6. März 2008 (4A_231/2007), in: SZIER 2008, 252 f. (zit. Schwander, SZIER).

SIEHR KURT, Das internationale Privatrecht der Schweiz, Zürich 2002 (zit. SIEHR, IPR).

DERSELBE, Grundfragen des internationalen Konkursrechts, in: SJZ 1999, 85 ff. (zit. SIEHR, SJZ).

SPÜHLER KARL (Hrsg.), Aktuelle Probleme des internationalen Insolvenzrechts, Europa Institut Zürich, Zürich 2003.

DERSELBE, Die vorsorglichen Massnahmen als Weichenstellung für den Hauptprozess, in: Spühler Karl (Hrsg.), Vorsorgliche Massnahmen aus internationaler Sicht, Europa Institut Zürich, Zürich 2000, 1 ff. (zit. SPÜHLER, EIZ).

DERSELBE, Die Praxis der staatsrechtlichen Beschwerde, Bern 1994 (zit. SPÜHLER , Staatsrechtliche Beschwerde).

DERSELBE, Schuldbetreibungs- und Konkursrecht I, 5. Aufl., Zürich 2011 (zit. SPÜHLER, SchKG I).

SPÜHLER KARL/DOLGE ANETTE, Schuldbetreibungs- und Konkursrecht II, 5. Aufl., Zürich 2011.

SPÜHLER KARL/DOLGE ANETTE/GEHRI MYRIAM, Schweizerisches Zivilprozessrecht und Grundzüge des internationalen Zivilprozessrechts, 9. Aufl., Bern 2010.

SPÜHLER KARL/DOLGE ANETTE/VOCK DOMINIK, Kurzkommentar zum Bundesgerichtsgesetz (BGG), Zürich/St. Gallen 2006.

SPÜHLER KARL/INFANGER DOMINIK, Anwendung des LugÜ, insbesondere von Art. 16 Ziff. 5 LugÜ, auf SchKG-Klagen, in: Spühler Karl (Hrsg.), Aktuelle Probleme des nationalen und internationalen Zivilprozessrechts, Zürich 2000, 113 ff.

SPÜHLER KARL/TENCHIO LUCA/INFANGER DOMINIK (Hrsg.), Schweizerische Zivilprozessordnung, Basler Kommentar, Basel 2010 (zit. BSK-ZPO BEARBEITER/IN).

SPÜHLER KARL/VOCK DOMINIK, Gerichtsstandsgesetz (GestG), Gesetzesausgabe mit Anmerkungen, Zürich 2000 (zit. SPÜHLER/VOCK, GestG).

DIESELBEN, Rechtsmittel in Zivilsachen im Kanton Zürich und im Bund, 2. Aufl., Zürich 2011 (zit. SPÜHLER/VOCK, Rechtsmittel)

STAEHELIN ADRIAN/BAUER THOMAS/STAEHELIN DANIEL (Hrsg.), Bundesgesetz über Schuldbetreibung und Konkurs II, Art. 159–352 SchKG, Basler Kommentar, 2. Aufl., Basel 2010 (zit. BSK-SchKG II BEARBEITER/IN).

VOGEL OSCAR, Probleme des vorsorglichen Rechtsschutzes, in: SJZ 1980, 89 ff.

VOLKEN PAUL, Die internationale Rechtshilfe in Zivilsachen, Zürich 1996.

WALDER HANS ULRICH, Einführung in das internationale Zivilprozessrecht der Schweiz: Anerkennung und Vollstreckung ausländischer Entscheidungen, Zuständigkeit der schweizerischen Gerichte, Schiedsgerichtsbarkeit und weitere Fragen nach IPRG und Staatsverträgen, Zürich 1989.

WALTER GERHARD/DOMEJ TANJA, Internationales Zivilprozessrecht der Schweiz, 5. Aufl., Bern/Stuttgart/Wien 2012.

WALTHER FRIDOLIN, Grundlagen und Probleme des internationalen Konkursrechtes, in: Spühler Karl (Hrsg.), Aktuelle Probleme des Internationalen Insolvenzrechtes, Zürich 2003, 1 ff.

WÜTHRICH KARL, Kann eine ausländische Konkursmasse in der Schweiz eine Klage gegen einen ihrer Schuldner mit Sitz oder Wohnsitz in der Schweiz einleiten? in: Jusletter 25. Oktober 2004.

§ 1 Einleitung

Die vorliegende Schrift ist eine Einführung ins internationale Zivilprozessrecht der Schweiz. Sie bezweckt, vor allem den Studierenden und Anwaltskandidaten einen raschen Überblick über die Materie zu geben. Darüber hinaus soll sie aber auch Praktikerninnen und Praktikern in Advokatur und Gerichten als Orientierung und Übersicht dienen. 1

Die vorliegende 2. Auflage berücksichtigt die neuesten Entwicklungen im schweizerischen IZPR, allen voran die Rechtslage nach dem Inkrafttreten des revidierten Lugano-Übereinkommens (LugÜ) und der Umsetzungsgesetzgebung zum LugÜ seit dem 1. Januar 2011. Auch das gleichzeitige Inkrafttreten der Schweizerischen Zivilprozessordnung ist nicht ohne Auswirkungen auf das IZPR geblieben. Die im Zuge dieser Neuerungen vereinzelt revidierten Bestimmungen des IPRG werden ebenfalls berücksichtigt. Aufgrund der steigenden Bedeutung dieses Rechtsgebiets enthält die neue Auflage nunmehr auch ein Kapitel zum Internationalen Insolvenzrecht. 2

§ 2 Wesen und Begriffe des internationalen Zivilprozessrechts

I. Wesen des internationalen Zivilprozessrechts

Das **internationale Zivilprozessrecht** ist ein *Teil des Zivilprozessrechts,* und zwar derjenige Teil, der sich mit internationalen Sachverhalten befasst. Art. 1 IPRG spricht vom «internationalen Verhältnis».[1] *Walter/Domej* gehen deshalb von folgender treffender und durch ihre Einfachheit einleuchtender **Definition** aus: «Das internationale Zivilprozessrecht umfasst alle prozessrechtlichen Vorschriften, die auf auslandsbezogene Sachverhalte anzuwenden sind.»[2] 3

Es wird in den entsprechenden Gesetzen nicht definiert, wann ein solches **internationales Verhältnis** vorliegt. Dies kann auch nicht abstrakt umschrieben werden.[3] Nach *Schwander* kann schon dann von einem «internationalen» Sachverhalt gesprochen werden, «wenn ein nach dem IPR irgend einer der beteiligten Rechtsordnungen rechtlich relevanter Teil des Lebenssachverhaltes (z.B. Wohnsitz, Staatsangehörigkeit) einen Auslandsbezug hat».[4] Das Bundesgericht hat ausgeführt, ein internationales Verhältnis setze einen über den schweizerischen Rechtsraum hinausreichenden Bezug voraus. Im Einzelfall sei unter Berücksichtigung des Sachverhaltes zu prüfen, ob ein genügender Auslandsbezug vorliegt. So begründe etwa die ausländische Staatsangehörigkeit einer Partei nicht in jedem Sachbereich einen relevanten Bezug zum Ausland.[5] Hingegen liege bei Wohnsitz oder Sitz einer Partei im Ausland immer ein internationales Verhältnis vor. Dabei sei unerheblich, welche Partei ihren Sitz oder Wohnsitz im Ausland hat.[6] 4

Dabei fällt sofort auf, dass das internationale Zivilprozessrecht **grundsätzlich nationales Recht** ist. Es gibt somit nicht ein einziges internationales Zivilprozessrecht, sondern jedes Land – auch die Schweiz – hat sein eigenes internationales Zivilprozessrecht. Eine **Ausnahme** davon stellen die **Staatsverträge** dar. Diese bilden für den Bereich der Mitgliedstaaten internationales Zivilprozessrecht im en- 5

1 Vgl. die Aufzählung der Sachmaterien des IZPR in SPÜHLER/DOLGE/GEHRI, 1. Kap. N 73.
2 WALTER/DOMEJ, 47.
3 BSK-IPRG SCHNYDER/GROLIMUND, Art. 1 N 2; Beispiele siehe bei WALTER/DOMEJ, 48 ff.
4 SCHWANDER, Einführung, N 49.
5 So spielen etwa im Familienrecht die an die Staatsangehörigkeit knüpfenden Heimatzuständigkeiten noch eine Rolle (bspw. Art. 67 IPRG). Im vertragsrechtlichen Bereich begründet demgegenüber eine ausländische Staatsangehörigkeit kein relevantes Element der Internationalität.
6 BGE 131 III 76, 79 f.

geren Sinne. So stellt das LugÜ für den Bereich der Vertragsstaaten eine gemeinsame Regelung der internationalen Zuständigkeiten und der Anerkennung bzw. Vollstreckung von gerichtlichen Entscheiden auf.

6 Das **internationale Zivilprozessrecht** ist begrifflich *Teil des internationalen Verfahrensrechts.* Der letztere Begriff ist weiter. Er umfasst zwei Sachgebiete mehr als das blosse Prozessrecht,[7] nämlich das internationale Insolvenzrecht und die freiwillige Gerichtsbarkeit[8]. Die vorliegende Darstellung behandelt das internationale Insolvenzrecht als weitgehend eigenständige Materie in einem kurzen Exkurs[9]. Die freiwillige Gerichtsbarkeit wird an den sachbezogenen Stellen kurz behandelt.

II. Schwerpunkte

7 Das internationale Zivilprozessrecht weist thematisch *vier Schwerpunkte* auf:

1. Bestimmung der internationalen Zuständigkeit

8 Es geht um die Frage, wo im einzelnen Fall die **örtliche Zuständigkeit** gegeben ist. Dabei wird zwischen Normen unterschieden, die nur die internationale Zuständigkeit (zuständiger Staat) regeln und solchen, welche auf die direkte Zuständigkeit (örtlich zuständiges Gericht im betreffenden Staat) Bezug nehmen. Für den ersten Fall kann auf Art. 22 Nr. 5 LugÜ *(Staat,* in welchem die Zwangsvollstreckung stattfindet) verwiesen werden[10], für den zweiten Fall etwa auf Art. 5 Nr. 1 LugÜ *(Ort* der Erfüllung einer vertraglichen Leistung).

2. Durchführung von Verfahren mit Auslandsbezug

9 Es handelt sich hier um die Regelung von rein **verfahrensrechtlichen Fragen.** Die wichtigste dürfte die Frage des Zeitpunkts der Rechtshängigkeit sein. Als Beispiele sei auf Art. 9 IPRG und auf Art. 27 ff. LugÜ verwiesen.

---

7 WALTER/DOMEJ, 48.
8 Vgl. dazu SPÜHLER/DOLGE/GEHRI, 1. Kap. N 8.
9 Vgl. § 12 sowie zu den Grundzügen, statt vieler SPÜHLER/DOLGE, 108 ff., mit Literaturhinweisen.
10 Rz 56 ff.

3. Anerkennung und Vollstreckung ausländischer Zivilurteile

Im Zentrum stehen Regelungen über die Voraussetzungen, bei deren Vorliegen die **Anerkennung und Vollstreckung** eines Zivilurteils (oder eines Konkursdekretes oder dergl.), das im Ausland erlassen wurde, in der Schweiz vorgenommen werden können. Regeln hierüber finden sich in erster Linie in Art. 25 ff. IPRG und in Art. 38 ff. LugÜ. Für die Anerkennung und Vollstreckung ausländischer Schiedssprüche ist das New Yorker Übereinkommen vom 10. Juni 1958 (NYÜ) massgeblich.[11] 10

4. Internationale Rechtshilfe

Bei der **internationalen Rechtshilfe**[12] fallen vorab die Fragen der internationalen Zustellung von Vorladungen und Urteilen in Betracht.[13] Daneben spielt, allerdings in einem etwas kleineren Ausmass, auch die internationale Hilfe bei Beweisverfahren (Zeugeneinvernahmen usw.) eine Rolle. Leider besteht bei der Rechtshilfe international eine erhebliche Zersplitterung der Rechtsquellen.[14] 11

III. Abgrenzung zwischen internationalem Zivilprozessrecht und internationalem Privatrecht

Die Abgrenzung zwischen internationalem Privatrecht[15] und **internationalem Zivilprozessrecht** bereitet bisweilen Schwierigkeiten. Das internationale Privatrecht (i.e.S.) ist ein Recht der Kollisionsnormen. Diese regeln, welches materielle Recht auf einen internationalen Sachverhalt Anwendung findet.[16] Das **internationale Zivilprozessrecht** bestimmt demgegenüber direkt, ob und welche Normen prozessrechtlichen Inhaltes (Zuständigkeit, Rechtshängigkeit, evtl. Verfahrensmaximen, Rechtsmittel, Vollstreckung usw.) auf einen internationalen Sachverhalt Anwendung finden. Es handelt sich dabei gerade nicht um Kollisionsrecht.[17] 12

11 SR 0.277.12.
12 Vgl. § 10.
13 Vgl. BSK-ZPO Kaiser Job, Art. 194–196 N 14 ff.
14 Walter/Domej, 364 ff.
15 Dieses Recht ist als kodifiziertes Recht älter als das internationale Zivilprozessrecht.
16 Walter/Domej, 52.
17 Walter/Domej, 52.

IV. Begriffe des IZPR

1. Direkte und indirekte Zuständigkeit

13 Die **direkte Zuständigkeit** bestimmt die örtliche Zuständigkeit des Gerichts in einem Erkenntnisverfahren (auch *Entscheidungszuständigkeit* genannt).[18] Wird ein schweizerisches Gericht angerufen, so hat es zuerst seine Zuständigkeit abzuklären. Bejaht es diese, so stellt sich die Frage nach dem anwendbaren Recht. Die **indirekte Zuständigkeit** sagt aus, ob die ausländischen Gerichte oder Behörden für den Entscheid, der anerkannt werden soll, zuständig waren (auch *Anerkennungszuständigkeit* genannt).[19] Das wird nach unseren eigenen Auffassungen[20] beurteilt und nicht nach dem Recht des Urteilsstaates.[21]

2. Internationale und örtliche Zuständigkeit

14 Durch die **internationale Zuständigkeit** wird bestimmt, welches Land für die Entscheidung der Streitigkeit zuständig ist.[22] Die **örtliche Zuständigkeit** legt hingegen die direkte Zuständigkeit innerhalb des Landes fest. Das IPRG regelt fast immer die örtliche Zuständigkeit (vgl. Art. 2, 3, 4 usw.).

15 Bei der Bestimmung des zuständigen Gerichts ist folgendermassen vorzugehen: Da Staatsverträge dem IPRG vorgehen (vgl. Art. 1 Abs. 2 IPRG), ist zuerst im entsprechenden *Staatsvertrag* nachzusehen, welche Bestimmung anwendbar ist. Wenn die entsprechende Bestimmung nur eine internationale Zuständigkeit regelt, so ist im IPRG zu prüfen, welche örtliche Zuständigkeit dort vorgesehen ist. In denjenigen seltenen Fällen, in welchen das IPRG ebenfalls keine örtliche Zuständigkeit enthält, sind *bundesrechtliche Bestimmungen* ergänzend beizuziehen. Seit Inkrafttreten der ZPO kommen kantonale Gerichtsstände praktisch nicht mehr zur Anwendung.

3. Ausschliesslicher, zwingender und teilzwingender Gerichtsstand

16 Ein Gerichtsstand ist dann **ausschliesslich,** wenn neben diesem (ausschliesslichen) Gerichtsstand kein anderer gegeben ist. Der Begriff des ausschliesslichen Gerichtsstands wird im IPRG (z.B. Art. 97) und im LugÜ (Art. 23 Abs. 1)[23] verwendet. Im

18 Walter/Domej, 98 f.
19 Walter/Domej, 98 ff.
20 Vgl. Rz 338 ff. für das IPRG.
21 Ausdrückliche Bestimmungen hierfür sind im schweizerischen Recht kaum zu finden.
22 Walter/Domej, 91 ff.
23 LugÜ-Kommentar Grolimund, Art. 23 N 46 ff.

LugÜ bedeutet «ausschliesslich» allerdings zwingend (siehe sogleich Rz 17). Die ZPO umschreibt den Inhalt des ausschliesslichen Gerichtstands (Art. 17 Abs. 1 Satz 2), ohne jedoch den Begriff ausdrücklich zu verwenden. Der Begriff des ausschliesslichen Gerichtsstands ist vom Begriff des zwingenden Gerichtsstands zu unterscheiden (auch wenn diese Eigenschaften häufig zusammentreffen).[24]

Zwingend ist ein Gerichtsstand dann, wenn weder durch Gerichtsstandsvereinbarung (Prorogation) noch durch Einlassung von diesem Gerichtsstand abgewichen werden darf (vgl. Art. 9 Abs. 2 ZPO).[25] 17

Von einem **teilzwingenden** Gerichtsstand spricht man, wenn eine Prorogation erst nach Entstehung der Streitigkeit und/oder nur in einem bestimmten Sinne zulässig ist (vgl. z.B. Art. 114 Abs. 2 IPRG sowie Art. 32 Abs. 1 ZPO). Eurointernational gilt dies für die Gerichtsstände in Versicherungs- und Verbrauchersachen sowie im internationalen Arbeitsrecht.[26] 18

Bei der Prüfung der Zuständigkeit ist es deshalb sinnvoll, in einem ersten Schritt das Vorliegen eines zwingenden Gerichtsstands zu prüfen, anschliessend (sofern keiner gegeben ist) das Vorliegen eines ausschliesslichen vereinbarten Gerichtsstands und, zuletzt, allenfalls im Gesetz (bzw. im LugÜ) vorgesehene, dispositive (besondere und allgemeine) Gerichtsstände (vgl. nachfolgende Übersicht). 19

---

24 Leider vermengt sowohl das Staatsvertragsrecht (vgl. nachfolgend) wie auch die Lehre vereinzelt die Begriffe, vgl. die Beispiele bei SPÜHLER/DOLGE/GEHRI, 3. Kap. N 15, 42.

25 In der ZPO waren – binnenrechtlich – zwingende Gerichtsstände ausdrücklich als solche bezeichnet, vgl. Art. 9 Abs. 1.

26 Art. 13, 17, 21 LugÜ; SPÜHLER/DOLGE/GEHRI, 3. Kap. N 17; vgl. Rz 250 ff.

Empfohlenes Vorgehen bei der Prüfung der gerichtlichen Zuständigkeiten:

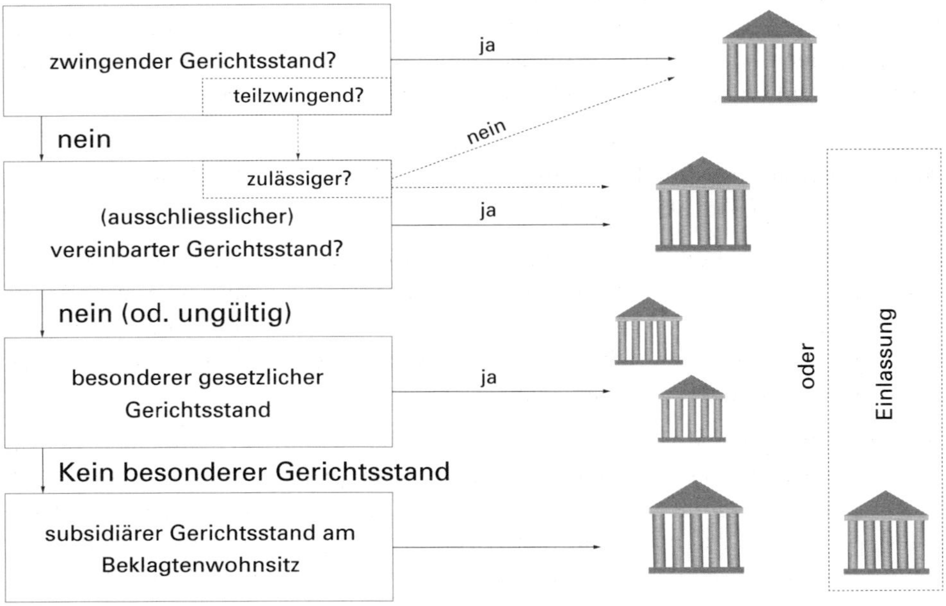

4. Positiver und negativer Kompetenzkonflikt

20 Von einem **positiven Kompetenzkonflikt** spricht man, wenn sich mehrere Staaten aufgrund ihrer eigenen IZPR-Normen als zuständig erachten. Im Gegensatz dazu liegt ein **negativer Kompetenzkonflikt** vor, wenn sich kein Staat als zuständig erklärt. In letzteren Fällen kann evtl. eine Notzuständigkeit nach Art. 3 IPRG begründet werden.

5. Forum shopping, forum running und forum non conveniens

21 Wenn eine Partei die Wahl zwischen verschiedenen Gerichtsständen hat und versucht, den Prozess bei demjenigen Gericht anhängig zu machen, bei welchem sie sich erhofft, prozessrechtliche und materiellrechtliche Vorteile zu haben, so wird dieses Vorgehen ***forum shopping*** genannt.[27] Das gilt vorab für den Kläger. Nicht selten versuchen aber beide Parteien mittels Gerichtsstandsvereinbarung einen ihnen genehmen Gerichtsstand zu wählen. An sich ist ein solches Vorgehen durchaus legitim, dies aus Gründen materiellrechtlicher Natur, aber auch aus

27 SCHWANDER, Einführung, N 655; SPÜHLER/DOLGE/GEHRI, 3. Kap. N 22 f.

vollstreckungsrechtlichen Aspekten.[28] Auch prozessökonomische Gründe können eine Rolle spielen (Nähe, Schnelligkeit, Kosten).

Jeder Staat legt in seinem internationalen Zivilprozessrecht den Zeitpunkt des Eintritts der Rechtshängigkeit individuell fest. Die Schweiz hat durch Vorverschiebung der Rechtshängigkeit (Einreichung des Schlichtungsbegehrens, Art. 62 ZPO) das *forum shopping* zugunsten des Gerichtsstands Schweiz wesentlich vereinfacht.[29] Dennoch, aber weniger häufig, kann es zum Wettlauf zwischen den Parteien um das für sie günstigste *forum* (Gerichtsstand) kommen, was als ***forum running*** bezeichnet wird.[30] 22

Gemäss der Theorie des ***forum non conveniens***[31], die vor allem in der US-amerikanischen und teils auch in der englischen Rechtsprechung praktiziert wird, kann ein Gericht, das eigentlich zuständig wäre, seine Zuständigkeit verneinen, weil es ein anderes Gericht für geeigneter hält. Das erste Gericht muss überzeugt sein, dass das zweite Gericht den Fall tatsächlich behandeln wird.[32] Diese Doktrin ist dem kontinental europäischen Prozessrecht unbekannt. Sie ist auch aus englischer Sicht nicht (mehr) anwendbar auf Fälle mit EU- und EFTA-Bezug, da nicht mit dem LugÜ bzw. der EuGVO vereinbar. 23

6. Lex fori, lex causae und vertragsautonome Auslegung

Die Beantwortung einer Frage nach der ***lex fori***[33] bedeutet, dass der zuständige Staat die Problematik nach seinem eigenen Recht beurteilt. Nach klassischer Auffassung und ungeschriebenem Recht bestimmt sich das gerichtliche Verfahren nach dem Recht des angerufenen Gerichts. Dieses hat auch bei Anrufung des internationalen Prozessrechts auf die Begriffe und Institute seines Rechts abzustellen. Das gilt vor allem für die Regeln des Verfahrens (z.B. Postulationsfähigkeit, Prozessmaximen, Frist, Beweismittel, Kosten, Klagerückzug, Klageanerkennung, Vergleich),[34] die nunmehr in der Schweiz in der ZPO geregelt sind. 24

Wenn aber das Gericht auf das nach den Kollisionsregeln auf die Sache oder auf die spezielle (materiellrechtliche) Frage anzuwendende Recht abstellen muss, dann wendet es die ***lex causae*** an. Gemäss der klassischen Auffassung und dem 25

28 Spühler/Dolge/Gehri, 3. Kap. N 22.

29 Zuvor haben bestimmte kantonale Zivilprozessordnungen die Rechtshängigkeit erst nach Anhängigmachung der Klage eintreten lassen. Die Partei im Ausland konnte so zwischen dem Schlichtungsverfahren und der Klageerhebung in der Schweiz die Klage «zuerst» im Ausland anhängig machen, illustrativ BGE 123 III 414.

30 Spühler/Dolge/Gehri, 3. Kap. N 23.

31 Allgemein Walter/Domej, 109 ff.

32 Spühler/Dolge/Gehri, 3. Kap. N 21 mit Hinweisen.

33 Walter/Domej, 103 ff.

34 Spühler/Dolge/Gehri, 1. Kap. N 76.

ungeschriebenen Recht bestimmt sich das gerichtliche Verfahren des angerufenen Richters zwar nach der *lex fori* (vgl. vorne Rz 24). Für andere Fragen, die sich aus dem materiellen Recht ergeben oder mit ihm eng zusammenhängen, ist auf die *lex causae* abzustellen. Das gilt vor allem für Fragen der Sachlegitimation, aber auch für die Wirkung von Streitverkündung und Intervention, die Zulässigkeit der Klageart und die Beweislast. Besondere Regeln gelten für die Parteifähigkeit (Art. 34 IPRG) und die Prozessfähigkeit (Art. 35 IPRG).[35]

26 Staatsvertragliche Begriffe sind grundsätzlich **vertragsautonom** auszulegen. Das bedeutet aber nicht, dass die schweizerischen Institute völlig ausser Acht gelassen werden dürfen. Beim LugÜ ist zweistufig vorzugehen. Zuerst ist die Natur des eingeklagten Anspruchs nach der nationalen Rechtsordnung zu bestimmen und sodann ist die Subsumtion unter die vertragsautonom auszulegenden Begriffe und Bestimmungen des Staatsvertrages vorzunehmen,[36] wobei allerdings Erstere die Letztere nicht präjudiziert.

7. Convention simple, double und triple

27 Die Staatsverträge, die lediglich etwa die **direkte Zuständigkeit** regeln, werden als *convention simple* bezeichnet. Wenn sie zusätzlich auch Bestimmungen etwa über die **indirekte Zuständigkeit** enthalten, nennt man sie *convention double.* Enthält ein solcher Staatsvertrag darüber hinaus auch Bestimmungen über das **anwendbare Recht,** liegt eine *convention triple* vor.

V. Tendenzen im IZPR

28 Den allgemeinen Tendenzen folgend wird das IZPR globaler. Das gilt vor allem auch auf europäischer Ebene, dort ist das IZPR der EU-Mitgliedstaaten weitgehend durch europäisches Sekundärrecht, namentlich durch EU-Verordnungen, überlagert worden.[37] Ein für die Schweiz wesentlicher Schritt erfolgte durch das LugÜ, welches ein Parallelabkommen darstellt zur inhaltlich gleichlautenden EU-Richtlinie, der sogenannten «Brüssel I»-Verordnung oder EuGVO[38]. Aber auch über den europäischen Bereich hinaus wird das Zivilprozessrecht immer internationaler. Dies bildet u.a. Folge der zunehmenden persönlichen und wirtschaftlichen Verflechtungen.

---

35 a.a.O., 1. Kap. N 77 f.

36 Zu einer der wenigen, aber umso wichtigeren Ausnahmen von der vertragsautonomen Auslegung unter dem LugÜ vgl. hinten Rz 214.

37 Kropholler/von Hein, Einl EuGVO N 13 ff.; Walter/Domej, 56 ff.

38 Verordnung (EG) Nr. 44/2001 des Rates vom 22. Dezember 2000 über die gerichtliche Zuständigkeit und die Anerkennung und Vollstreckung von Entscheidungen in Zivil- und Handelssachen.

Auch in der Schweiz wird sich das Netzwerk von bi- und multilateralen Staatsverträgen voraussichtlich weiter verdichten. Es dürfte deshalb zumindest in Europa, auf diesem indirekten Weg immer mehr zu einer Angleichung der nationalen Prozessrechte, kommen. Die Schweiz sollte sich in eigenem Interesse an den entsprechenden Projekten beteiligen.[39] 29

39 Walter/Domej, 54 ff. Mit der Teilnahme am LugÜ ist die Schweiz bereits in einem wichtigen Bereich stark in den europäischen Justizraum integriert. In Bezug auf andere Bereiche, etwa im internationalen Insolvenzrecht (vgl. hinten § 12) oder der Rechtshilfe (§ 10), besteht jedoch noch grosses Potenzial für eine verstärkte Zusammenarbeit mit den EU-Staaten.

§ 3 Rechtsquellen

I. Allgemein

30 Die wichtigste Rechtsquelle des schweizerischen internationalen Privatrechts ist das Bundesgesetz über das Internationale Privatrecht **(IPRG)** vom 18. Dezember 1987[40]. Das IPRG enthält eine Kodifikation des Internationalen Privatrechts (IPR) im weitesten Sinne, es erfasst also neben dem Kollisionsrecht (als IPR i.e.S.) das Internationale Zivilverfahrensrecht (Zuständigkeit, Anerkennung und Vollstreckung).

31 Daneben bestehen viele bilaterale und multilaterale Staatsverträge. Diese betreffen die Zuständigkeit (internationale und/oder direkte), die Anerkennung und Vollstreckung von Urteilen, die internationale Schiedsgerichtsbarkeit, die Gerichtsbarkeit (z.B. Immunität von Diplomaten[41]) und die internationale Rechtshilfe.

32 Wichtigste Rechtsquelle unter den Staatsverträgen ist das Übereinkommen über die gerichtliche Zuständigkeit und die Anerkennung und Vollstreckung von Entscheidungen in Zivil- und Handelssachen (Lugano-Übereinkommen, **LugÜ**), abgeschlossen in Lugano am 30. Oktober 2007[42], das neben den direkten Zuständigkeiten (teils international, teils örtlich) auch die Anerkennung und Vollstreckung von Entscheidungen regelt.

33 Daneben finden sich vereinzelt international-zivilprozessuale Bestimmungen in der Schweizerischen Zivilprozessordnung (Zivilprozessordnung, ZPO) vom 19. Dezember 2008[43]. Diese betreffen etwa die Kautionierung von ausländischen Klägern als Prozessvoraussetzung (vgl. 99 Abs. 1 lit. a ZPO).

II. Anwendungsbereich des IPRG

34 Das **IPRG** regelt im internationalen Verhältnis die *Zuständigkeit* der schweizerischen Gerichte oder Behörden, das *anzuwendende Recht,* die Voraussetzungen der *Anerkennung und Vollstreckung* ausländischer Entscheidungen, die Behandlung ausländischer *Konkurse* und den *Nachlassverträge* in der Schweiz sowie die

---

40 Bundesgesetz vom 18. Dezember 1987 über das Internationale Privatrecht (SR 291).

41 Vgl. Kren Kostkiewicz, SjL Internationales Privatrecht, N 9 ff.; Walter/Domej, 65 ff.

42 Übereinkommen vom 30. Oktober 2007 über die gerichtliche Zuständigkeit und die Anerkennung und Vollstreckung von Entscheidungen in Zivil- und Handelssachen (Lugano-Übereinkommen; SR 0.275.12).

43 Schweizerische Zivilprozessordnung vom 19. Dezember 2008 (SR 272).

Schiedsgerichtsbarkeit (Art. 1 Abs. 1 IPRG). Wenn in einem dieser Bereiche aber ein Staatsvertrag besteht, kommt das IPRG nicht zur Anwendung, weil gemäss Art. 1 Abs. 2 IPRG *völkerrechtliche Verträge vorbehalten* sind. Es handelt sich dabei nicht nur um die im IPRG speziell erwähnten Staatsverträge, sondern um sämtliche (insb. auch bilateralen) Staatsverträge, die aufgrund ihres eigenen Anwendungsbereiches für das internationale Privatrecht von Bedeutung sind.[44]

III. Anwendungsbereich des LugÜ

35 Die Anwendbarkeit des LugÜ ist **örtlich, sachlich, persönlich** und **zeitlich** beschränkt.

36 Da es sich um staatsvertragliche Bestimmungen handelt, gilt es *örtlich* nur für die Vertragsparteien. Vertragsparteien des LugÜ sind neben der Schweiz Norwegen, Island, Dänemark[45] und die Europäische Union, d.h. sämtliche (heutige oder künftige) Mitgliedstaaten derselben.[46]

37 Das LugÜ ist *sachlich* nur in **Zivil- und Handelssachen** anwendbar (Art. 1 Abs. 1 LugÜ). Der Begriff Zivil- und Handelssache ist *vertragsautonom*[47] und, der vom Bundesgericht mitgetragenen einschlägigen Rechtsprechung des EuGH folgend, weit auszulegen. Eine Klage ist demnach nur dann vom Anwendungsbereich des LugÜ ausgeschlossen, «wenn eine Rechtsbeziehung zu einem Hoheitsträger zu beurteilen ist, welcher in Ausübung hoheitlicher Befugnisse gehandelt hat». Entscheidend sei dabei nicht, «ob ein Hoheitsträger am Rechtsverhältnis beteiligt ist, sondern ob es sich um ein Rechtsverhältnis handelt, das auch zwischen Privatpersonen bestehen könnte».[48]

38 Das LugÜ ist allerdings aufgrund der Ausschlüsse von Art. 1 Abs. 2 LugÜ nicht anwendbar auf Klagen und Entscheidungen auf dem Gebiet des Personenstands (dazu gehören auch Scheidung und Trennung), des ehelichen Güterrechts, des Erbrechts, des Konkurs- und Nachlassvertragsrechts, des Sozialversicherungsrechts und der Schiedsgerichtsbarkeit.

39 Der *räumlich-persönliche Anwendungsbereich* des LugÜ ist grundsätzlich gegeben, wenn der **Wohnsitz des Beklagten in einem Vertragsstaat** ist (zu den Ausnah-

44 BSK-IPRG Schnyder/Grolimund, Art. 1 N 15.
45 Dänemark hat in der EU einen Sonderstatus inne. Aus diesem Grund ist Dänemark als einziger EU-Staat selbständige Vertragspartei des LugÜ (vgl. nachfolgende Fn).
46 Das LugÜ unterscheidet deshalb zwischen «Vertragsparteien» (darunter die EU) und «dem Übereinkommen unterstehende Staaten». Letzteres umfasst auch die EU-Mitgliedstaaten, die aber – aus EU-rechtlichen Gründen – nicht selbständige Vertragsparteien sind.
47 EuGH v. 29. November 2007, Weiss und Partner, Rs. C-14/07, Slg. 2008 I-3367, Nr. 55; EuGH v. 23. April 2009, Draka NK Cables u.a. Rs. C-167/08, Slg. 2009 I-3477, Nr. 19.
48 BGE 124 III 436, 440; Vgl. auch ZR 97 (1998) Nr. 34, 99 ff.

men vgl. hinten Rz 268 ff., 326). Dies ergibt sich aus Art. 2 Abs. 1, Art. 3 Abs. 1 und Art. 4 Abs. 1 LugÜ. Irrelevant ist in der Regel die Staatsangehörigkeit der Parteien (Art. 2 Abs. 1 LugÜ).[49] Der Wohnsitz des Beklagten **in der Schweiz** (einem Vertragsstaat) begründet somit grundsätzlich die Anwendbarkeit der Zuständigkeitsbestimmungen des LugÜ, zumindest soweit ein weiteres Element der Internationalität (etwa ausländischer Wohnsitz des Klägers) gegeben ist.[50] Die Bestimmungen über die Anerkennung und Vollstreckung (Art. 32 ff.) kommen demgegenüber dann zum Tragen, wenn das zu anerkennende und/oder vollstreckende Urteil in einem Vertragsstaat ergangen ist.

In zeitlicher Hinsicht sind die Bestimmungen des geltenden LugÜ über die Zu- 40
ständigkeit auf Klagen anwendbar, die nach dessen Inkrafttreten (in der Schweiz am 1. Januar 2011) erhoben werden. Für den Antrag auf Anerkennung und Vollstreckung gilt das LugÜ nur, wenn dieses zum Zeitpunkt des Anhängigmachens der Klage bereits sowohl im Ursprungs- wie im Vollstreckungsstaat in Kraft war (Art. 63). Unter bestimmten Voraussetzungen können auch frühere Entscheidungen, soweit sie den Zuständigkeitsbestimmungen des aLugÜ folgten, gemäss geltendem LugÜ vollstreckt werden (Art. 63 Abs. 2 lit. a).

Das LugÜ wird als eine *convention double* bezeichnet, weil es sowohl Bestimmun- 41
gen über die direkte Zuständigkeit als auch über die Anerkennung und Vollstreckung enthält, nicht aber zum anwendbaren Recht.

IV. Überblick über die multilateralen Verträge

Es bestehen zahlreiche bilaterale Staatsverträge betreffend das Zivilprozessrecht. 42
Im Umfeld der LugÜ-Staaten haben sie, wenn überhaupt, nur noch geringe Bedeutung, sie sind nur noch für nicht unter das LugÜ fallende oder darin nicht geregelte Materien massgebend.[51] Die nachfolgende – nicht abschliessende – Auflistung beschränkt sich daher auf die wichtigsten multilateralen Staatsverträge. Gleichwohl gilt es im konkreten Fall stets zu prüfen, ob, insbesondere wo kein multilateraler Staatsvertrag zum Tragen kommt,[52] ein bilaterales Abkommen besteht:

---

49 Zum Ganzen vgl. auch Spühler/Dolge/Gehri, 3. Kap. N 37 ff.

50 BGE 135 III 185 betreffend die Klage einer Partei mit Wohnsitz in Pakistan gegen eine Partei mit Wohnsitz in der Schweiz; Anwendbarkeit der Zuständigkeitsbestimmungen des LugÜ.

51 Vgl. die Auflistung der durch das LugÜ aufgehobenen bilateralen Verträge in Anhang VII zum LugÜ.

52 <http://www.admin.ch/ch/d/sr/0.27.html#0.27> (besucht am 12. Juli 2012); gerade im Bereich der Internationalen Rechtshilfe in Zivilsachen kommt es allerdings häufig vor, dass bilaterale Verträge ergänzende Bestimmungen zu ebenfalls anwendbaren multilateralen Abkommen enthalten.

Völkerrecht		
ESA	Europäisches Übereinkommen über Staatenimmunität vom 16. Mai 1972	SR 273.1
	Zusatzprotokoll zum ESA vom 16. Mai 1972	SR 273.11
WÜD	Wiener Übereinkommen über diplomatische Beziehungen vom 18. April 1961	SR 0.191.01
WÜK	Wiener Übereinkommen über konsularische Beziehungen vom 24. April 1963	SR 0.191.02

Anerkennung und Vollstreckung		
LugÜ	Übereinkommen über die gerichtliche Zuständigkeit und die Anerkennung und Vollstreckung gerichtlicher Entscheidungen in Zivil- und Handelssachen (sog. Lugano-Übereinkommen) vom 30. Oktober 2007	SR 0.275.12
MSA	Haager Übereinkommen über die Zuständigkeit der Behörden und das anzuwendende Recht auf dem Gebiet des Schutzes von Minderjährigen vom 5. Oktober 1961	SR 0.211.231.01
HKsÜ	Haager Übereinkommen über die Zuständigkeit, das anzuwendende Recht, die Anerkennung, Vollstreckung und Zusammenarbeit auf dem Gebiet der elterlichen Verantwortung und der Massnahmen zum Schutz von Kindern vom 19. Oktober 1996	SR 0.211.231.011
NYÜ	New Yorker Übereinkommen über die Anerkennung und Vollstreckung ausländischer Schiedssprüche vom 10. Juni 1958	SR 0.277.12
	Haager Übereinkommen über die Anerkennung von Ehescheidungen und Ehetrennungen vom l. Juni 1970	SR 0.211.212.3
	Haager Übereinkommen über die Anerkennung und Vollstreckung von Entscheidungen auf dem Gebiet der Unterhaltspflicht gegenüber Kindern vom 15. April 1958	SR 0.211221.432
HUntVÜ	Haager Übereinkommen über die Anerkennung und Vollstreckung von Unterhaltsentscheidungen vom 2. Oktober 1973	SR 0.211.213.02

Anerkennung und Vollstreckung		
	Europäisches Übereinkommen über die Anerkennung und Vollstreckung von Entscheidungen über das Sorgerecht für Kinder und die Wiederherstellung des Sorgerechts vom 20. Mai 1980	SR 0.211.230.01

Rechtshilfe		
HBewUe70	Haager Übereinkommen über die Beweisaufnahme im Ausland in Zivil- und Handelssachen vom 18. März 1970	SR 0.274.132
HUe54	Haager Übereinkommen betreffend Zivilprozessrecht vom 1. März 1954	SR 0.274.12
HUe80	Haager Übereinkommen über den internationalen Zugang zur Rechtspflege vom 25. Oktober 1980	SR 0.274.133
HZUe65	Haager Übereinkommen über die Zustellung gerichtlicher und aussergerichtlicher Schriftstücke im Ausland in Zivil- und Handelssachen vom 15. November 1965	SR 0.274.131
EU 77	Europäisches Übereinkommen über die Übermittlung von Gesuchen um unentgeltliche Rechtspflege vom 27. Januar 1977	SR 0.274.137

§ 4 Gerichtsbarkeit

I. Allgemeines

Es gibt Fälle, in denen bestimmte Rechtssubjekte der **Gerichtsbarkeit**[53] eines Staates entzogen sind.[54] *Schwander* hat dies treffend mit der Aussage konkretisiert, dass, bevor die internationale Zuständigkeit der Gerichte eines Staates bejaht werden könne, vorerst die Frage gestellt werden müsse, ob dem für ein Verfahren infrage kommenden Staat überhaupt Gerichtsbarkeit zustehe.[55] Die Rechtsgrundlage dafür, dass bestimmte Rechtssubjekte der Gerichtsbarkeit eines Staates entzogen sind (sog. Immunität), liegt in ausdrücklichen oder gewohnheitsrechtlichen Regeln des Völkerrechts. Neben dem positiven Völkerrecht gibt es hierfür ausdrückliche Regelungen. Die Frage nach der Gerichtsbarkeit ist streng von derjenigen der Zuständigkeit zu trennen, obschon beides Prozessvoraussetzungen sind. Jeder Staat hat eine Justizhoheit. Er darf gestützt darauf Gerichtsbarkeit auf seinem Territorium, nicht aber auf demselben eines anderen Staates ausüben. 43

Die UNO hat am 2. Dezember 2004 das **Übereinkommen der Vereinigten Nationen über die Immunität der Staaten und ihres Vermögens** von der Gerichtsbarkeit verabschiedet. Der Bundesrat hat mit Botschaft vom 25. Februar 2009[56] die Genehmigung des Übereinkommens beantragt und am 16. April 2010 die Ratifikationsakte hinterlegt. Das Übereinkommen ist aber noch nicht in Kraft getreten.[57] Nach Art. 5 des Übereinkommens soll ein Staat im Ausland in Bezug auf sich selbst und sein Vermögen Immunität haben, wovon aber die Tätigkeit *iure gestionis* ausgeschlossen ist (Art. 10). Grundsätzlich besteht auch Immunität vor Zwangsmassnahmen (Art. 18 ff.). 44

II. Wesen der Gerichtsbarkeit

Im internationalen Zivilprozessrecht handelt es sich bei der Gerichtsbarkeit um eine **Prozessvoraussetzung.** Diese ist in jedem Prozessstadium *von Amtes wegen* 45

53 Zum Begriff vgl. BSK-BGG Koller, Art. 1 N 26.
54 Vgl. zum ganzen Problem Walter/Domej, 63 ff.
55 Schwander, Einführung, N 605.
56 BBl 2009 172 ff.
57 Der Grund liegt in Art. 30 des Übereinkommens, welches die Ratifikation durch 30 Staaten erfordert, per 2012 hatte erst rund die Hälfte dieser Anzahl das Übereinkommen ratifiziert.

zu berücksichtigen.[58] Fehlt es an der Gerichtsbarkeit, so ist auf eine Klage oder ein Gesuch *nicht einzutreten.*

46 Im Gegensatz zu anderen Prozessvoraussetzungen, aber ähnlich zu den dispositiven und teilzwingenden örtlichen Zuständigkeiten, ist das Erfordernis der Gerichtsbarkeit, wenn es wegen der Immunität fehlt, nicht zwingend. Es kann auf die Immunität von Diplomaten und Konsuln gleicherweise wie auf die Immunität von Staaten verzichtet werden.[59] Der Verzicht kann auch durch einen Vertrag oder durch vorbehaltlose Einlassung erfolgen. Letzteres vorbehalten muss der Verzicht ausdrücklich sein. Dies kann bei Diplomaten und Konsuln nur der Entsendestaat, nicht der Diplomat selbst. Für Diplomaten ergibt sich dies aus Art. 32 Abs. 1 WÜD, für Konsuln aus Art. 45 WÜK. Die Rechtsgrundlage für einen Verzicht eines Staates auf die Immunität befindet sich in Art. 2 ESA.

III. Träger der Immunität

47 Am häufigsten stellt sich die Frage der **Immunität bei Diplomaten.** Rechtsquelle hierfür ist das WÜD. Träger von Immunität sind daneben auch **Konsularbeamte** und **Konsularangestellte;** hierfür ist die Rechtsquelle das WÜK. Es gibt zu beiden Übereinkommen eine Reihe von Zusatzprotokollen. Ferner bestehen separate Abkommen mit einzelnen Staaten. Immunität haben sodann ausländische **Staaten.** Die Schweiz gehört auch dem Europäischen Übereinkommen über **Staatenimmunität** vom 16. Mai 1972 samt Zusatzprotokoll (ESA) an.[60]

48 Es ist zwischen Immunität im Erkenntnisverfahren und Immunität im Vollstreckungsverfahren zu unterscheiden. Immunität steht sodann zahlreichen internationalen Organisationen zu.[61] Keine Immunität kommt ausländischen Staatsunternehmungen und ausländischen Staatsbanken zu; dies im Gegensatz zur Bank für Internationalen Zahlungsausgleich.[62]

IV. Arten und Ausmass der Immunität

49 Immunität besteht nur *iure imperii.* Bei den sogenannten Gestionsgeschäften kann sich der fremde Staat hingegen nicht den Gerichten eines andern Staates entziehen.[63]

58 Spühler/Dolge/Gehri, 5. Kap. N 101, 106.
59 Walter/Domej, 87.
60 SR 0.273.1; Näheres bei Schwander, Einführung, N 607 ff.
61 Näheres bei Walter/Domej, 63.
62 BGE 136 III 379.
63 BGE 130 III 145, 161.

Diplomatische Vertreter haben regelmässig **unbeschränkte Immunität** von der Gerichtsbarkeit des Empfangsstaates (Art. 31 WÜD). Diese Immunität gilt für alle Lebensbereiche. Sie gilt auch für Familienmitglieder, die zum Haushalt des Diplomaten gehören. Es gibt einige wenige Ausnahmen von der unbeschränkten Immunität, die in Art. 31 WÜD festgehalten sind, so z.B. für dingliche Klagen betreffend private Grundstücke. 50

Neben der unbeschränkten, gibt es die **beschränkte Immunität;** sie gilt für das administrative und technische Personal einer Botschaft, ist aber auf die in Ausübung des Dienstes vorgenommenen Handlungen beschränkt (Art. 37 Abs. 2 und 3 WÜD). Es wird in diesem Zusammenhang im Gegensatz zur unbeschränkten auch von *Amtsimmunität* gesprochen. Eine beschränkte Immunität haben auch die Konsularbeamten und Konsularangestellten; ihre Immunität ist beschränkt auf Handlungen in Wahrnehmung konsularischer Angelegenheiten (Art. 43 WÜK). Auch sie verfügen nur über Amtsimmunität. 51

Was die Immunität der Gerichtsbarkeit betrifft, so ist unter «fremdem Staat» jede Autorität zu verstehen, welche Kompetenzen des Staates ausübt.[64] 52

Bei ausländischen Staaten ist sodann zu unterscheiden zwischen der **Immunität im Erkenntnisverfahren** und der **Immunität im Vollstreckungsverfahren.** Im *Erkenntnisverfahren* gibt es nur Immunität *iure imperii* und nicht *iure gestionis,* d.h. Immunität besteht nur für Akte hoheitlicher Tätigkeit, nicht aber für gewöhnliche Geschäftsangelegenheiten (z.B. die Miete eines Motorbootes für eine Saison durch einen Botschafter für rein private Zwecke). Im Vollstreckungsverfahren sind Urteile, die sich auf *iure gestionis* beziehen, ohne Weiteres vollstreckbar. Die Zwangsvollstreckung in Vermögenswerte eines ausländischen Staates ist hingegen unzulässig, sofern sie hoheitlichen Zwecken dienen (wie z.B. ein Botschaftsgebäude, Regierungsflugzeug).[65] 53

Ein ausländischer Staat kann sich mit Erfolg gegen Zwangsvollstreckungsmassnahmen (z.B. gegen einen Arrest gemäss Art. 271 SchKG) zur Wehr setzen. Gegen derartige Massnahmen hat das *BGer* unter der Geltung des OG früher jahrzehntelang die staatsrechtliche Beschwerde zugelassen, selbst wenn der fremde Staat als Völkerrechtssubjekt auftrat.[66] Im Übrigen ist allgemein ein Staat, der sich auf seine Immunität beruft, zu den im Einzelfall zutreffenden Rechtsmitteln des BGG legitimiert.[67] Bei Entscheiden über Zwangsmassnahmen ist Art. 79 BGG zu beachten. 54

---

64 BGE 130 III 136, 142.

65 Walter/Domej, 78 ff.

66 Spühler, Staatsrechtliche Beschwerde, N 67.

67 Das muss sich aufgrund extensiver Auslegung aus Art. 89 BGG ergeben.

V. Wirkungen der Immunität

55 Die Immunität hat eine reine **Passivseite.** Geniesst eine Person oder ein Staat absolute oder beschränkte Immunität, fehlt es dem betreffenden Staat (bei natürlichen Personen Empfangsstaat) allgemein oder im Bereich der relativen Immunität an der Gerichtsbarkeit. Eine Klage gegen die betreffende Person oder den betreffenden Staat ist unzulässig. Es fehlt an der Gerichtsbarkeit, d.h. einer Prozessvoraussetzung, weshalb auf die Klage nicht einzutreten ist (Rz 45). Dasselbe gilt für Begehren auf Zwangsvollstreckungsmassnahmen irgendwelcher Art. Der betreffende Staat oder die betreffende Person können aber jederzeit **aktiv** ins Rechtsleben eingreifen und irgendwelche Klagen erheben und Gesuche stellen (Art. 31 und 32 Ziff. 3 WÜK).

§ 5 Verfahrensfragen

I. Rechtshängigkeit

1. Allgemeines

Die **Rechtshängigkeit** spielt im internationalen Zivilprozessrecht eine bedeutende Rolle. Die Rechtshängigkeit hat nämlich die sog. **Ausschlusswirkung.** Das bedeutet, dass eine identische Klage, die schon in einem Staat rechtshängig ist, nicht in einem anderen Staat rechtshängig gemacht werden kann. Der Beginn und die Wirkungen der Rechtshängigkeit richten sich im internationalen Verhältnis grundsätzlich nach dem Recht des Staates, in welchem das Verfahren hängig ist oder war. Massgebend in der Schweiz ist die ZPO, wobei Staatsverträge, insb. das LugÜ, oder das IPRG vorgehen.[68] Es gilt also weithin das *Prinzip der Priorität,* d.h. der Prozess wird dort durchgeführt, wo er – selbstverständlich die gegebene Zuständigkeit vorausgesetzt – zuerst rechtshängig wurde (vgl. Art. 9 IPRG und Art. 27 LugÜ). Mit dieser Ordnung soll verhindert werden, dass zwei (oder noch mehr) Gerichte in der identischen Sache zu verschiedenen Ergebnissen kommen; solches würde zu (fast) unlösbaren Vollstreckungsschwierigkeiten führen. Da für die zweite Klage das Rechtsschutzinteresse fehlt, wäre es dogmatisch richtig, auf die identische Zweitklage nicht einzutreten und sie nicht nur zu sistieren (vgl. dazu hinten Rz 57 ff.). Dem Kläger kann nicht gleichgültig sein, in welchem Staat seine Klage behandelt wird.[69] Er hat vor allem Interesse an einer raschen und gut funktionierenden sowie kostengünstigen Justiz. Ferner hat der Kläger ein Interesse, dass er in einem ihm möglichst nahen Staat sein Recht finden kann; die Instruktion des klägerischen Anwaltes im Prozessstaat in seiner Sprache ist dabei kostengünstiger, und auch bei Fragen der Wertung und des Ermessens dürfte er im Regelfall ein ihm nahes Gericht vorziehen. Im praktischen Prozessleben sind Art. 9 IPRG und Art. 27 LugÜ von grosser Bedeutung. 56

2. Rechtshängigkeit im IPRG (Art. 9 IPRG)

a. Allgemein

Kommt weder das LugÜ noch ein anderer Staatsvertrag zur Anwendung, so bestimmt sich die Frage der Rechtshängigkeit nach Art. 9 IPRG.[70] Voraussetzung ist, 57

68 Art. 62 ff. ZPO.
69 Spühler/Dolge/Gehri, 7. Kap. N 130 ff.
70 Art. 1 Abs. 2 IPRG.

dass eine Klage zwischen denselben Parteien und demselben Gegenstand vorliegt. Massgebend ist dabei der Lebenssachverhalt.[71] **Identität** wird auch zwischen einer Leistungsklage und einer denselben Gegenstand betreffenden (positiven oder negativen) Feststellungsklage angenommen.[72] Die **Identität** der Klage (vgl. auch Rz 65) bestimmt sich nach der *lex fori*.[73] Nach Art. 62 ZPO tritt die Rechtshängigkeit in der Schweiz mit Einreichung des Schlichtungsgesuchs, der Klage (sofern ein Schlichtungsgesuch nicht nötig ist wie bei Art. 198 und Art. 199 ZPO) oder eines Gesuches um vorsorgliche Massnahmen (da summarisches Verfahren) ein.[74] Ist eine identische Klage zuerst im Ausland hängig gemacht worden, was sich nach ausländischem Recht bestimmt,[75] so hat das schweizerische Gericht das **Verfahren auszusetzen.** Dies bedeutet nichts anderes als zu sistieren. Dies ist zwar dogmatisch falsch. Dogmatisch zutreffend müsste ein Gericht auf die Zweitklage nicht eintreten, wenn die Zuständigkeit des ausländischen Gerichts feststeht (so auch Art. 27 Abs. 1 LugÜ).[76] Nun bestimmt aber Art. 9 Abs. 3 IPRG, das schweizerische Gericht habe eine Klage zurückzuweisen, sobald ihm eine ausländische Entscheidung vorgelegt wird, die in der Schweiz anerkannt werden kann. Die Sistierung dauert mithin bis zum Vorliegen eines ausländischen Urteils und der schweizerischen Prüfung über dessen Anerkennbarkeit. Wenn Art. 9 Abs. 3 IPRG von Rückweisung der Klage spricht, so muss damit sinngemäss und, wie oben dargelegt richtig, Nichteintreten gemeint sein.

58 Ein schweizerisches Gericht darf aber Art. 9 Abs. 1 IPRG nur unter **drei Voraussetzungen** anwenden:[77]

- Die Rechtshängigkeit im Ausland muss früher eingetreten sein, wobei die Zuständigkeit des ausländischen Gerichts feststeht.
- Das ausländische Gericht muss in angemessener Frist eine Entscheidung fällen. Dies ist bei einem Staat mit infolge Korruption oder Kriegswirren nicht funktionierenden Rechtswesen nicht der Fall.
- Diese Entscheidung muss in der Schweiz anerkennbar sein, d.h. es muss eine positive Anerkennungsprognose bestehen. Die Anerkennbarkeit beurteilt sich nach Art. 25 ff. IPRG.

---

71 BSK-IPRG Berti, Art. 9 N 13.

72 Vgl. BGE 123 III 414, 422 f., der allerdings Art. 21 LugÜ betrifft.

73 Walter/Domej, 524 f.; Spühler/Dolge/Gehri, 7. Kap. N 32.

74 Näheres bei Spühler/Dolge/Gehri, 7. Kap. N 111 ff.

75 Spühler/Dolge/Gehri, 7. Kap. N 132.

76 ZR 89 (1990) Nr. 58, 107.

77 Vogel Oscar, Rechtshängigkeit und materielle Rechtskraft im internationalen Verhältnis, in: SJZ 86/1990, 77 ff.

Damit wird sichergestellt, dass der frühstmögliche Zeitpunkt massgeblich ist und für die Parteien Chancengleichheit besteht.[78] 59

Die drei vorstehenden Voraussetzungen sind nachfolgend zu präzisieren: 60

b. Erste Voraussetzung

Für internationale Verhältnisse wird eigentlich, was den **Zeitpunkt des Eintritts der Rechtshängigkeit** von in der Schweiz eingereichten Klagen betrifft, dieser nicht mehr alleine nach Art. 9 IPRG bestimmt, ist doch diese Bestimmung durch die neueren Bestimmungen von Art. 62 ff. ZPO ergänzt worden. Damit genügt grundsätzlich die Einleitung des Schlichtungsverfahrens.[79] Ob die Klage im Ausland früher eingeleitet worden ist, richtet sich nach der dortigen *lex fori*. Die Rechtshängigkeit ist von Amtes wegen zu prüfen.[80] 61

c. Zweite Voraussetzung

Das schweizerische Gericht darf eine identische Klage zwischen denselben Parteien trotz früherer Rechtshängigkeit im Ausland gemäss Art. 9 IPRG nur aussetzen, wenn das ausländische Urteil innert angemessener Frist[81] gefällt werden kann. Massgebend sind die Verhältnisse des Einzelfalles. Sinngemäss muss sich die **Fristprognose** nicht nur auf das erstinstanzliche Urteil, sondern auf das ganze Verfahren bis zu dessen Letztinstanzlichkeit beziehen. Aussetzen heisst nach schweizerischem Recht sistieren. Die Sistierung nach Art. 9 Abs. 1 IPRG ist eine obligatorische, diejenige nach Art. 126 ZPO jedoch eine fakultative («kann»). Beide Arten von Sistierungen können mit Beschwerde gemäss Art. 319 ff. ZPO angefochten werden. 62

d. Dritte Voraussetzung

Voraussetzung zur Anwendbarkeit von Art. 9 IPRG ist eine **positive Anerkennungsprognose.** Mit *Walter/Domej*[82] ist zu bedenken, dass in diesem frühen Stadium eine Prognose der nachmaligen Anerkennungsfähigkeit sehr schwierig ist. Man kann zu diesem Zeitpunkt nämlich nicht wissen, ob nicht im ausländischen Prozess irgendwelche Irregularitäten oder sogar dem materiellen oder formellen *Ordre public*[83] widersprechende Gegebenheiten auftreten werden, die nachfolgend der Anerkennung des ausländischen Entscheides entgegenstehen. In diesem frühen Stadium kann der zweitangegangene schweizerische Richter nur prüfen, 63

78 SPÜHLER/DOLGE/GEHRI, 7. Kap. N 135.
79 Soweit ein solches überhaupt nötig ist, vgl. Art. 198 f. ZPO
80 BSK-ZPO BORNATICO, Art. 126 N 20.
81 BGE 135 III 127, 130 ff. E. 2-4.
82 WALTER/DOMEJ, 529.
83 Anwendungsfälle in BGE 128 III 191, BGE130 III 35, 38, BGE 136 III 345, 348 E. 2.2.

ob das ausländische Gericht zuständig und ob der Beklagte dort gehörig vorgeladen worden war. Sind diese Voraussetzungen gegeben, ist das Verfahren in der Schweiz in aller Regel zu sistieren.

3. Rechtshängigkeit im LugÜ

a. Allgemein

64 Art. 27 LugÜ, welcher im eurointernationalem Rahmen zur Anwendung kommt, ist in seinem Wesen grundsätzlich gleich konzipiert wie Art. 9 IPRG. Trotzdem bestehen gewisse Unterschiede. Beide Bestimmungen bezwecken aber die Vermeidung widersprechender vollstreckbarer Urteile.[84] Art. 27 LugÜ ist jedoch vertragsautonom auszulegen. Die **Sistierung** des als zweites rechtshängig gewordenen Verfahrens erfolgt aber weniger lang als bei Art. 9 IPRG. Sie endet schon im Moment, in dem die Zuständigkeit des zuerst angerufenen Gerichts feststeht.[85] Ist dies der Fall, so hat sich das später angerufene Gericht gemäss Art. 27 Abs. 2 LugÜ zugunsten des Erstgerichtes «für unzuständig» zu erklären. Da es sich bei der Zuständigkeit um eine Prozessvoraussetzung handelt, wäre die Rechtsfolge dogmatisch richtig Nichteintreten.[86]

b. Klageidentität

65 **Identisch** sind nach Art. 27 Abs. 1 LugÜ Klagen «wegen desselben Anspruchs». Es geht darum, ob ein gleicher Streitgegenstand vorliegt *(eadem res).* Nach dem *EuGH* ist diese Voraussetzung in allen Vertragsstaaten *vertragsautonom,* d.h. gleich und unabhängig von den nationalen Rechtsauffassungen zu entscheiden. Nach dem EuGH ist entscheidend, ob die Klagen auf «derselben Grundlage» beruhen, nämlich auf demselben Vertragsverhältnis, und denselben Gegenstand betreffen; es kommt darauf an, ob der Kernpunkt beider Rechtsstreitigkeiten gleich ist. EuGH und Bundesgericht folgen dabei im Wesentlichen der Kernpunkttheorie[87]. Nicht entscheidend ist die Formulierung des Klagebegehrens, z.B. auf Vertragserfüllung oder auf Feststellung des Nichtbestandes des Vertragsverhältnisses. Auch ist z.B. eine Erbteilungsklage, die eine Teilung der ganzen oder nur eines Teils der Erbmasse verlangt, identisch, wenn sie ausschliesslich auf einem und demselben Testament beruht. Das ist in Staaten, wo die Teilklage zulässig ist, zurecht umstritten.

---

84 BSK-LugÜ Mabillard, Art. 27 N 2; BGE 123 III 414, 422.

85 Vgl. Walter/Domej 532.

86 Spühler/Dolge/Gehri, 7. Kap. N 69.

87 Vgl. EuGH v. 6. Dezember 1994, Tatry/Maciej Rataj, Rs. C-406/92, Slg. 1994 I-5439, Nr. 47, BGE 125 III 346, E. 4b; LugÜ-Kommentar Liatowitsch/Meier, Art. 27 N 37; BSK-LugÜ Mabillard, Art. 27 N 31.

c. Rechtshängigkeit

66 Einer Erörterung bedarf sodann, was «zuerst angerufenes Gericht» in Art. 27 Abs. 2 LugÜ bedeutet. Angesichts der sehr unterschiedlichen nationalen Ordnungen zur **Rechtshängigkeit** ist hier eine Begriffsbestimmung sehr schwierig. Durch Art. 30 LugÜ wird nun neu bestimmt, wann die Rechtshängigkeit zuerst eingetreten ist. Die Bestimmung stellt auf unschwer identifizierbare prozessuale Handlungen ab.[88] Ausgegangen wird von den zwei Systemen in den LugÜ-Staaten, nämlich Klageeinreichung beim Gericht oder Empfang des verfahrenseinleitenden Schriftstückes durch die beklagte Partei. Diese beiden Möglichkeiten werden untereinander gleichgestellt. Voraussetzung bildet, dass der Kläger in der Folge seine weiteren Mitwirkungspflichten bei der Zustellung an den Beklagten bzw. bei der Einreichung beim Gericht wahrnimmt. Die Fristen für die Fortsetzungshandlungen regelt Art. 30 LugÜ nicht, sie bestimmen sich nach der *lex fori.*[89] In der Schweiz ist in vielen Fällen zuerst ein Schlichtungsverfahren vorgesehen.[90] Obschon Art. 30 LugÜ nicht davon spricht, bildet das Gesuch um Durchführung eines Schlichtungsverfahrens das verfahrenseinleitende Schriftstück in diesem Sinne. Das bedeutet, dass das Schlichtungsbegehren die Rechtshängigkeit auslöst.[91] Mit dieser Regelung ist ausgeschlossen, dass es der Gegenpartei gelingt, die in der Schweiz klagende Partei noch zu überholen.[92]

67 Ist kein Schlichtungsverfahren nötig,[93] ist der Zeitpunkt der Einreichung der Klage beim Gericht massgeblich.

68 Art. 30 Nr. 2 LugÜ ist auf ein unserem Land fremdes System zugeschnitten und betrifft die Zustellungen in der Schweiz nicht.[94]

d. Keine Anerkennungs- und Fristprognose

69 Im Gegensatz zu Art. 9 IPRG gibt es **keine Anerkennungsprognose** und **keine Beachtung des Zeitmoments** in dem Sinne, dass die ausländische Verfahrensdauer angemessen sein müsste (Art. 27 LugÜ). Das Fehlen dieser beiden Voraussetzungen ist aus der Sicht des LugÜ logisch zwingend. Das LugÜ geht davon aus, die Entscheidungen aus allen Vertragsstaaten würden in jedem Vertragsstaat aner-

---

88 LugÜ-Kommentar Liatowitsch/Meier, Art. 30 N 1.
89 LugÜ-Kommentar Liatowitsch/Meier, Art. 30 N 1, N 4 ff.
90 Art. 197 ff. ZPO.
91 BSK-LugÜ Mabillard, Art. 30 N 11.
92 LugÜ-Kommentar Liatowitsch/Meier, Art. 30 N 6.
93 Art. 197 und 198 ZPO.
94 Für Grossbritannien und Irland ist nach Art. 30 Ziff. 2 LugÜ die Übergabe an den Zustellungsbeauftragten massgeblich.

kannt und die Gerichte aller Vertragsstaaten würden das Verfahren innerhalb einer angemessenen Frist rechtskräftig erledigen.[95]

e. Art. 29 LugÜ

70 In engem Zusammenhang mit Art. 27 LugÜ steht Art. 29 LugÜ. Es geht dabei um den seltenen[96] Fall von Klagen, für welche die **ausschliessliche Zuständigkeit mehrerer Gerichte** besteht; ausschliessliche Zuständigkeit ist im LugÜ nach schweizerischer Rechtsauffassung eine zwingende Zuständigkeit (Ausnahme: Art. 23 Abs. 1 LugÜ, wo mit dem Wort «ausschliesslich» wirklich «ausschliesslich» gemeint ist). Wird nun die Klage bei zwei oder mehreren Gerichten eingereicht, wird der Prozess am zuerst angerufenen Gericht durchgeführt. Das andere Gericht oder die anderen Gerichte haben sich für unzuständig zu erklären. Es gilt somit auch hier der **Grundsatz der Priorität.** Bei der Auslegung des Begriffs des «zuerst angerufenen Gerichts» ist auf den Zeitpunkt der Rechtshängigkeit abzustellen.

4. Rechtshängigkeit gemäss IPRG und LugÜ (Übersicht)

	IPRG (Art. 9)	**LugÜ (Art. 31)**
Klageidentität	*lex fori*	vertragsautonome Auslegung
Zeitpunkt	Klage*einreichung*[97] beim Gericht, bei vorgelagerten Schlichtungsverfahren Gesuchs*einreichung* bei der zuständigen Behörde, sofern in der Folge die Klage rechtshängig gemacht wird.	
Fristprognose	Ja	Nein
Anerkennungsprognose	Ja	Nein

II. Rechtsmittel

1. Gegen den Entscheid über die Zuständigkeit

71 Gegen einen abweisenden **Entscheid** des erstinstanzlichen Gerichts über die **Zuständigkeit** (prozessualer Endentscheid) steht der unterliegenden Partei (bei ge-

95 Vgl. dazu im nämlichen Sinne WALTER/DOMEJ, 533; MABILLARD betont in BSK-LugÜ Art. 27 N 53 das Vertrauen zwischen den LugÜ-Staaten.

96 LugÜ-Kommentar LIATOWITSCH/MEIER, Art. 29 N 1.

97 Vgl. Fn. 94.

gebenem Streitwert oder nicht vermögenswerter Streitigkeit, Art. 308 Abs. 2 ZPO) die **Berufung** oder subsidiär die **Beschwerde** nach Art. 319 ff. ZPO zur Verfügung.

72 Gleiches gilt, wenn das Gericht einen selbständigen Zwischenentscheid über die Abweisung der Zuständigkeitseinrede fällt (Art. 237 ZPO). Verzichtet das Gericht auf einen Zwischenentscheid, so steht der unterliegenden Partei – neben der Anfechtung des Endentscheids – lediglich die Anfechtung der (abweisenden) prozessleitenden Verfügung unter den strengen Voraussetzungen von Art. 319 lit. b Ziff. 2 («nicht leicht wiedergutzumachender Schaden») zur Verfügung.

73 Gegen den letztinstanzlichen kantonalen Entscheid ist gestützt auf Art. 72 ff. BGG (und unter den entsprechenden Voraussetzungen) i.V.m. Art. 96 ff. BGG das Rechtsmittel der **Beschwerde in Zivilsachen ans Bundesgericht** gegeben.[98] Steht dieses Rechtsmittel nicht zur Verfügung (etwa aufgrund der Streitwertgrenze von CHF 30 000.– in Art. 74 BGG), so kommt die subsidiäre Verfassungsbeschwerde (Art. 113 ff. BGG) infrage. Während allerdings mit der Beschwerde in Zivilsachen sämtliche Rechtsverletzungen geltend gemacht werden können (insb. Bundes- und Staatsvertragsrecht, Art. 95 BGG, zum ausländischen Recht vgl. Art. 96 BGG), erfordert die Verfassungsbeschwerde eine Rüge der Verletzung eines verfassungsmässigen Rechts (Art. 116 BGG).

2. Gegen den Entscheid über die Anerkennung und Vollstreckung (Exequatur)

74 Was die Rechtsmittel gegen einen **Exequaturentscheid** betrifft, ist danach zu unterscheiden, ob der Exequaturentscheid in Anwendung des IPRG oder in Anwendung des LugÜ erfolgt ist. Während in ersterem Falle zunächst die Beschwerde nach Art. 319 ff. ZPO zum Zuge kommt (i.V.m. Art. 308 lit. a, bzw. lit. b. Ziff. 3 ZPO bei der inzidenten Anerkennung, vgl. dazu ausführlicher Rz 361 f.), ist beim selbständigen Exequaturentscheid in Anwendung des LugÜ **Art. 327a ZPO** zu beachten (vgl. dazu Rz 406 ff., zu den Rechtsmitteln im Falle eines mit einem Arrest kombinierten Exequaturentscheids vgl. Rz 418 ff.).

III. Übrige Verfahrensfragen

1. Subsidiärer Gerichtsstand am Beklagtenwohnsitz

75 Grundsätzlich wendet jedes Gericht das **Prozess- und Verfahrensrecht des eigenen Staates** an *(lex fori)*. Nach neuerer Lehre kann aber nicht mehr immer ohne Weiteres von diesem Grundsatz ausgegangen werden, weil dies bei manchen Fra-

98 Vgl. BSK-BGG Uhlmann, Art. 92 N 7.

gen wegen ihres Bezugs zum materiellen Recht nicht gerechtfertigt ist. In diesen Fällen muss auf die ***lex causae*** abgestellt werden. Deswegen wird im Folgenden auf einige sich in diesem Zusammenhang stellende hauptsächliche Verfahrensfragen eingegangen. Das gilt vor allem für die Fragen der Sachlegitimation, der Wirkungen der Streitverkündung und der Intervention, die Zulässigkeit der Klageart und die Beweislast.[99]

2. Parteifähigkeit

76 Die **Parteifähigkeit** ist die prozessrechtliche Seite der **Rechtsfähigkeit.** Letztere bestimmt sich u.E. für **natürliche Personen** gemäss Art. 34 IPRG nach dem schweizerischen Recht. Auch *Walter/Domej* beurteilen die Parteifähigkeit ausschliesslich nach der *lex fori.*[100]

77 Die Rechtsfähigkeit einer **Gesellschaft** bestimmt sich gemäss den Bestimmungen von Art. 155 lit. c IPRG i.V.m. Art. 154 IPRG nach dem Recht, nach dem die Gesellschaft organisiert ist.[101]

3. Prozessfähigkeit

78 Die **Handlungsfähigkeit einer natürlichen Person** bestimmt sich gemäss Art. 35 Satz 1 IPRG nach dem Recht des Staates, in welchem die Person ihren Wohnsitz hat. Aus Gründen der Rechtssicherheit berührt ein Wohnsitzwechsel die einmal erworbene Handlungsfähigkeit nicht (Art. 35 Satz 2 IPRG). Gemäss *Schwander* und *Walter/Domej* untersteht die **Prozessfähigkeit** als Gegenstück zur Handlungsfähigkeit ebenfalls dem *Recht am Wohnsitz* und nicht der *lex fori.*[102]

79 In diesem Zusammenhang muss darauf hingewiesen werden, dass sich die **Deliktsfähigkeit** nicht nach Art. 35 IPRG, sondern nach Art. 142 IPRG beurteilt. Weil Art. 36 IPRG nur auf die Handlungsfähigkeit anwendbar ist, kann er nicht analog für die Prozessfähigkeit herangezogen werden.[103]

80 Die **Prozessfähigkeit für Gesellschaften** bestimmt sich wie bei der Parteifähigkeit nach Art. 155 lit. c IPRG i.V.m. Art. 154 IPRG.

---

99 Spühler/Dolge/Gehri, 1. Kap. N 76 f.; in BGE 136 III 23, 26 E. 5 wurde entschieden, dass sich die Aktivlegitimation nach dem materiellen Recht, d.h. kollisionsrechtlich nach der *lex causae* bestimmt.

100 Walter/Domej, 320.

101 Walter/Domej, 320.

102 Walter/Domej, 321 f.; Schwander, Einführung, N 666.

103 Vgl. zum Ganzen Walter/Domej, 322.

4. Aktiv- und Passivlegitimation

Weil die Frage der Aktiv- und Passivlegitimation eine Frage des materiellen Rechts ist, beurteilt sie sich nach der *lex causae.*[104] So erfolgt bei Fehlen der Aktivlegitimation der klägerischen Partei Abweisung der Klage und nicht Nichteintreten auf dieselbe. 81

5. Rechtsschutzinteresse

Da das Rechtsschutzinteresse ein Problem des materiellen Rechts ist,[105] beurteilt sich die Frage, *ob es gegeben ist* nach der *lex causae.* Ob es hingegen nach ausländischem Recht eine *Prozessvoraussetzung* ist, beantwortet die *lex fori.*[106] 82

6. Klagearten

Die **Zulässigkeit der Gestaltungs-, Leistungs- oder Feststellungsklage** beurteilt sich nach neuerer Rechtslehre nach der *lex causae.*[107] Das Problem ist im IZPR aber umstritten.[108] 83

7. Prozessstandschaft

Die **Prozessstandschaft**[109] bestimmt sich mit Bezug auf Zuständigkeit und Wirkungen nach der *lex fori.* Die **Prozessführungsbefugnis** richtet sich nach der *lex causae.*[110] 84

8. Parteiwechsel

Was ein **Parteiwechsel,** wie z.B. Konkurs, Nachlassverfahren, Abtretung oder Tod der Partei *bewirkt,* beurteilt sich nach der *lex causae. Ob* aber ein Parteiwechsel in einem hängigen Prozess *berücksichtigt wird,* richtet sich nach der *lex fori.* 85

---

104 SPÜHLER/DOLGE/GEHRI, 1. Kap. N 77.
105 SPÜHLER/DOLGE/GEHRI, 7. Kap. N 71 ff.
106 SCHWANDER, Einführung, N 670.
107 SCHWANDER, Einführung, N 673.
108 SPÜHLER/DOLGE/GEHRI, 6. Kap. N 26 ff.
109 Die gewillkürte Prozessstandschaft wird in der Schweiz abgelehnt; vgl. SPÜHLER/DOLGE/GEHRI, 4. Kap. N 46 f.
110 WALTER/DOMEJ, 325.

9. Postulationsfähigkeit und Prozessvollmacht

86 Ob sich eine Partei in einem Zivilprozess selber vertreten kann (sog. **Postulationsfähigkeit**) oder ob Anwaltszwang besteht und welche **Wirkungen eine Prozessvollmacht** hat, ist eine Frage der *lex fori.* [111]

10. Beweislast, Beweismass, Beweiswürdigung und Beweismittel

87 Während sich die **Beweislastverteilung** und das **Beweismass**[112] nach der *lex causae* richtet, bestimmt sich der **Grundsatz der freien richterlichen Beweiswürdigung** nach der *lex fori.* Welche **Beweismittel** zulässig sind, bestimmt ebenfalls die *lex fori.*[113]

88 Zur Frage der Beweislast mit Bezug auf ausländisches Recht vgl. Art. 16 IPRG.[114]

11. Kosten

89 Was die **Gerichtskosten** betrifft, so ist jeweils die *lex fori* massgebend.

90 Zu beachten ist aber in diesem Zusammenhang das Haager Übereinkommen betreffend Zivilprozessrecht vom 1. März 1954 (HUe54): Gemäss Art. 17 Abs. 1 HUe54 dürfen Angehörigen eines Vertragsstaates «wegen ihrer Eigenschaft als Ausländer oder deswegen, weil sie keinen Wohnsitz oder Aufenthalt im Inlande haben», keine **Sicherheitsleistung oder Hinterlegung** auferlegt werden. Ferner ist das Haager Übereinkommen über den internationalen Zugang zur Rechtspflege vom 25. Oktober 1980[115] zu beachten. Vgl. für die Schweiz den allgemeinen Vorbehalt in Art. 2 ZPO (Vorbehalt des Staatsvertragsrechts und des IPRG).

91 Gestützt auf diese Übereinkommen ist den Ausländern unter denselben Bedingungen wie den Inländern das **Armenrecht** zu gewähren (Art. 11c IPRG).[116] Der schweizerische verfassungsrechtliche Anspruch geht zum Teil über das HUe80 hinaus.[117]

---

111 Walter/Domej, 323 f.
112 In der Schweiz Art. 8 ZGB.
113 Zum Ganzen vgl. Schwander, Einführung, N 679 f.; vgl. auch BSK-ZPO Rüegg, Art. 99 N 7 ff.; Näheres bei Walter/Domej, 348 ff.
114 Walter/Domej, 334 ff.
115 SR 0.274.133.
116 Art. 1 HUe80. Jedoch verbieten die Abkommen nicht die Auferlegung von Kautionen in Situationen, in denen sie auch von «einheimischen» Parteien verlangt würden.
117 Vgl. Spühler/Dolge/Gehri, 8. Kap. N 113.

12. Verfahrensrechtlicher Ordre public

Zu den Verfahrensfragen gehört auch der **verfahrensrechtliche Ordre public.** Er ist im IZPR verletzt, «wenn das ausländische Verfahren von den Grundprinzipien des zweitstaatlichen Verfahrensrechts derart abgewichen ist, dass die Entscheidung nicht als in einer geordneten, rechtsstaatlichen Weise ergangen angesehen werden kann».[118] In der Praxis muss der Fehler mehr als willkürlich sein, um als Ordre public-widrig erachtet zu werden. So liegt nach der Praxis des Bundesgerichts ein Verstoss gegen den formellen Ordre public vor bei einer Verletzung von fundamentalen und allgemein anerkannten Verfahrensgrundsätzen, deren Nichtbeachtung zum Rechtsempfinden in einem unerträglichen Widerspruch steht, sodass die Entscheidung als mit der in einem Rechtsstaat geltenden Rechts- und Wertordnung schlechterdings unvereinbar erscheint.[119] Er ist vom (ebenfalls in Art. 27 Abs. 1 geregelten) **materiellen Ordre public** zu unterscheiden: dieser ist verletzt, wenn das Verfahren zwar (möglicherweise) formell korrekt abgelaufen ist, jedoch das Ergebnis «das einheimische Rechtsgefühl [...] in unerträglicher Weise verletzt [...], weil dadurch grundlegende Vorschriften der schweizerischen Rechtsordnung verletzt werden».[120] 92

Ausdrücklich ist der Ordre public in Art. 27 Abs. 1 IPRG verankert. Er bildet eine Schranke für die Anerkennung eines ausländischen Urteils in der Schweiz. Unter Art. 27 Abs. 1 IPRG fällt, wie erwähnt, auch der **verfahrensrechtliche** Ordre public.[121] In der neueren Rechtsprechung des Bundesgerichts finden sich dafür u.a. folgende typische Fälle: 93

- Nichtbeachtung der materiellen Rechtskraft eines Entscheides über dieselben Rechtsbegehren;[122]
- Nichteintragung eines Eigentumsvorbehalts in das betreffende Register;[123]
- widerrechtliche Verweigerung des «Armenrechts» einer finanziell eindeutig bedürftigen Partei.[124]

Der Verweigerungsgrund der mangelhaften Zustellung des das Verfahren einleitenden Schriftstücks (Art. 27 Abs. 2 lit a IPRG) ist im Ergebnis ein verselbstän- 94

118 LugÜ-Kommentar Domej/Oberholzer, Art. 34 N 21.
119 BGE 136 III 345, 347 f. mit Hinweisen.
120 BGE 131 III 182, 185. Es liegt aber nicht allein deshalb eine Verletzung des schweizerischen materiellen Ordre public vor, weil das Ergebnis ein anderes ist, als wenn schweizerisches Recht angewendet worden wäre, vgl. Beispiele bei Walter/Domej, 431 ff.
121 A.M. BSK-IPRG Berti/Däppen, Art. 27 N 2, wo die Grundlage für den verfahrensrechtlichen bzw. formellen Ordre public in Art. 27 Abs. 2 IPRG gesehen wird.
122 BGE 136 III 345, 348.
123 BGE 131 III 595, 598 f.
124 Walter/Domej, 329.

digtes Element des rechtlichen Gehörs und somit auch des formellen Ordre public (vgl. dazu Rz 348 ff.)

§ 6 Internationale Zuständigkeit nach IPRG

I. IPRG im Schatten des LugÜ

95 Der weite räumlich-persönliche Anwendungsbereich des LugÜ (vgl. dazu vorne Rz 35 ff.) hat zur Folge, dass die Gerichtsstandsnormen des IPRG nur noch einen beschränkten Anwendungsbereich haben. Sie kommen dann zum Tragen, wenn an einem besonderen Gerichtsstand nach IPRG in der Schweiz eine Klage gegen einen Beklagten mit Sitz oder Wohnsitz in einem nicht-LugÜ-Staat erhoben wird (etwa eine Klage am schweizerischen Erfüllungsort nach Art. 113 IPRG gegenüber einem Unternehmen mit Sitz in den USA). Darüber hinaus werden sie in Bereichen angewendet, die sachlich nicht vom LugÜ oder anderen multilateralen Abkommen abgedeckt sind (etwa Bereiche des Familien- und Erbrechts, des Internationalen Insolvenzrechts und der Internationalen Schiedsgerichtsbarkeit). Zudem spielt das IPRG in Bezug auf das (im LugÜ nicht geregelte) anwendbare Recht weiterhin eine zentrale Rolle.[125]

II. Allgemeiner Gerichtsstand (Art. 20 und 21 IPRG)

1. Der subsidiäre Gerichtsstand am Beklagtenwohnsitz

96 Gemäss Art. 2 IPRG kommt der allgemeine Wohnsitzgerichtsstand zur Anwendung, wenn das IPRG keine besondere Zuständigkeit vorsieht. Bevor man also an diesem Gerichtsstand eine Klage einreicht, muss im besonderen Teil des IPRG abgeklärt werden, ob nicht eine spezielle Zuständigkeit vorgesehen ist. Weil auch im besonderen Teil der Gerichtsstand am Beklagtenwohnsitz erwähnt bzw. wiederholt wird, kommt dem Art. 2 nur untergeordnete Bedeutung zu. **Die Bestimmung des Wohnsitzes bzw. des Sitzes einer Partei bestimmt sich nach Art. 20 und 21 IPRG.**

2. Bei natürlichen Personen

a. Wohnsitz

97 Der **Wohnsitz** einer Person (für das gesamte IPRG) bestimmt sich nach der eigenständigen Definition von Art. 20 IPRG. Dies gilt auch für die Voraussetzung der Anerkennung und Vollstreckung eines Urteils, dass der Beklagte seinen Wohnsitz

---

125 Vgl. aber auch das Anwendungsbeispiel des IPRG *gemeinsam* mit dem LugÜ in Rz 196 f.

im Urteilsstaat hatte (Art. 26 lit. a IPRG). Auch hier wird der Wohnsitz eigenständig definiert. Gemäss bundesgerichtlicher Rechtsprechung hat sich die Auslegung des Art. 20 IPRG an derjenigen des ZGB zu orientieren.[126] Denn beide setzen das *objektive Element der physischen Anwesenheit und das subjektive Element der Absicht des dauernden Verbleibens* voraus.[127] Der Unterschied zum ZGB liegt aber darin, dass das IPRG keinen «abgeleiteten» oder «fiktiven» Wohnsitz kennt.[128]

b. Gewöhnlicher Aufenthalt

98 Falls eine natürliche Person keinen Wohnsitz (i.S.v. Rz 97) hat, kann auch am gewöhnlichen Aufenthaltsort geklagt werden (Art. 20 Abs. 1 lit. b IPRG). Damit eine Person **gewöhnlichen Aufenthalt** im Sinn des IPRG hat, ist eine gewisse physische Präsenz an einem Ort erforderlich.[129] Allgemein kann gesagt werden, dass eine Präsenz von mindestens drei Monaten gegeben sein muss, damit von einem Aufenthaltsort ausgegangen werden kann.[130]

c. Exkurs: Niederlassung

99 Die **Niederlassung einer natürlichen Person** gehört eigentlich nicht zum allgemeinen Gerichtsstand; trotzdem soll dieser Gerichtsstand hier kurz erörtert werden. Eine natürliche Person hat ihre Niederlassung gemäss Art. 20 Abs. 1 lit. c IPRG in dem Staat, in dem sich der Mittelpunkt ihrer geschäftlichen Tätigkeit befindet. Als Mittelpunkt gilt derjenige Ort, von dem aus die geschäftlichen Aktivitäten entfaltet werden.[131] Diese Aktivitäten müssen auf eine gewisse Dauer angelegt sein, und die Person muss sie um des Erwerbs willen ausüben.[132] Es ist aber nicht erforderlich, dass es sich um ein kaufmännisch geführtes Gewerbe handelt.[133]

3. Bei Gesellschaften

a. Sitz

100 Bei Gesellschaften gilt als allgemeiner Gerichtsstand der **Sitz** der Gesellschaft (Art. 21 Abs. 1 IPRG). Hier muss unbedingt beachtet werden, dass sich der Begriff der Gesellschaft nach Art. 150 IPRG definiert und so nicht immer mit dem Begriff der Gesellschaft nach dem Obligationenrecht übereinstimmt.[134]

---

126 Walter/Domej, 119.
127 Walter/Domej, 119.
128 Schwander, Einführung, N 197, gemeint sind konkret die Art. 24 f. IPRG.
129 Schwander, Einführung, N 204.
130 Schwander, Einführung, N 206.
131 BBl 1983 1320.
132 Schwander, Einführung, N 213.
133 BBl 1983 1320.
134 Walter/Domej, 120.

Der Sitz wird in erster Linie durch die *Statuten* der Gesellschaft oder durch einen Gesellschaftsvertrag bestimmt (Art. 21 Abs. 2 IPRG). Für den (praktisch irrelevanten) Fall, dass die Gesellschaft *keinen Sitz* hat, gilt gemäss Art. 21 Abs. 2 Satz 2 IPRG als Sitz der Ort, an dem die Gesellschaft tatsächlich verwaltet wird. 101

Zur Bestimmung des Sitzes eines Trusts gilt Art. 21 Abs. 3 IPRG. 102

b. Niederlassung

Die **Niederlassung** einer Gesellschaft bestimmt sich nach Art. 21 Abs. 3 IPRG und befindet sich in dem Staat, in dem sie ihren Sitz oder eine Zweigniederlassung hat. Was unter dem Begriff «Zweigniederlassung» zu verstehen ist, sagt das IPRG nicht. Wie bei der Zweigniederlassung nach OR muss es sich um eine räumlich getrennte Handelsniederlassung handeln, die zwar rechtlich ein Teil des Hauptunternehmens ist, jedoch über eine gewisse wirtschaftliche Unabhängigkeit verfügt.[135] Zwar setzt das Bestehen einer Zweigniederlassung das Vorhandensein einer Hauptniederlassung voraus, doch es ist nicht zwingend, dass auch die Haupttätigkeit aus der Hauptniederlassung hervorgeht.[136] 103

III. Notzuständigkeit (Art. 3 IPRG)

Für die Fälle, in denen an sich keine schweizerische Zuständigkeit gegeben ist, kann gestützt auf Art. 3 IPRG trotzdem ausnahmsweise eine Zuständigkeit begründet werden (sog. **Notzuständigkeit**).[137] Die Begründung dieser (stets zu einem anderen IPRG-Gerichtsstand subsidiären) Notzuständigkeit ist von zwei Voraussetzungen abhängig: *Erstens* muss ein Verfahren – z.B. wegen kriegerischen Ereignissen – im Ausland unmöglich oder unzumutbar sein, und *zweitens* muss zwischen dem Sachverhalt und dem Ort der Notzuständigkeit ein genügender Zusammenhang bestehen (vgl. Art. 3 IPRG). Dabei sind die gesamten Umstände zu würdigen und auch die allfälligen Folgen für den Rechtssuchenden im Einzelfall zu beachten.[138] Der Nachweis für diese besonderen Umstände hat der Kläger zu erbringen, wobei dem Gericht hier ein erhebliches Ermessen zukommt.[139] 104

IV. Arrest (Art. 4 IPRG)

Beim **Gerichtsstand am Ort der Arrestprosequierung** (Art. 4 IPRG) handelt es sich um einen sog. *exorbitanten Gerichtsstand,* da die Verknüpfung des Sachver- 105

---

135 BSK-IPRG von Planta/Eberhard, Art. 21 N 10.
136 BGE 108 II 122, 124.
137 Schwander, Einführung, N 629.
138 BBl 1983 I 299.
139 Walter/Domej, 112.

haltes mit dem Ort sehr schwach ist.[140] Dieser Artikel dient der Durchsetzung der Arrestprosequierungsklage. Diese kann am Arrestort erhoben werden, wenn

1. ein gültig vollzogener Arrest vorliegt,
2. die Fristen der Prosequierung eingehalten wurden,
3. keine andere Zuständigkeit im IPRG gegeben ist (es handelt sich somit um eine subsidiäre Zuständigkeitsnorm) und
4. der Gerichtsstand am Arrestort nicht durch eine Art. 4 IPRG vorgehende Norm ausgeschlossen wird (etwa dem LugÜ) oder durch ein hängiges Verfahren im Ausland unnötig geworden ist, da ein Arrest auch durch eine Klage im Ausland prosequiert werden kann.[141]

106 Art. 4 IPRG begründet im Ergebnis eine Zuständigkeit am Ort der Belegenheit von Vermögenssubstrat des im Ausland wohnenden Schuldners (das auf dem Wege der Prosequierung auch sogleich – bei Obsiegen der Klage – verwertet werden kann). Unter diesen Voraussetzungen braucht sich der Kläger auch nicht um die – voraussichtlich fehlende – Anerkennbarkeit des Entscheids am ausländischen Wohnsitz des Schuldners zu kümmern.

107 Im Zusammenhang mit Art. 4 IPRG ist allerdings stets zu beachten, dass dieser Gerichtsstand gegenüber Beklagten mit Wohnsitz in einem Lugano-Übereinkommensstaat nicht zur Anwendung gelangt (Art. 3 LugÜ sowie Anhang I zum LugÜ; vgl. hinten Rz 198 ff.).

V. Gerichtsstandsvereinbarungen (Art. 5 IPRG)

108 Eine **Gerichtsstandsvereinbarung i.w.S.** ist ein Vertrag über bestimmte prozessrechtliche Beziehungen, ein sog. *Prozessvertrag.*[142] **Gerichtsstandsvereinbarungen** sind *selbständige Verträge,* deren Gültigkeit unabhängig von der Gültigkeit der materiellrechtlichen Vertragsbestimmungen geprüft wird. Bei Gerichtsstandsvereinbarungen sind immer folgende Voraussetzungen zu überprüfen: *Zulässigkeit, Zustandekommen (Konsens), Formerfordernisse und Wirkungen.* Art. 5 IPRG gilt nur bei Vorliegen eines internationalen Sachverhalts ausserhalb des Anwendungsbereichs des LugÜ.[143] Bei rein binnenrechtlichen Gerichtsstandsvereinbarungen ist dagegen Art. 17 ZPO massgebend.

140 Schwander, Einführung, N 630 f.

141 Zum Ganzen vgl. BSK-IPRG Berti, Art. 4 N 4 ff.

142 Walter/Domej, 127.

143 Und somit nur, wenn keine der Vertragsparteien Wohnsitz oder Sitz in einem LugÜ-Staat hat, was den Anwendungsbereich von Art. 5 IPRG auf Streitigkeiten zwischen «nicht-LugÜ Ausländern» beschränkt.

1. Zulässigkeitsvoraussetzungen

Die Vereinbarung muss sich auf einen **bestehenden oder zukünftigen Rechtsstreit über vermögensrechtliche Ansprüche** beziehen (Art. 5 Abs. 1 Satz 1 IPRG). 109

Die sachliche **Zulässigkeit,** d.h. die Frage, bei welchen Streitigkeiten überhaupt eine Gerichtsstandsvereinbarung zugelassen wird, beurteilt sich somit nach der *lex fori* (zum Begriff vgl. vorne Rz 24).[144] Mit «vermögensrechtlichen Ansprüchen» sind nicht nur schuldrechtliche Ansprüche gemeint, sondern jegliche Ansprüche, die auf eine Geldleistung gerichtet sind. Somit fallen z.B. auch Streitigkeiten aus dem Familien- oder Erbrecht darunter, solange diese sich auf eine Geldleistung beziehen (vgl. dazu auch analoge Fragestellung betreffend Schiedsfähigkeit, Rz 450 ff.).[145] 110

Gerichtsstandsvereinbarungen sind unbeachtlich, wenn **ein zwingender** (in der Terminologie des IPRG «ausschliesslicher») **Gerichtsstand** vorliegt (zum Begriff vgl. Rz 16 f.). Zwingend sind im IPRG z.B. Art. 97 oder Art. 151 Abs. 3 IPRG. Beim **teilzwingenden Gerichtsstand** von Art. 114 Abs. 2 IPRG (Konsumentenverträge) kann nicht *im Voraus* auf den entsprechenden allgemeinen oder besonderen Gerichtsstand verzichtet werden, sondern erst nach Entstehung der Streitigkeit (zum Begriff vgl. Rz 18). 111

Weiter müssen diese Ansprüche aus einem **bestimmten oder bestimmbaren Rechtsverhältnis** stammen (Art. 5 Abs. 1 Satz 1 IPRG).[146] Eine Gerichtsstandsvereinbarung über alle möglichen zukünftigen Ansprüche, die zwischen den Parteien entstehen können, ist nicht zulässig, da das Rechtsverhältnis nicht genügend bestimmbar wäre und aus Gründen des Persönlichkeitsschutzes *Ordre public*-widrig erschiene.[147] 112

Die Parteien müssen gemäss der herrschenden Auffassung in der Gerichtsstandsvereinbarung ein **bestimmtes Gericht** (bzw. einen bestimmten Ort, der eindeutig einem Gerichtskreis zugewiesen werden kann) bestimmen.[148] Die Bezeichnung «Schweiz» würde nicht genügen (vgl. hinten Rz 274). 113

2. Zustandekommen

Ob die Vereinbarung nach den allgemeinen Konsensregeln überhaupt gültig **zustande gekommen** ist, beurteilt sich nach dem auf den Vertag anwendbaren 114

144 WALTER/DOMEJ, 129 f.

145 Vgl. dazu BSK-IPRG GROLIMUND, Art. 5 N 15.

146 SCHWANDER, Einführung, N 646.

147 BSK-IPRG GROLIMUND, Art. 5 N 41.

148 BBl 1983 I 301; a.M. SCHWANDER, Einführung, N 646 Ziff. 3 und BSK-IPRG GROLIMUND, Art. 5 N 42.

Recht, also nach der *lex causae.*[149] Dabei ist eine allfällige Rechtswahl zu beachten (Art. 116 IPRG). Falls keine getroffen wurde, muss das auf den Vertrag anwendbare Recht über Art. 117 ff. **IPRG** ermittelt werden.

115 Was **statutarische Gerichtsstandsklauseln** betrifft – z.B. solche, die in Vereinsstatuten enthalten sind – so sind diese unter Art. 5 IPRG als zulässig zu erachten, sofern etwa eine schriftliche Beitrittserklärung zum betreffenden Verein vorliegt.[150]

116 In **Formularverträgen** oder **allgemeinen Geschäftsbedingungen** (AGB) sind Gerichtsstandsklauseln ebenfalls grundsätzlich zulässig. Bisher musste hier die *typografische Rechtsprechung* beachtet werden.[151] Nach dieser musste eine Gerichtsstandsklausel an gut sichtbarer Stelle eines Vertrages angebracht sein und drucktechnisch hervortreten. Da dies in Binnenverhältnissen nicht mehr der Fall ist,[152] ist sie u.E. auch im internationalen Verhältnis nicht mehr zu beachten, weiterhin muss aber ausdrücklich auf die Gerichtsstandsklausel oder (im Formular) auf die eine solche enthaltenden AGB verwiesen werden. Die Klausel muss zum Zeitpunkt des Vertragsabschlusses den Parteien vorliegen (keine Gültigkeit nachträglich zugesandter AGB).[153]

117 Ob eine **einseitige Gerichtsstandsvorschrift des Erblassers** in seinem Testament zulässig sein soll, wird in der Lehre unterschiedlich beantwortet.[154] Vom *BGer* wird dies jedoch insofern abgelehnt, als es eine einseitige Unterstellung des gesamten Nachlasses oder nur des in der Schweiz gelegenen Vermögens unter die schweizerische Zuständigkeit lediglich für den Sonderfall zulässt, dass ein Schweizer mit letztem Wohnsitz im Ausland eine solche letztwillige Verfügung erlassen hat (Art. 87 Abs. 2 IPRG).[155]

3. Formerfordernisse

118 Art. 5 Abs. 1 Satz 2 IPRG verlangt den «Nachweis der Vereinbarung durch Text». Mündlichkeit genügt also nicht. Es wird aber auch nicht eine Schriftlichkeit gemäss Art. 13 OR verlangt, sondern es genügt auch der Nachweis durch Telefax oder andere Formen der Übermittlung, die den Nachweis durch Text ermöglichen.[156]

---

149 Walter/Domej, 129 und 134 f.

150 BSK-IPRG Grolimund, Art. 5 N 29; BGer v. 28. Januar 2000, 4C.353/1999 E. 2a.

151 Näheres dazu in: BGE 118 Ia 294 (= Pra 82 Nr. 230).

152 BBl 1999 2850 (zur ZPO); bereits Spühler/Vock, GestG, Art. 9 N 6.

153 BSK-IPRG Grolimund, Art. 5 N 29.

154 Bejahung: Spühler/Dolge/Gehri, 3. Kap. N 115; Verneinung: BSK-IPRG Schnyder/Liatowitsch, Art. 86 N 20.

155 BGE 81 II 495, 501.

156 Walter/Domej, 135.

Im *Binnenverhältnis* kann neu aufgrund des klaren Wortlautes von Art. 17 Abs. 2 ZPO (zuvor Art. 9 GestG) eine Gerichtsstandsvereinbarung auch durch **E-Mail** abgeschlossen werden. Der Wortlaut von Art. 5 Abs. 1 Satz 2 IPRG lässt dies im *internationalen Verhältnis* u.E. ebenfalls zu, da durch den E-Mail-Verkehr der Nachweis der Vereinbarung durch Text erfolgen kann. Auch eine objektiv zeitgemässe Interpretation dieses Artikels spricht für eine solche Lösung. 119

Gemäss *BGer* ist es zwar nicht notwendig, «dass die Vereinbarung in einem gegenseitig unterzeichneten Vertragsdokument enthalten ist», doch muss jede Partei ihre Willenserklärung in einer der in Art. 5 Abs. 1 Satz 2 IPRG aufgeführten Formen abgeben (Grundsatz sog. «doppelter» Schriftlichkeit, anders hingegen unter dem LugÜ, Rz 279).[157] 120

Wenn die Formerfordernisse nicht eingehalten wurden, ist die Gerichtsstandsvereinbarung ungültig.[158] 121

4. Wirkungen

a. Ablehnungsgründe

Im Gegensatz zum eurointernationalen Verhältnis kann im allgemeinen internationalen Verhältnis das Gericht seine **Zuständigkeit** unter bestimmten Voraussetzungen **ablehnen.** Es kann sie nicht ablehnen, wenn eine Partei ihren Wohnsitz (bzw. Aufenthalt oder Niederlassung) im Kanton des vereinbarten Gerichts hat, oder wenn nach dem IPRG auf den Streitgegenstand schweizerisches Recht anwendbar ist (Art. 5 Abs. 3 IPRG). Letzteres ist auch dann der Fall, wenn die Parteien in Vertragsstreitigkeiten eine zulässige und gültige Rechtswahl zugunsten des schweizerischen Rechts getroffen haben.[159] Schweizer Gerichte machen nur mit grosser Zurückhaltung von der (in den anderen Konstellationen) bestehenden Möglichkeit Gebrauch, ihre Zuständigkeit abzulehnen. 122

b. Ausschliessliche Zuständigkeit

Ob ein vereinbartes Gericht **ausschliesslich zuständig** ist oder nicht, richtet sich gemäss Art. 5 Abs. 1 Satz 3 IPRG nach der Vereinbarung selbst. Geht aus ihr nichts anderes hervor, ist das Gericht ausschliesslich zuständig. Ist dies der Fall, so muss auch eine allfällige Widerklage an diesem Gericht erhoben werden.[160] Falls sich die Vereinbarung nur auf vertragliche Ansprüche bezieht, so sind Ansprüche aus unerlaubter Handlung oder aus einer anderen gesetzlichen Grundlage eben- 123

157 BGE 119 II 391, 394.
158 BGE 119 II 391, 395.
159 Schwander, Einführung, N 648 Ziff. 1.
160 Walter/Domej, 137 f.; BGE 123 III 35.

falls am vereinbarten Gerichtsstand einzuklagen, wenn die Handlungen zugleich eine Vertragsverletzung darstellen.[161]

c. Prüfung der Zuständigkeit

124 Das Vorliegen einer Gerichtsstandsvereinbarung wird durch das Gericht **nicht von Amtes wegen** geprüft. Falls eine Partei nicht am vereinbarten Ort eingeklagt wird, muss sie die Unzuständigkeitseinrede erheben, ansonsten die Zuständigkeit durch Einlassung begründet wird (vgl. hinten Rz 126 ff.).[162]

5. Rechtsmissbrauchsverbot

125 Gemäss Art. 5 Abs. 2 IPRG sind Gerichtsstandsvereinbarungen dann unwirksam, wenn einer Partei **ein Gerichtsstand des schweizerischen Rechts missbräuchlich entzogen wird.** Es geht also bei dieser Bestimmung um den Schutz vor Übervorteilung schwächerer Parteien. Missbrauch darf aber nicht leichtfertig angenommen werden. Die Bestimmung ist angesichts des weiten Anwendungsbereichs von Art. 23 LugÜ, aber auch im Lichte von Art. 114 Abs. 2 IPRG, weitgehend bedeutungslos.[163]

VI. Einlassung (Art. 6 IPRG)

126 Die Einlassung lässt sich auch als konkludente Gerichtsstandsvereinbarung beschreiben.[164] Anstatt die Unzuständigkeitseinrede zu erheben, lässt sich der Beklagte auf die Klage ein, indem er zur Sache Stellung nimmt, und tut somit konkludent kund, dass er mit diesem Gerichtsstand einverstanden ist.

127 Wie vorstehend bei der Gerichtsstandsvereinbarung nach Art. 5 IPRG ist die Einlassung nur bei **vermögensrechtlichen Streitigkeiten** (vgl. Art. 6 IPRG) und nur bei **nicht zwingenden Gerichtsständen** zulässig (zu den Begriffen siehe vorne Rz 110 f.). Weiter kann auch hier das Gericht seine Zuständigkeit bei Vorliegen der Voraussetzungen von Art. 5 Abs. 3 IPRG ablehnen (vgl. Verweis in Art. 6 IPRG und dazu vorne Rz 122).

128 Unter **vorbehaltloser Einlassung** versteht das *BGer* «die unzweideutige Bekundung der Beklagtenseite, vor dem angerufenen Gericht zur Hauptsache zu

161 Walter/Domej, 138.
162 Spühler/Dolge/Gehri, 3. Kap. N 121.
163 Geschützt werden durch die Gerichtsstandsnormen des IPRG i.d.R. Parteien mit Wohnsitz oder Sitz in der Schweiz. In solchen Fällen aber ist eine allfällige Prorogation in aller Regel von Art. 23 LugÜ erfasst.
164 Spühler/Dolge/Gehri, 3. Kap. N 104.

verhandeln».[165] Wenn der Beklagte z.B. den Einwand vorbringt, die Streitsache sei andernorts bereits rechtshängig, so stellt dies noch keine Einlassung dar.[166] Anträge formeller Art genügen also nicht.[167] Auch die schlichte **Untätigkeit des Beklagten bewirkt keine Einlassung.** Selbst nicht, wenn er nach ergangenem Urteil eines unzuständigen Gerichts kein Rechtsmittel eingelegt hat, da der Beklagte die Unzuständigkeitseinrede auch erst im Vollstreckungsverfahren erheben kann (vgl. aber hinten Rz 287 ff. betreffend Art. 24 LugÜ im eurointernationalen Verhältnis).[168]

VII. Schiedsvereinbarung (Art. 7 IPRG)

Vgl. hinten § 11, Rz 441 ff. 129

VIII. Widerklage (Art. 8 IPRG)

Wie in Art. 14 ZPO verlangt Art. 8 IPRG einen **sachlichen Zusammenhang** zwi- 130
schen der Haupt- und der Widerklage, damit Letztere am gleichen Ort wie die Hauptklage erhoben werden kann. Gemäss *BGer* ist dieser sachliche Zusammenhang gegeben, wenn die beiden Ansprüche aus demselben Rechtsverhältnis oder Rechtsgeschäft stammen, oder wenn sie sich zwar auf verschiedene Sachverhalte stützen, aber Ausfluss eines gemeinsamen Rechtsverhältnisses sind oder eine zumindest enge rechtliche Beziehung zueinander haben.[169]

Von der Widerklage zu unterscheiden ist die Erhebung der **Verrechnungseinrede.** 131
Die Verrechnung ist keine prozessuale, sondern eine materiellrechtliche Einwendung gegenüber der Hauptforderung (vgl. hinten Rz 236 f.).

IX. Gerichtsstand des Sachzusammenhangs (Art. 8a IPRG)

Im Rahmen der Ratifikations- und Umsetzungsvorlage zum revidierten LugÜ[170] 132
ist im IPRG eine wichtige Lücke geschlossen worden und ein allgemeiner Gerichtsstand des Sachzusammenhangs (Klagekonnexität, Klagenhäufung und

165 BGE 123 III 35, 46.
166 BGE 123 III 35, 46.
167 Walter/Domej, 141 f.
168 Walter/Domej, 143; BSK-IPRG Schnyder/Vasella, Art. 6 N 7.
169 BGE 71 I 344, 346.
170 BBl 2009 1977, 1827 f.

Streitgenossenschaft) geschaffen worden.[171] Bestehen demnach bezüglich mehrerer Ansprüche, die unter die Klagenhäufungstatbestände von Art. 15 ZPO fallen (objektive Klagenhäufung, Streitgenossenschaft und Klagekonnexität) unterschiedliche Gerichtsstände gemäss dem IPRG (etwa Wohnsitzgerichtsstände der passiven Streitgenossen an verschiedenen Orten der Schweiz), so erlaubt Art. 8a IPRG eine örtliche Verfahrenskonzentration am vom Kläger gewählten, auf einen der Streitgenossen (oder der Klagen) anwendbaren Gerichtsstand.

133 Im Gegensatz zur verwandten Norm von Art. 6 Nr. 1 LugÜ (vgl. dazu hinten Rz 232 f.) begründet Art. 8a IPRG nicht selbständig einen *internationalen* Gerichtsstand des Sachzusammenhangs, sondern erlaubt lediglich eine *örtliche* Verfahrenskonzentration, sofern für sämtliche zu konzentrierenden Klagen bzw. gegenüber sämtlichen Streitgenossen aufgrund der (übrigen) Bestimmungen des IPRG Gerichtsstände in der Schweiz vorliegen.

X. Gerichtsstand der Streitverkündungsklage (Art. 8b IPRG)

134 Art. 8b IPRG ist ebenfalls im Rahmen des revidierten LugÜ in das IPRG aufgenommen worden und steht im Zusammenhang mit der schweizweiten Einführung der Streitverkündungsklage (Art. 81 ZPO). Auch in diesem Falle führt die Bestimmung (diesmal abweichend von Art. 6 Nr. 2 LugÜ, vgl. hinten Rz 234) lediglich zu einer örtlichen Verfahrenskonzentration: Stets ist vorausgesetzt, dass gegenüber den beiden beklagten Parteien ein schweizerischer Gerichtsstand auf der Grundlage einer (anderen) Bestimmung des IPRG besteht.[172]

XI. Gerichtsstand der Adhäsionsklage (Art. 8c IPRG)

135 Zu Art. 8c IPRG gilt weitgehend das zu Art. 8a und 8b IPRG Ausgeführte analog. Anlass für diese Bestimmung ist die generelle Zulässigkeit der Adhäsionsklage unter der neuen StPO und unter der ZPO (Art. 39). Auch hier wird – im Gegensatz zu Art. 6 Nr. 3 LugÜ, der einen echten internationalen Adhäsionsgerichtsstand schafft (hinten Rz 236) – vorausgesetzt, dass gegenüber dem Angeklagten auch

171 Vor der Schaffung von Art. 8a IPRG befürwortete die Lehre zumindest für die Fälle der notwendigen Streitgenossenschaft die Schaffung eines Notgerichtsstandes auf der Grundlage von Art. 3 IPRG, vgl. SCHWANDER, Einführung, N 635.

172 BBl 1999 1828.

bezüglich der Zivilansprüche ein Gerichtsstand in der Schweiz gemäss den (übrigen) Bestimmungen des IPRG besteht (örtliche Verfahrenskonzentration[173]).[174]

XII. Vorsorgliche Massnahmen (Art. 10 IPRG)

Vgl. dazu hinten § 8, Rz 302 ff. 136

XIII. Gerichtsstände im Familienrecht (Art. 43 ff. IPRG)

1. Im Eherecht

Sowohl für die **Eheschliessung, Klagen oder Massnahmen betreffend die ehelichen Pflichten** als auch für die **Scheidung oder Trennung** sieht das IPRG grundsätzlich den Gerichtsstand am *Wohnsitz bzw. am gewöhnlichen Aufenthaltsort* eines der Brautleute bzw. Ehegatten vor (Art. 43, 46 und 59 IPRG). Subsidiär sind die Gerichte oder Behörden am (gemeinsamen) *Heimatort* zuständig, sofern kein Wohnsitz bzw. gewöhnlicher Aufenthalt vorliegt (Art. 43, 47 und 60 IPRG). Bei Klagen auf Scheidung oder Trennung gilt zu beachten, dass das hierfür zuständige Gericht auch für die Regelung der Nebenfolgen zuständig ist (vgl. Art. 63 Abs. 1 IPRG). 137

Abänderungsklagen (typischerweise die zur Änderung oder Ergänzung der Scheidungsnebenfolgen) richten sich nach Art. 64 IPRG. Schweizerische Gerichte sind demnach zuständig, wenn sie das zu ändernde oder zu ergänzende Urteil selbst erlassen haben oder sie nach Art. 59 und 60 IPRG zum Erlass dieses Entscheides zuständig gewesen wären.[175] Zur Zuständigkeit für Abänderungen oder Ergänzungen betreffend **Kinderbelange** siehe aber hinten Rz 141 ff. 138

Im **Güterrecht** besteht kein selbständiger, sondern ein *akzessorischer* Gerichtsstand (Art. 51 IPRG). Je nachdem, aus welchem Grund eine güterrechtliche Auseinandersetzung erfolgt, müssen zur Bestimmung der Zuständigkeit die entsprechenden Bestimmungen des mit dem Güterrecht zusammenhängenden Rechtsgebietes herangezogen werden. Für den Fall des Todes eines Ehegatten muss z.B. der Gerichtsstand aus dem Erbrecht berücksichtigt werden (Art. 86–89 IPRG, vgl. hinten Rz 150 ff.). Steht die güterrechtliche Auseinandersetzung hingegen im Zusammenhang mit einer Scheidung, so kommt der für die Scheidung anwendbare Gerichtsstand (vgl. vorne Rz 137) zum Tragen. 139

173 Eine solche war kraft Richterrecht bereits vor dem Erlass von Art. 8b IPRG möglich (BGer v. 30. Mai 2007, 6P.190/2006).

174 BBl 1999 1929.

175 BGE 128 III 343, 353; BSK-IPRG Bopp, Art. 64 N 5.

140 Auf die meisten eherechtlichen Belange – mit Ausnahme selbständiger Unterhaltsklagen, vgl. Art. 5 Nr. 2 LugÜ – ist das LugÜ *nicht* anwendbar (Art. 1 Abs. 2 lit. a LugÜ).

2. Im Kindesrecht

141 Das Kapitel «Kindesrecht» wird im IPRG in vier Abschnitte unterteilt: **Entstehung des Kindesverhältnisses durch Abstammung** (Art. 66 f. IPRG), **Anerkennung des Kindesverhältnisses** (Art. 71 IPRG), **Adoption** (Art. 75 ff. IPRG) **und Wirkungen des Kindesverhältnisses** (Art. 79 ff. insb. Art. 85 IPRG). Grundsätzlich bestimmt sich in all diesen Gebieten die Zuständigkeit nach dem *Wohnsitz eines Elternteils oder nach dem gewöhnlichen Aufenthaltsort des Kindes* (vgl. Art. 66, 71, 75 und 79 IPRG). Subsidiär (bei der Anerkennung alternativ) kommt auch hier die *Heimatzuständigkeit* zur Anwendung (Art. 67, 71 Abs. 1, 76 und 80 IPRG). Bei der Anerkennung ist noch zusätzlich die Behörde am *Geburtsort* des Kindes zuständig (Art. 71 Abs. 1 IPRG). Die Zuständigkeit für den Entscheid über die **Kinderzuteilung** untersteht – auch im Rahmen eines Scheidungsverfahrens – dem HKsÜ (vgl. Rz 144 ff.).

142 Für **Abänderungsklagen** hinsichtlich Kinderzuteilung beurteilt sich die internationale Zuständigkeit aufgrund von Art. 64 Abs. 1 und Art. 85 Abs. 1 IPRG ebenfalls nach Art. 1 HKsÜ[176] (vgl. hinten Rz 144 ff.), wonach i.d.R. die Gerichte am *gewöhnlichen Aufenthaltsort des Minderjährigen* zuständig sind, was in Einzelfällen zur Durchbrechung der Einheit des Scheidungsurteils führen kann.[177]

143 Nicht unter das HKsÜ fällt die *Ergänzung* eines ausländischen Scheidungsurteils mit Bezug auf den **Unterhalt** für Minderjährige. Die Zuständigkeit bestimmt sich dafür nach Art. 64 IPRG i.V.m. Art. 59 und 60 IPRG.[178]

3. Vormundschaft und andere Schutzmassnahmen

144 Gemäss Art. 85 IPRG kommt für den **Schutz von Minderjährigen** seit 1. Juli 2009 das (neue) Haager Übereinkommen über die Zuständigkeit, das anzuwendende Recht, die Anerkennung, Vollstreckung und Zusammenarbeit auf dem Gebiet der elterlichen Verantwortung und der Massnahmen zum Schutz von Kindern vom 19. Oktober 1996[179] zur Anwendung. Dieses ersetzt das Übereinkommen vom 5. Oktober 1961 über die Zuständigkeit der Behörden und das anzuwendende Recht auf dem Gebiet des Schutzes von Minderjährigen[180], welches jedoch wei-

176 BGE 117 II 334.
177 Walter/Domej, 158.
178 BGE 124 III 176, 180 f.
179 HKsÜ; SR 0.211.231.011.
180 MSA; SR 0.211.231.01.

terhin zur Anwendung kommt, wenn der andere betroffene Staat dem MSA angehört und dem HKsÜ (noch) nicht beigetreten ist.[181]

Unter dem HKsÜ sind die Behörden, seien es Gerichte oder Verwaltungsbehörden, des Vertragsstaats, in dem das Kind seinen *gewöhnlichen Aufenthalt* hat, zuständig, Massnahmen zum Schutz der Person oder des Vermögens des Kindes zu treffen (Art. 5 Abs. 1 HKsÜ). Bei einem Wechsel des gewöhnlichen Aufenthalts des Kindes in einen anderen Vertragsstaat sind die Behörden des Staates des neuen gewöhnlichen Aufenthalts zuständig (Art. 5 Abs. 2 HKsÜ). Das HKsÜ bezeichnet zudem etliche subsidiäre Gerichtsstände und enthält einen Mechanismus zur Kompetenzübertragung. Hervorzuheben ist dabei die Zuständigkeit des Gerichts, welches über eine Scheidungsklage entscheidet, unter bestimmten Voraussetzungen auch über die Kinderzuteilung zu urteilen, selbst wenn das Kind seinen gewöhnlichen Aufenthalt in einem anderen Staat hat (Art. 10 HKsÜ). 145

Wie der (vollständige) Name des Abkommens zeigt, regelt dieses auch Fragen des anwendbaren Rechts und der Anerkennung und Vollstreckung von Entscheidungen (über Massnahmen), es handelt sich somit um eines der seltenen Beispiele einer *convention triple*. 146

Unterhaltspflichten sind vom Anwendungsbereich des HKsÜ ausgenommen (vgl. vorne Rz 143). 147

Für Massnahmen zum Schutz unterstützungsbedürftiger **Erwachsener** erklärt Art. 85 Abs. 3 das Übereinkommen vom 13. Januar 2000 über den internationalen Schutz von Erwachsenen (HKsÜ)[182] für anwendbar.[183] 148

In dringenden Fällen (die an sich auch von den Bestimmungen der Abkommen abgedeckt sind) begründet Art. 85 Abs. 3 IPRG eine Zuständigkeit der schweizerischen Gerichte oder Behörden zum Erlass von Massnahmen zum Schutze Minderjähriger.[184] 149

---

181 In diesen Fällen wird die *erga omnes* Wirkung, welche Art. 85 Abs. 1 IPRG dem HKsÜ verleiht, von der Geltung des MSA kraft staatsvertraglicher Vereinbarung (Gegenseitigkeit) verdrängt.

182 SR 0.211.232.1.

183 Auch diesem wird durch den Verweis in Art. 85 IPRG eine faktische *erga-omnes* Wirkung verliehen, die dem Staatsvertrag ansonsten nicht zukäme. Die Abkommen werden in Fällen, in denen sie aufgrund ihres eigenen Anwendungsbereiches nicht zum Tragen kämen (anderer Staat ist kein Vertragsstaat), als schweizerisches autonomes Recht angewendet.

184 Vgl. dazu auch BGE 118 II 184, 187.

XIV. Gerichtsstand im Erbrecht (Art. 86–89 IPRG)

1. Erblasser mit Wohnsitz in der Schweiz

150 Art. 86 Abs. 1 IPRG erklärt für das **Nachlassverfahren** und die erbrechtlichen Streitigkeiten die schweizerischen Gerichte oder Behörden am *letzten Wohnsitz des Erblassers* als zuständig.

151 Der darin verankerte **Grundsatz der Nachlasseinheit** (erfasst sind grundsätzlich auch die Vermögenswerte im Ausland) wird aber durch Art. 86 Abs. 2 IPRG **durchbrochen,** da die Zuständigkeit eines ausländischen Staates, der für Grundstücke auf seinem Gebiet die ausschliessliche Zuständigkeit vorsieht, vorbehalten bleibt. Die Schweiz sieht selbst eine solche ausschliessliche Zuständigkeit für Klagen betreffend dingliche Rechte an Grundstücken in der Schweiz vor (Art. 97 IPRG, vgl. aber Art. 96). Was unter dem **Begriff «Nachlassverfahren» und «erbrechtliche Streitigkeiten»** zu verstehen ist, bestimmt sich nach *schweizerischem Recht,* d.h. nach dem ZGB.[185]

152 Da es im Erbrecht um vermögensrechtliche Streitigkeiten geht und keine zwingenden Gerichtsstände zum Tragen kommen, sind **Gerichtsstandsvereinbarungen, vorbehaltlose Einlassung** und **Schiedsgerichtsvereinbarungen** grundsätzlich zulässig. Keine Probleme bestehen, wenn alle in den Streit involvierten Personen mit einer Prorogation einverstanden sind und dies auch formgerecht kundtun können (etwa in einem Erbvertrag, soweit nur die unterzeichnenden Parteien hiervon betroffen sind).[186] Ob eine **einseitige Gerichtsstandsvorschrift des Erblassers** oder **Einsetzung eines Schiedsgerichtes** durch diesen zulässig sein soll, ist umstritten (vgl. vorne Rz 117), die restriktive Regelung eines Einzelfalles in Art. 87 Abs. 2 IPRG (Wahlrecht schweizerischer Staatsangehöriger zugunsten schweizerischer Gerichte, vgl. hinten Rz 154 ff.) spricht jedoch dafür, dass die Prorogationsfreiheit über diese Konstellation hinaus nicht zulässig ist (siehe auch hinten Rz 449).[187]

2. Erblasser mit Wohnsitz im Ausland

153 Die Art. 87–89 IPRG kommen nur zur Anwendung, wenn der Erblasser keinen (letzten) Wohnsitz in der Schweiz hatte. Art. 87 IPRG statuiert einen Heimatsgerichtsstand, und Art. 88 und 89 IPRG sehen einen Gerichtsstand am Ort der gelegenen Sache vor.

---

185 BSK-IPRG Schnyder/Liatowitsch, Art. 86 N 8.
186 BSK-IPRG Schnyder/Liatowitsch, Art. 86 N 20.
187 BSK-IPRG Schnyder/Liatowitsch, Art. 86 N 20; BSK-IPRG Wenger/Müller, Art. 178 N 64; ZK-IPRG Heini, Art. 86 N 9 f.; a. M. Spühler/Dolge/Gehri, 3. Kap. N 115.

a. Heimatzuständigkeit (Art. 87 IPRG)

Beim Art. 87 Abs. 1 IPRG handelt es sich lediglich um einen *subsidiären Gerichtsstand am Heimatort,* da die schweizerischen Gerichte erst zuständig sind, **wenn sich die ausländische Behörde nicht mit dem Nachlass befasst.**[188] 154

Besitzt ein Schweizer Bürger mehrere Bürgerrechte, ist diejenige Heimatbehörde zuständig, die als erste angerufen worden ist.[189] 155

Art. 87 Abs. 2 IPRG erlaubt es jedem **Schweizer Bürger mit letztem Wohnsitz im Ausland,** sein in der Schweiz gelegenes Vermögen oder sogar seinen gesamten Nachlass durch letztwillige Verfügung oder Erbvertrag der schweizerischen Zuständigkeit zu unterstellen. Dabei hat kurioserweise die Wahl schweizerischen Rechts *(professio iuris)* die Wirkung der Begründung schweizerischer Zuständigkeit *(professio fori).* Art. 86 Abs. 2 IPRG bleibt auch in diesem Falle vorbehalten (Art. 87 Abs. 2 Satz 2 IPRG). 156

In bestimmten Konstellationen kann sich die Frage stellen, wer zuständig ist, **wenn der Erblasser weder in der Schweiz noch im Ausland einen Wohnsitz hatte.** Mit *Schnyder/Liatowitsch* ist Art. 87 IPRG dahin gehend auszulegen, dass die schweizerischen Gerichte oder Behörden am Heimatort dann zuständig sind, wenn der Erblasser ein Schweizer Bürger ohne letzten Wohnsitz in der Schweiz war und sich die ausländische Behörde am letzten Wohnsitz mit seinem Nachlass nicht befasst.[190] Damit wird im Ergebnis auch der Begründung eines Notgerichtsstands über Art. 3 IPRG vorgebeugt. 157

b. Zuständigkeit am Ort der gelegenen Sache (Art. 88–89 IPRG)

Für den Fall, dass der **ausländische Erblasser Wohnsitz im Ausland** hatte, sich aber ein Teil des Nachlasses dieses Erblassers in der Schweiz befindet, sind die schweizerischen Gerichte oder Behörden am *Ort der gelegenen Sache (forum rei sitae)* hierfür zuständig, soweit sich die ausländischen Behörden damit nicht befassen (Art. 88 Abs. 1 IPRG). Genau wie Art. 87 Abs. 1 IPRG setzt dieser Gerichtsstand ein Nichtstun der ausländischen Behörden voraus. Im Gegensatz zu Art. 87 Abs. 1 IPRG handelt es sich hier aber nicht nur um ausländische Wohnsitzbehörden, sondern um diejenigen Behörden, deren Rechtshandlungen gemäss Art. 96 IPRG anerkennbar sind.[191] Wenn sich der Nachlass an mehreren Orten befindet, 158

188 Gemäss BSK-IPRG Schnyder/Liatowitsch, Art. 87 N 7 soll dieser Gerichtsstand (richtigerweise) schon dann zur Verfügung stehen, wenn sich die ausländischen Wohnsitzbehörden nicht mit dem Nachlass beschäftigen, und nicht erst dann, wenn sich gar keine ausländische Behörde damit befasst.

189 BSK-IPRG Schnyder/Liatowitsch, Art. 87 N 20.

190 BSK-IPRG Schnyder/Liatowitsch, Art. 87 N 8.

191 BSK-IPRG Schnyder/Liatowitsch, Art. 88 N 3; BBl 1983 1384.

so sind diejenigen Gerichte oder Behörden zuständig, die zuerst angerufen worden sind (Art. 88 Abs. 2 IPRG).

159 Gemäss Art. 89 IPRG sind die schweizerischen Behörden *am Ort der gelegenen Sache* für die **Anordnung sichernder Massnahmen** zuständig, wenn der Erblasser (wie bei Art. 87 IPRG) seinen Wohnsitz im Ausland hatte und Vermögen in der Schweiz hinterlässt. Die Behörden müssen von Amtes wegen einschreiten, wenn sie vom Erbfall Kenntnis haben und die Massnahmen für den Schutz des Nachlasses erforderlich erscheinen.[192] Es handelt sich dabei um Massnahmen für die Sicherung und Erhaltung des Nachlasses, nicht aber um Massnahmen für die Sicherung des Erbganges (vgl. Art. 551 Abs. 1 ZGB), die in die Zuständigkeit der Eröffnungsbehörde fallen.[193] Welche Massnahmen zu treffen sind, bestimmt sich nach schweizerischem Recht.[194]

XV. Gerichtsstände im Sachenrecht (Art. 97–98 IPRG)

1. Zuständigkeit bei Grundstücken (Art. 97 IPRG)

160 Gemäss Art. 97 IPRG sind für Klagen betreffend **dingliche Rechte an Grundstücken** in der Schweiz die Gerichte am *Ort der gelegenen Sache (forum rei sitae) ausschliesslich* zuständig. Was unter dinglichem Recht und unter Grundstücken verstanden wird, entscheidet sich nach *Schweizer Recht.*[195] Mit *«ausschliesslich»* ist eigentlich *«zwingend»* gemeint (Gerichtsstandsvereinbarung und Einlassung sind nicht zu beachten, vgl. vorne Rz 17).[196]

2. Zuständigkeit bei beweglichen Sachen (Art. 98 IPRG)

161 Klagen betreffend **dingliche Rechte an beweglichen Sachen** sind entweder am *Wohnsitz,* oder wenn ein solcher fehlt, *am gewöhnlichen Aufenthalt* des Beklagten einzureichen (Art. 98 Abs. 1 IPRG). Erst wenn der Beklagte weder einen Wohnsitz noch einen gewöhnlichen Aufenthaltsort in der Schweiz hat, sind die Gerichte am *Ort der gelegenen Sache* zuständig (Art. 98 Abs. 2 IPRG). Auch wenn das Gesetz nicht von der Niederlassung spricht, sollte in diesem Fall auch eine Zuständigkeit am Ort der Niederlassung begründet werden können.[197] Wie bei den Grundstücken bestimmt sich nach *schweizerischem Recht,* ob eine bewegliche Sa-

192 BBl 1983 I 384; ZK-IPRG Heini, Art. 89 N 2 f.
193 BBl 1983 I 385.
194 BBl 1983 I 385.
195 BSK-IPRG Fisch, Art. 97 N 2.
196 ZK-IPRG Heini, Art. 97 N 4; BBl 1983 I 394.
197 BSK-IPRG Fisch, Art. 98 N 3; ZK-IPRG Heini, Art. 98 N 4.

che vorliegt oder nicht.[198] Im Gegensatz zu Art. 97 IPRG statuiert Art. 98 aber *keine* ausschliessliche (bzw. zwingende) Zuständigkeit.[199] Zu beachten gilt, dass Art. 98 Abs. 2 IPRG nicht zur Anwendung kommt, wenn der Beklagte Wohnsitz in einem Lugano-Staat hat (vgl. vorne Rz 95, vgl. aber Art. 22 Nr. 1 LugÜ, hinten Rz 256 ff.).[200]

XVI. Gerichtsstand im Immaterialgüterrecht (Art. 109 IPRG)

1. Bestandes- und Verletzungsklagen

Im Immaterialgüterrecht muss zwischen Verletzungs- und Bestandesklagen unterschieden werden. Unter **Verletzungsklagen** sind diejenigen Klagen zu verstehen, mit welchen sich der Schutzinhaber gegen Dritte vor Verletzungen und Gefährdungen schützen will. Darunter fallen insbesondere Klagen auf Schadenersatz, auf Genugtuung, auf Gewinnherausgabe, auf Unterlassung, auf Beseitigung des rechtswidrigen Zustands, auf Auskunftserteilung und Rechnungsauslegung und auf Urteilsveröffentlichung.[201] Gemäss *BGer* gehören auch die positiven Feststellungsklagen dazu.[202] **Bestandesklagen** umfassen die Gültigkeits- und die Eintragungsklagen.[203] Darunter fällt z.B. auch die Nichtigkeitsklage, welche eine negative Feststellungsklage darstellt.[204] 162

Die Bestimmungen über immaterialgüterrechtliche Verletzungsklagen gehen dem allgemeinen Deliktsrecht (vgl. hinten Rz 180 ff.) vor. Art. 109 IPRG hat auf den 1. Januar 2011 einige Anpassungen, primär formeller, aber auch materieller Natur, erfahren.[205] 163

2. Generelle alternative Zuständigkeit am Wohnsitz des Beklagten

Sowohl für *Verletzungs- wie auch für Bestandesklagen* gilt als primärer Gerichtsstand der **Wohnsitz des Beklagten** (Art. 109 Abs. 1 und Abs. 2, jeweils Satz 1). Bei den *Verletzungsklagen* kommt es nicht darauf an, ob es sich im konkreten Fall um 164

---

198 BSK-IPRG Fisch, Art. 98 N 2 .
199 BBl 1983 1394.
200 BSK-IPRG Fisch, Art. 98 N 3.
201 BSK-IPRG Jegher, Art. 109 N 9.
202 BGE 117 II 598, 600.
203 BSK-IPRG Jegher, Art. 109 N 38.
204 Von Büren Roland/Marbach Eugen/Ducrey Patrik, Immaterialgüter- und Wettbewerbsrecht, N 931 und BGE 124 III 509 (= Pra 88 Nr. 74).
205 Namentlich im Zuge einer Patentrechtsrevision (BBl 2006 1) und der LugÜ-Umsetzungsvorlage (BBl 2009 1777).

die Verletzung eines schweizerischen oder ausländischen Immaterialgüterrechts handelt. Es spielt auch keine Rolle, ob die Verletzung in der Schweiz oder im Ausland stattgefunden hat.[206] Dagegen gilt der Wohnsitzgerichtsstand bei *Bestandesklagen* nur bei schweizerischen Immaterialgüterrechten.[207]

3. Alternative Zuständigkeit am schweizerischen Schutzort bei Verletzungsklagen

165 Die Verletzungsklage kann (seit 1. Januar 2011) *alternativ* am Schutzort erhoben werden (Art. 109 Abs. 2 Satz 2 IPRG). Unter dem Schutzort ist jeweils derjenige Ort zu verstehen, an welchem Verletzungen der Immaterialgüterrechte eingetreten sind und der neu als «Handlungs- und Erfolgsort» bezeichnet wird.[208] An einem schweizerischen Schutzort kann allerdings **nur die Verletzung eines schweizerischen Schutzrechts** eingeklagt werden.[209] Hinzugekommen ist der ebenfalls alternative Gerichtsstand am Ort der **Niederlassung** (im Sinne der Art. 20 Abs. 1 lit. c IPRG, auch die Zweigniederlassung nach Art. 21 Abs. 3 IPRG umfassend)[210], falls die Verletzung einer Handlung dieser Niederlassung entspringt.

4. Subsidiäre Zuständigkeiten

166 Art. 109 Abs. 1 und 2 IPRG enthält mehrere *subsidiäre* Zuständigkeiten, welche zum Tragen kommen, wenn der Beklagte **keinen Wohnsitz in der Schweiz** hat. Bei den **Bestandesklagen (Abs. 1)** sind diesfalls die schweizerischen Gerichte am *Geschäftssitz* des im Register eingetragenen Vertreters oder, wenn ein solcher fehlt, diejenigen am *Sitz der schweizerischen Registerbehörde* zuständig (Art. 109 Abs. 1 Satz 2 IPRG). Primär gilt also der Ort des Geschäftssitzes, der sich allein nach dem Eintrag im Schutzrechtsregister bestimmt. Beim subsidiären Gerichtsstand gilt als schweizerische Registerbehörde das Institut für Geistiges Eigentum in Bern (IGE).[211] Bei der **Verletzungsklage** (Abs. 2) besteht ein subsidiärer Gerichtsstand am (schweizerischen) gewöhnlichen Aufenthaltsort des Verletzers.

206 IPRG-Kommentar Vischer, Art. 109 N 7.

207 BSK-IPRG Jegher, Art. 109 N 42; IPRG-Kommentar Vischer, Art. 109 N 12. Bei Patentverletzung ist in sachlicher Hinsicht neu die Zuständigkeit des Bundespatentgerichts zu beachten.

208 Jedoch weiterhin den Schutzort meint, BBl 2006 125.

209 ZK-IPRG Vischer, Art. 109 N 10.

210 BBl 2006 125.

211 BSK-IPRG Jegher, Art. 109 N 51; <http://www.ige.ch>

5. Gerichtsstands- und Schiedsvereinbarung

Die Gerichtsstände für Bestandesklagen gemäss Art. 109 Abs. 1 IPRG gilt (obwohl nicht aus dem Gesetzestext ersichtlich) gemäss h.L. als **zwingend,**[212] also nicht durch Gerichtsvereinbarung oder Einlassung derogierbar (vgl. auch zum LugÜ hinten Rz 263 f.). Schiedsgerichtsvereinbarungen gelten allerdings als zulässig.[213] 167

XVII. Gerichtsstände im Obligationenrecht (Art. 112 ff. IPRG)

1. Gerichtsstände bei Verträgen

a. Allgemeiner Gerichtsstand (Art. 112 IPRG)

Auch im Obligationenrecht gilt primär der *Wohnsitzgerichtsstand* und subsidiär der Gerichtsstand *am gewöhnlichen Aufenthaltsort* (Art. 112 Abs. 1 IPRG). Wenn es sich um Klagen aufgrund der Tätigkeit einer Niederlassung in der Schweiz handelt, so sind alternativ auch die Gerichte am *Ort der Niederlassung* zuständig (Art. 112 Abs. 2 IPRG). Das bedeutet, dass unabhängig davon, ob der Beklagte einen Wohnsitz bzw. Sitz in der Schweiz hat, der Kläger die Wahl hat, ob er am Wohnsitz bzw. Sitz oder am Ort der Niederlassung klagen will[214]. Voraussetzung dafür ist selbstverständlich, dass die am Niederlassungsort auszutragende Streitigkeit aus einer Geschäftstätigkeit der Niederlassung stammt.[215] 168

Bei den Gerichtsständen nach Art. 112 IPRG und Art. 113 IPRG (vgl. Rz 170 ff.) handelt es sich *nicht* um zwingende Zuständigkeiten, somit können diese Gerichtsstände von einer (gültigen und ausschliesslichen) Gerichtsstandsvereinbarung oder einer rügelosen Einlassung des Beklagten verdrängt werden.[216] 169

b. Gerichtsstand am Erfüllungsort (Art. 113 IPRG)

Der Gerichtsstand am **Erfüllungsort** nach Art. 113 IPRG ist im Zuge der LugÜ-Revision auf den 1. Januar 2011 revidiert und sowohl an die entsprechende Bestimmung der ZPO (Art. 31) als auch – teilweise – an den revidierten Art. 5 Nr. 1 LugÜ angepasst worden. So handelt es sich bei Art. 113 IPRG nunmehr – wie bei Art. 5 Nr. 1 LugÜ, vgl. hinten Rz 203 ff. – um einen *alternativen* Gerichtsstand. Der 170

212 ZK-IPRG-Vischer, Art. 109 N 17; BSK-IPRG Jegher, Art. 109 N 56, jeweils mit uneinheitlicher Terminologie, zutreffend Kren Kostkiewicz, SjL Internationales Privatrecht, N 1886.

213 Zum Ganzen vgl. ZK-IPRG Vischer, Art. 109 N 18 f. und BSK-IPRG Jegher, Art. 109 N 59 f.

214 BSK-IPRG Amstutz/Vogt/Wang, Art. 112 N 11.

215 BSK-IPRG Amstutz/Vogt/Wang, Art. 112 N 11.

216 BSK-IPRG Amstutz/Vogt/Wang, Art. 112 N 14.

alternative Gerichtsstand von Art. 113 IPRG steht zur Verfügung, wenn die charakteristische Leistung aus einem Vertragsverhältnis in der Schweiz zu erfüllen ist. Diesfalls steht der Ort, an dem diese Leistung erbracht worden ist oder zu erbringen gewesen wäre, dem Kläger allenfalls alternativ zum Beklagtenwohnsitz (falls dieser ebenfalls in der Schweiz ist) zur Verfügung. Zur Bestimmung der charakteristischen Leistung ist Art. 117 Abs. 3 IPRG heranzuziehen.[217] Der vertraglich vereinbarte Erfüllungsort ist zu beachten. Fehlt eine Vereinbarung, kommt Art. 74 OR (als *lex fori*) zum Tragen.[218]

171 Bei der «Erbringung der Leistung» geht es nicht nur um die **Hauptleistung** (z.B. Lieferung eines Autos), sondern auch um eingeklagte **Leistungen,** die mit der Hauptleistung im Zusammenhang stehen bzw. an dessen Stelle treten, wie z.B. Schadenersatz wegen Nichterfüllung oder Verspätung[219] oder die Leistung einer Konventionalstrafe.

172 Nicht restlos geklärt ist die Frage, ob nur der **rechtliche** oder auch der **tatsächliche Erfüllungsort** einen Gerichtsstand begründet (anders bei Art. 5 Nr. 1 lit. a LugÜ; vgl. hinten Rz 203 ff.). Richtigerweise ist – wie unter dem LugÜ – zu unterscheiden, ob die Leistung schon erbracht wurde oder nicht. Vor der Erfüllung kann nur der rechtliche Erfüllungsort massgebend sein, nach erbrachter Leistung aber auch der tatsächliche Erfüllungsort, schliesslich verwirklichen sich dort die Gründe, welche den Gerichtsstand rechtfertigen, nämlich die Sach- und Beweisnähe.[220]

173 Liegt ein Konsumenten- oder Arbeitsvertrag vor, so gehen die Art. 114 und 115 IPRG vor (vgl. hinten Rz 174 und 175 ff.).

c. Gerichtsstand bei Konsumentenverträgen (Art. 114 IPRG)

174 Wenn ein **Konsumentenvertrag** vorliegt, der den Voraussetzungen von Art. 120 Abs. 1 IPRG entspricht, kann der Konsument wählen zwischen dem Gericht am Wohnsitz oder gewöhnlichen Aufenthalt *des Konsumenten* oder am Wohnsitz *des Anbieters* oder, wenn ein solcher fehlt, an dessen gewöhnlichem Aufenthalt. Es ist zu beachten, dass gemäss Abs. 2 der Konsument *nicht zum Voraus* auf den Gerichtsstand an seinem Wohnsitz oder an seinem gewöhnlichen Aufenthalt *verzichten kann* (sog. **teilzwingender Gerichtsstand).**

---

217 Gemäss der Botschaft (BBl 1999 1830) ist, wo es aufgrund der Besonderheiten des Vertrags – etwa beim Tausch – nicht möglich ist, eine einzelne charakteristische Leistung zu isolieren, beide Leistungen als charakteristische zu betrachten, bzw. auf die konkret eingeklagte abzustellen.

218 Gl. M. Kren Kostkiewicz, SjL Internationales Privatrecht, N 1978.

219 Walter/Domej, 164.

220 Im Ergebnis auch BSK-IPRG Amstutz/Vogt/Wang, Art. 113 N 14; IPRG-Kommentar, Keller/Kren Kostkiewicz, Art. 113 N 14; ausführlich Markus Alexander R., Tendenzen beim materiellrechtlichen Vertragserfüllungsort im internationalen Zivilverfahrensrecht, Basel/Genf/München 2009.

d. Gerichtsstand bei Arbeitsverträgen (Art. 115 IPRG)

Für **arbeitsrechtliche Streitigkeiten** kann am Wohnsitz des Beklagten oder am Ort, wo der Arbeitnehmer gewöhnlich seine Arbeit verrichtet, Klage erhoben werden (Art. 114 Abs. 1 IPRG). Wenn der Arbeitnehmer in der Schweiz wohnt, kann dieser zusätzlich auch an seinem Wohnsitz oder an seinem gewöhnlichen Aufenthaltsort die Klage einreichen (Art. 115 Abs. 2 IPRG). 175

Der Begriff *«gewöhnlicher Arbeitsort»* umfasst auch den Rechtsbegriff *«Betriebsstätte»*, geht aber weiter, indem er auch ein Ort sein kann, an welchem der Arbeitnehmer seine Arbeit nicht ständig ausüben muss. Sie darf aber auch nicht nur vorübergehend sein (Bsp. Baustelle).[221] 176

Anders als Art. 114 IPRG (vgl. vorne Rz 174) enthält Art. 115 IPRG keine Einschränkungen der Prorogationsmöglichkeiten. Demnach kann von 115 IPRG aufgrund einer vertraglichen Vereinbarung (typischerweise im Arbeitsvertrag) abgewichen werden, allerdings nur, sofern ein internationaler Sachverhalt vorliegt (ansonsten kommen die Art. 34 ff. ZPO zur Anwendung, welche teilzwingender Natur sind), etwa wenn der Arbeitnehmer im Ausland wohnt oder einen wichtigen Teil seiner Tätigkeiten im Ausland verrichtet. *A fortiori* wären solche Ansprüche demnach auch schiedsfähig. Diese Ansicht ist jedoch nicht unumstritten.[222] Schutznormen des schweizerischen Rechts mit öffentlich-rechtlichem Charakter sind jedenfalls als *normes d'appliccation immédiate* über Art. 18 IPRG auch dann anzuwenden, wenn auf das Vertragsverhältnis ausländisches Recht anwendbar ist. 177

Für in die Schweiz entsandte Arbeitnehmer ist zudem im Rahmen von Art. 115 Abs. 3 IPRG das Entsendegesetz[223] zu beachten.[224] 178

2. Gerichtsstand bei ungerechtfertigter Bereicherung (Art. 127 IPRG)

Wenn sich die **Klage auf ungerechtfertigte Bereicherung** stützt, kann der Kläger primär bei den schweizerischen Gerichten am Wohnsitz des Beklagten oder se- 179

221 BSK-IPRG Brunner, Art. 115 N 16 f.

222 Vgl. dazu BSK-IPRG Brunner, Art. 115 N 21 f.

223 Bundesgesetz vom 8. Oktober 1999 über die minimalen Arbeits- und Lohnbedingungen für in die Schweiz entsandte Arbeitnehmerinnen und Arbeitnehmer und flankierende Massnahmen (Bundesgesetz über die in die Schweiz entsandten Arbeitnehmerinnen und Arbeitnehmer; SR 823.20).

224 Art. 115 Abs. 3 IPRG kommt als autonome Umsetzung von EU-Richtlinienrecht (konkret der EU Entsenderichtlinie 91/71/EG) aufgrund von Art. 67 LugÜ auch eurointernational zum Tragen (darauf gestützte Entscheidungen gegen EU-Entsendeunternehmen können nach dem LugÜ anerkannt und vollstreckt werden).

kundär am gewöhnlichen Aufenthaltsort oder am Ort der Niederlassung des Beklagten klagen (Art. 127 IPRG).

3. Gerichtsstand bei unerlaubter Handlung (Art. 129 IPRG)

180 Grundsätzlich sind für **Klagen aus unerlaubter Handlung** die schweizerischen Gerichte am *Wohnsitz des Beklagten* oder, wenn ein solcher fehlt, diejenigen an seinem *gewöhnlichen Aufenthaltsort* oder am Ort seiner *Niederlassung* zuständig (Art. 129 Abs. 1 IPRG).

181 Erst wenn der Beklagte weder Wohnsitz oder gewöhnlichen Aufenthalt noch eine Niederlassung in der Schweiz hat, kann am *Handlungs- oder am Erfolgsort* geklagt werden (Art. 129 Abs. 2 IPRG). Im Gegensatz zum eurointernationalen Verhältnis handelt es sich beim Gerichtsstand am Handlungs- oder Erfolgsort also um einen *subsidiären Gerichtsstand* (vgl. hinten Rz 221). Für den Begriff des Handlungs- und Erfolgsortes kann auf die Ausführungen zu Art. 5 Nr. 3 LugÜ verwiesen werden (hinten Rz 221 ff.).

182 Wenn der Kläger **mehrere Personen** belangen will, so kann er alle gemeinsam bei jedem zuständigen Gericht einklagen, es gelten die allgemeinen Voraussetzungen von Art. 8a IPRG (vorne Rz 132 f.).

183 Gemäss *BGer* ist der **Begriff «unerlaubte Handlung»** (im IPRG) nach der *lex fori* zu bestimmen, also nach schweizerischem Recht.[225]

XVIII. Gerichtsstände im Gesellschaftsrecht (Art. 151–153 IPRG)

184 Gemäss Art. 151 Abs. 2 IPRG sind in **gesellschaftsrechtlichen Streitigkeiten** die schweizerischen Gerichte am *Sitz der Gesellschaft* zuständig für Klagen gegen die Gesellschaft, gegen die Gesellschafter oder gegen die aus gesellschaftsrechtlicher Verantwortlichkeit haftenden Personen. Was unter *«gesellschaftsrechtlicher Streitigkeit»* zu verstehen ist, beurteilt sich nach der *lex fori.*[226]

185 Bei **Verantwortlichkeitsklagen** ist neben diesem ordentlichen Gerichtsstand auch noch die Zuständigkeit am *Wohnsitz des Beklagten,* und wenn dieser fehlt, an seinem *gewöhnlichen Aufenthalt* gegeben (Art. 151 Abs. 2 IPRG).

186 Wenn es um eine **Verantwortlichkeit in Folge öffentlicher Ausgabe von Beteiligungspapieren und Anleihen** geht (sog. *Prospekthaftung),* dann sind zusätz-

225 BGE 110 II 188, 192.

226 Näheres dazu in: BSK-IPRG Von Planta/Eberhard, Art. 151 N 7.

lich die schweizerischen Gerichte am *Ausgabeort* zuständig (Art. 151 Abs. 3 Satz 1 IPRG). Es handelt sich dabei um einen **zwingenden Gerichtsstand** (Art. 151 Abs. 3 Satz 2 IPRG).

Bei **ausländischen Gesellschaften** kommt gemäss Art. 152 IPRG unter gewissen Voraussetzungen auch noch der Gerichtsstand am Ort dazu, an dem die Gesellschaft *tatsächlich verwaltet* wird.[227] 187

Wenn **Gesellschaften mit Sitz im Ausland Vermögen in der Schweiz** haben, und **Massnahmen zum Schutze** dieses Vermögens nötig sind, so sind die schweizerischen Gerichte oder Behörden am *Ort des zu schützenden Vermögenswertes* zuständig (Art. 153 IPRG; vgl. hinten Rz 310). 188

Neben Bestimmungen über die Sitzverlegung von Gesellschaften (Art. 161–163) enthält das IPRG seit dem Inkrafttreten des FusG auch eine ausführliche Regelung der Folgen grenzüberschreitender Spaltungen und Fusionen von Gesellschaften (Art. 163a–163d). Aus prozessualer Sicht relevant ist hierbei Art. 164a IPRG, der für bestimmte Klagen einen Gerichtsstand der ins Ausland weggezogenen (oder «wegfusionerten») Gesellschaft in der Schweiz weiter bestehen lässt. Wann immer die Gesellschaft ihren Sitz in einem LugÜ-Staat hat, ist auch hier der Vorbehalt des LugÜ zu beachten. 189

227 Näheres dazu in: BSK-IPRG Von Planta/Eberhard, Art. 152 N 5.

§ 7 Internationale Zuständigkeit nach LugÜ

I. Anwendungsbereich

190 Wie bereits vorne (Rz 39) dargelegt, hat die Rechtsprechung den räumlich-persönlichen Anwendungsbereich des LugÜ sehr weit gezogen, womit den Bestimmungen des LugÜ grosse praktische Relevanz zukommt. Immerhin in sachlicher Hinsicht ist der Anwendungsbereich auf «Zivil- und Handelssachen» beschränkt, wobei insb. die wichtigen Ausschlüsse von Art. 1 Abs. 2 zu beachten sind (Personenstand, Rechts- und Handlungsfähigkeit sowie die gesetzliche Vertretung von natürlichen Personen, eheliche Güterstände, Erbrecht; Konkurse, Vergleiche und ähnliche Verfahren; soziale Sicherheit; Schiedsgerichtsbarkeit).

II. Allgemeiner Gerichtsstand (Art. 2 LugÜ)

191 Der allgemeine Gerichtsstand nach Art. 2 LugÜ kommt stets zur Anwendung, wenn nicht ein zwingender (Art. 22, hinten Rz 255 ff.) oder ausschliesslicher (Art. 23, hinten Rz 268 ff.) Gerichtsstand anwendbar ist.

192 Ob eine **natürliche Person** ihren Wohnsitz im Hoheitsgebiet eines Vertragsstaates hat, bestimmt sich gemäss Art. 59 LugÜ nach dem Recht des Staates, in welchem sich das angerufene Gericht befindet ***(lex fori).*** Wird ein schweizerisches Gericht angerufen, bestimmt sich der Wohnsitz bzw. Sitz somit nach dem IPRG (Art. 20 und 21 IPRG; siehe dazu vorne Rz 96 ff.).

193 Der Verweis auf die *lex fori* könnte zu positiven und negativen Kompetenzkonflikten führen.[228] In der Praxis ist dies selten der Fall, da die Wohnsitzbegriffe für natürliche Personen in den meisten Vertragsstaaten übereinstimmen.

194 Dies trifft allerdings nicht zu für die Sitzdefinition bei **juristischen Personen,** wo sich Sitz- und Inkorporationsprinzip gegenüberstehen. Für diese enthält das revidierte LugÜ deshalb im neuen Art. 60 eine **vertragsautonome Sitzdefinition.** Diese zeichnet sich dadurch aus, dass sie das normativ ausgerichtete Inkorporationsprinzip (Abstellen auf den Gründungs- bzw. Inkorporationsort, der sich i.d.R. im statutarisch vereinbarten Sitz äussert) und das auf die tatsächlichen Verhält-

---

228 Ein positiver Kompetenzkonflikt könnte etwa vorliegen, wenn z.B. nach dem Recht des Aufenthaltsstaates ein Sprachstudent dort einen Wohnsitz begründet hat, während nach Ansicht des Staates, aus welchem dieser Student kommt (und nach dem Aufenthalt zurückkehren wird), dieser weiterhin dort Wohnsitz hat.

nisse abstellende Sitzprinzip (Abstellen auf den Ort der tatsächlichen Verwaltung) verbindet. Die Beklagte kann unter dem Titel des «Sitzes» nach Art. 2 sowohl an ihrem statuarischen Sitz als auch am Ort, an dem sich ihre Hauptverwaltung oder Hauptniederlassung befindet, belangt werden.

Während der Begriff der «Hauptverwaltung» auf den Sitz der leitenden Organe abstellt, bezieht sich der Begriff der «Hauptniederlassung» auf den Ort, an dem die grösste Produktionsstätte liegt oder der sonst wie als Schwerpunkt der Geschäftstätigkeit erkennbar ist. Im Ergebnis hat der Kläger somit in bestimmten Konstellationen bereits auf der Grundlage von Art. 2 LugÜ ein Wahlrecht zwischen mehreren Gerichtsständen. Zu diesen kommen allfällige alternative besondere Gerichtsstände (nach Art. 5 ff. LugÜ) hinzu.

195 Die vertragsautonome Sitzbestimmung kommt im Falle von Art. 22 Nr. 2 LugÜ (Gesellschaftsrechtliche Streitigkeiten, vgl. hinten Rz 259 ff.) nicht zur Anwendung.[229]

196 Weil Art. 2 LugÜ stets **nur** bestimmt, dass eine Person, die ihren Wohnsitz in dem Hoheitsgebiet eines Vertragsstaates hat, ohne Rücksicht auf ihre Staatsangehörigkeit vor den Gerichten *dieses Staates* verklagt werden kann, regelt dieser Artikel lediglich die ***internationale,* nicht aber die *örtliche* Zuständigkeit.**

197 Wenn nun feststeht, dass der Beklagte seinen Wohnsitz bzw. Sitz in der Schweiz hat, ist die *örtliche* Zuständigkeit nach den restlichen Zuständigkeitsbestimmungen des IPRG festzusetzen. Dies führt zum einen zum Wohnsitz nach Art. 20 f. IPRG. Stützt sich die Klage aber z.B. auf eine unerlaubte Handlung, kann sich aus Art. 129 Abs. 1 IPRG auch ein alternativer örtlicher Gerichtsstand ergeben (wenn ein Handlungs- oder Erfolgsort sich ebenfalls in der Schweiz verwirklicht hat und dieser nicht mit dem Wohnsitz des Beklagten übereinstimmt). Das IPRG spielt somit auch im Anwendungsbereich des LugÜ eine Rolle[230], nämlich zur Bestimmung der örtlichen Zuständigkeit(en), wenn die beklagte Partei nach Art. 2 LugÜ ihren Wohnsitz oder Sitz in der Schweiz hat und hier eingeklagt wird.

III. Arrest und das LugÜ

198 Im Gegensatz zum IPRG (vgl. vorne Rz 105 ff.) ist für die Schweiz beim Vorliegen eines eurointernationalen Sachverhalts der Gerichtstand am Arrestort ausgeschlossen (Art. 3 Abs. 2 LugÜ). Gerichtsstände, die alleine auf die Belegenheit von Vermögenswerten des Beklagten abstellen, sind international als beziehungsarm

229 Für gesellschaftsrechtliche Streitigkeiten macht es Sinn, dass diese nur an einem Ort ausgetragen werden, der nach dem Recht des Forums auch als Sitz der Gesellschaft betrachtet wird. Dies wäre nach Art. 60 LugÜ nicht überall der Fall. Deshalb verweist Art. 22 Nr. 2 LugÜ weiterhin auf die *lex fori.*

230 Neben der Bestimmung des Sitzes im Rahmen von Art. 59 IPRG.

(«exorbitant») verpönt, weshalb die LugÜ-Staaten untereinander auf deren Verwendung verzichten.

Dieser Ausschluss gilt im Falle des Arrestes aber nur für die Arrestprosequierungsklage und nicht für den Arrest als solchen (als sichernde vorsorgliche Massnahme) und eine allenfalls nachfolgende Arresteinsprache. Im Rahmen der Umsetzungsvorlage zum revidierten LugÜ ist der Arrest sogar das primäre *Sicherungsmittel* des schweizerischen Rechts im Rahmen von Anerkennungs- und Vollstreckungsersuchen von LugÜ-Entscheidungen (vgl. ausführlich hinten Rz 365 ff.).[231] Hat der Kläger in der Schweiz die provisorische Rechtsöffnung erlangt, so steht dem Aberkennungskläger für seine Aberkennungsklage der Gerichtsstand an *seinem* (schweizerischen) Wohnsitz offen (Art. 2 LugÜ). Das Bundesgericht[232] stellt in diesem Falle auf die materielle statt auf die formale Parteirolle ab – nicht zuletzt, um dem Aberkennungskläger überhaupt einen schweizerischen Gerichtsstand für die Aberkennungsklage in der Schweiz zu ermöglichen.[233] 199

Wenn der Beklagte keinen Wohnsitz in einem Vertragsstaat hat (also auch nicht in der Schweiz), bestimmt sich die Zuständigkeit nach dem autonomen Recht des angerufenen Gerichts (Art. 4 Abs. 1 LugÜ), in der Schweiz nach dem IPRG. In diesem Fall ist ein exorbitanter Gerichtsstand gemäss Art. 3 Abs. 2 LugÜ nicht ausgeschlossen. Eine Ausnahme bilden die zwingenden Gerichtsstände von Art. 22 LugÜ (vgl. hinten Rz 255 ff.). Diese Zuständigkeitsvorschriften kommen gemäss Art. 4 Abs. 1 LugÜ auch dann zur Anwendung, wenn der Beklagte nicht in einem Vertragsstaat wohnt. Art. 23 kommt überdies auch zum Tragen (und verdrängt das autonome Recht), wenn zumindest der Kläger Wohnsitz in einem Mitgliedstaat hat (vgl. dazu Rz 268 ff.). 200

IV. Besondere Gerichtsstände (Art. 5 LugÜ), insb. der Vertragsgerichtsstand

Bei den Gerichtsständen nach Art. 5 LugÜ (kann-Formel) handelt es sich durchwegs um **nicht zwingende** und **nicht ausschliessliche alternative Gerichtsstände.** 201

231 Der Arrest dient aber hierbei nur als sichernde vorsorgliche Massnahme im Rahmen der Vollstreckung, für welche die Schweiz aufgrund von Art. 22 Nr. 5 LugÜ ohnehin zuständig ist. Der Schweiz ist es aber aufgrund von Art. 3 LugÜ verwehrt, einzig auf der Grundlage von Art. 4 IPRG in der Schweiz ein Erkenntnisverfahren durchzuführen.

232 BGE 130 III 285.

233 Ohne diese Rechtsprechung käme es zu zahlreichen Konstellationen unter dem LugÜ, in denen zwar die provisorische Rechtsöffnung in der Schweiz erteilt werden könnte (vgl. BGE 136 III 566, wonach dieses Verfahren dem zwingenden Vollstreckungsortsgerichtsstand von Art. 22 Nr. 5 LugÜ untersteht), jedoch in der Schweiz kein Gerichtsstand für die Aberkennungsklage zur Verfügung stünde (etwa weil der Aberkennungsbeklagte Wohnsitz im LugÜ-Ausland hat).

Sie stehen dem Kläger neben dem Gerichtsstand gemäss Art. 2 LugÜ zur Verfügung. Sie haben allerdings gegenüber zwingenden (Art. 22, hinten Rz 255 ff.) oder einem ausschliesslichen (Art. 23, hinten Rz 268 ff.) Gerichtsstand zurückzutreten.

1. Gerichtsstand am Erfüllungsort bei allgemein vertraglichen Ansprüchen (Art. 5 Nr. 1 LugÜ)

202 Wenn ein Vertrag oder Ansprüche aus einem Vertrag Gegenstand des Verfahrens bilden, kann der Kläger vor dem Gericht des Ortes klagen, an dem die Verpflichtung erfüllt worden ist oder zu erfüllen wäre (Art. 5 Nr. 1 Halbsatz 1 LugÜ). Ausgenommen sind die Ansprüche aus arbeitsrechtlichen Streitigkeiten (vgl. hinten Rz 250 ff.) oder aus Spezialgebieten wie Versicherungs- oder Verbrauchersachen (vgl. hinten Rz 241 ff. und 245 ff.). Der Erfüllungsort ist ein in der Praxis sehr wichtiger Gerichtsstand. Er wird dogmatisch mit der Sach- und Beweisnähe des Ortes, wo die Vertragsleistung erbracht worden ist (oder hätte erbracht werden sollen)[234], begründet.

203 Art. 5 Nr. 1 LugÜ ist die Bestimmung des LugÜ (und des aLugÜ), die am meisten Auslegungsfragen aufwirft. Der Vertragsgerichtsstand von Art. 5 Nr. 1 hat im revidierten LugÜ wichtige Änderungen gegenüber dem aLugÜ erfahren. Leider ist dessen Anwendung nicht einfacher geworden.

a. Definition der vertraglichen Ansprüche

204 Der Begriff «Vertrag oder Ansprüche aus Vertrag» wird *autonom* bestimmt.[235] Der Anwendungsbereich dieses Satzes von Art. 5 Nr. 1 LugÜ wird insgesamt weit gezogen. Darunter fallen sowohl die Primäransprüche, d.h. Vertragsansprüche auf Erfüllung, wie auch die Sekundäransprüche, z.B. Ansprüche aus Schadenersatz wegen Nichterfüllung oder Schlechterfüllung. Gemäss *EuGH* fallen sogar Zahlungsansprüche darunter, die ihre Grundlage in dem zwischen einem Verein und seinen Mitgliedern bestehenden Mitgliedschaftsverhältnis haben, da durch den Beitritt zum Verein faktisch ein gleich enges Verhältnis begründet wird wie zwischen Vertragsparteien.[236] Wenn sich der Anspruch *nur* auf ein gesetzliches Schuldverhältnis stützt, kann er jedoch nicht am Erfüllungsort eingeklagt werden.[237] Ansprüche wie z.B. aus Geschäftsführung ohne Auftrag, aus ungerechtfer-

---

234 Gerade für diese Alternative greift das Argument der Beweisnähe zu kurz. Immerhin lässt sich dort leicht(er) beweisen, dass nicht geliefert worden ist.

235 BGE 122 III 298, 299; EuGH v. 27. Oktober 1998, Réunion européenne, Rs. C-51/97, Slg. 1998 I-6511; Kropholler/von Hein, Art. 5 EuGVO N 5.

236 EuGH v. 22. März 1983, Peters/Zuid Nederlandse Aannemers vereniging, Rs. 34/82, Slg. 1983 987, 1002 ff.

237 Walter/Domej, 210.

tigter Bereicherung oder aus unerlaubter Handlung fallen also nicht unter diese Bestimmung (vgl. aber hinten Rz 221 ff. zu Art. 5 Nr. 3). Nur wenn z.B. der Anspruch aus ungerechtfertigter Bereicherung im Zusammenhang mit der Rückabwicklung eines Vertrages steht, kann dieser am Erfüllungsort eingeklagt werden.[238]

b. Konkurrenzierende Ansprüche

Das Gericht am Erfüllungsort kann nur einen vertraglichen Anspruch überprüfen (daher «besondere» Gerichtsstände) und nicht auch eine **anspruchskonkurrenzierende Deliktsklage.** Wenn die Klage abgewiesen wird, steht es dem Kläger aber frei, sein Klagebegehren erneut am Gerichtsstand gemäss Art. 5 Nr. 3 LugÜ einzureichen, weil das erste Gericht diese Klage nicht im Hinblick auf eine deliktische Rechtsgrundlage überprüft hat.[239] Gleiches gilt *vice versa* für vertragliche Ansprüche am Deliktsort. Will man diese Zersplitterung vermeiden, ist am *allgemeinen* Gerichtsstand (Rz 191 ff.) zu klagen, weil zur Begründung dieses Gerichtsstands die Anspruchsgrundlage keine Rolle spielt. 205

c. Definition des Erfüllungsortes

Die Bestimmung des gerichtsstandsrelevanten Erfüllungsortes ist auch unter dem neuen LugÜ sehr komplex. 206

So gilt es zunächst festzustellen, um welche Art von vertraglichem Verhältnis es in der fraglichen Klage geht. Betrifft die Streitigkeit nämlich einen Warenkauf oder einen Dienstleistungsvertrag, so ist der Erfüllungsort in anderer Weise zu bestimmen, als wenn es sich um einen sonstigen Vertragsinhalt handelt (etwa ein Darlehen, Mietverträge oder Lizenzverträge). 207

i. Erfüllungsort bei Kauf- und Dienstleistungsverträgen (lit. b)

Lit. b enthält für die wichtigsten Vertragstypen, nämlich Kauf- und Dienstleistungsverträge[240] (unter Letztere sind auch Beratungs- sowie Werk- oder Werklieferungsverträge zu subsumieren, nicht aber Arbeitsverträge, vgl. dazu hinten Rz 250 ff.), die wichtigste Neuerung gegenüber dem aLugÜ: Betrifft die Streitigkeit ein solches Vertragsverhältnis, so ist alleine der Erfüllungsort der charakteristischen Leistung gerichtsstandsbegründend. 208

---

238 Kropholler/von Hein, Art. 5 EuGVO N 15, 75.
239 Walter/Domej, 212.
240 Eine ausführliche Darstellung der Vertragsverhältnisse, die in die eine oder andere Kategorie – oder eben in keine davon – fallen, sprengt den Rahmen dieses Werkes, vgl. statt vieler BSK-LugÜ Hofmann/Kunz, Art. 5 N 186 ff. (Kaufverträge), N 206 ff. (Dienstleistungsverträge).

209 Beim Warenkauf ist dies gemäss dem Übereinkommenstext der Ort, «an dem sie nach Vertag geliefert worden sind oder hätten geliefert werden müssen». Diese Formulierung lässt viele, weitgehend noch ungelöste und in der Lehre umstrittene[241] Fragen offen, etwa nach dem Verhältnis zwischen dem tatsächlichen Lieferort (der allenfalls dem Vertrag widerspricht) und dem normativen («hätte müssen»). Nach der hier vertretenen Ansicht bestehen diese Möglichkeiten – dort, wo tatsächlicher und normativer Lieferort auseinanderfallen – *alternativ.* Dem Kläger steht es offen, sowohl am Ort der tatsächlich erfolgten Lieferung als auch am Ort, an dem seiner Ansicht nach hätte geliefert werden sollen, zu klagen.[242]

210 Bei Dienstleitungsverträgen ist der Ort, an welchem die Dienstleistungen «nach dem Vertrag erbracht oder hätten erbracht werden müssen». Hierzu gilt das oben Aufgeführte analog.

211 In beiden Konstellationen geht ein *vertraglich* ausdrücklich vereinbarter Erfüllungsort (der charakteristischen Leistung) der oben beschriebenen Festlegung vor.[243]

212 Die Bestimmung des Erfüllungsortes nach Art. 5 Nr. 1 lit. b LugÜ entspricht weitgehend der Bestimmungsmethode unter dem (mit dem LugÜ) revidierten neuen Art. 113 IPRG (vgl. ausführlich vorne Rz 170 ff.).

ii. Erfüllungsort bei den übrigen Vertragstypen (lit. c und a)

213 Kommt die Bestimmung des Erfüllungsortes nach lit. b nicht zum Tragen, sei es weil (i) keiner der Vertragstypen von lit. b vorliegt oder weil (ii) zwar ein Vertragstyp nach lit. b vorliegt, jedoch der Erfüllungsort der charakteristischen Leistung *ausserhalb des räumlichen Anwendungsbereichs des LugÜ* läge, so ist «Buchstabe a» anwendbar.

214 Dass «Buchstabe a» anwendbar ist, bedeutet konkret, dass sich der Erfüllungsort so bestimmt, wie es sich unter dem bisherigen Art. 5 Nr. 1 aLugÜ bestimmt hatte

241 Vgl. statt vieler die Übersicht bei BSK-LugÜ Hofmann/Kunz, N 261.

242 Nur diese Auslegung dient einerseits dem Gedanken der Beweisnähe (es kann am tatsächlichen Lieferort geklagt werden), schützt aber zugleich berechtigte Erwartungen der Parteien (der Gerichtsstand am vertraglichen Lieferort kann nicht durch vertragswidriges Verhalten entzogen werden). Wie erwähnt gehen die Lehrmeinungen diesbezüglich aber weit auseinander, vgl. statt vieler die Übersicht bei Markus Alexander R., Vertragsgerichtsstände nach Art. 5 Nr. 1 revLugÜ/EuGVVO – ein EuGH zwischen Klarheit und grosser Komplexität, AJP 8/2010, 971 ff.

243 Dabei müssen die Formvorschriften gemäss Art. 13 LugÜ nicht eingehalten werden, es sei denn, der Erfüllungsort sei aus dem einzigen Grund vereinbart worden, den Gerichtsstand dort zu begründen: EuGH v. 20. Februar 1997, MSG/Les Gravières Rhénanes, Rs. C-106/95, Slg. 1997 I-911, 944 ff.

(sog. *DeBloos/Tessili*-Methode[244]): Demnach ist in einem **ersten Schritt** die *eingeklagte Verpflichtung* (die nicht unbedingt die charakteristische sein muss) festzustellen.[245] Deren Erfüllungsort gilt es zu bestimmen. Ist ein solcher vertraglich vereinbart, so wird die Erfüllungsortvereinbarung auch gerichtsstandsbegründend. Gibt es keine solche Vereinbarung, so muss in einem **zweiten Schritt** gemäss dem auf dem Vertrag anwendbaren Recht (*lex causae*, in der Schweiz also in Anwendung von Art. 117 IPRG) ermittelt werden, wo sich dieser befindet.[246] Verweist in der Schweiz Art. 117 IPRG auf schweizerisches Recht, so kommt Art. 74 OR zur Anwendung. Ist diesem zufolge die **eingeklagte Leistung** (etwa die Zahlungsverpflichtung) in der Schweiz zu erbringen, so besteht am schweizerischen Erfüllungsort ein Gerichtsstand nach Art. 5 Nr. 1 lit. a LugÜ. Liegt der so bestimmte gesetzliche Erfüllungsort nicht in der Schweiz, so scheitert die Anwendung von Art. 5 Nr. 1 lit. a, zumindest in der Schweiz.

Der wichtigste Unterschied zwischen lit. a und lit. b besteht im Ergebnis primär 215
darin, dass bei den lit. b unterstehenden Vertragstypen der Erfüllungsort der Zahlungsverpflichtung in keinem Falle (alleine) gerichtsstandsbegründend sein kann. In den Fällen von lit. a hängt dies vom auf den Vertrag anwendbaren Recht (Art. 74 OR bzw. entsprechende Norm des ausländischen Rechts, falls anwendbar) ab.

Für die Zuteilung der Beweislast, dass ein Erfüllungsort vereinbart wurde bzw. all- 216
gemein zur Frage, wo sich dieser befindet, ist gemäss *BGer* primär auf den vom Kläger eingeklagten Anspruch und dessen Begründung abzustellen (sog. Theorie der *doppelrelevanten Tatsachen*[247]). Wenn aber die Vereinbarung eines Erfüllungsortes nur für die Zuständigkeit relevant ist und nicht für die Beurteilung der Begründetheit der Klage, so darf nicht nur auf die Darstellung der klagenden Partei abgestellt werden, sondern es ist darüber ein Beweisverfahren durchzuführen.[248]

2. Gerichtsstand in Unterhaltssachen (Art. 5 Nr. 2 LugÜ)

Grundsätzlich ist das Familienrecht vom Anwendungsbereich des LugÜ ausge- 217
nommen (Art. 1 Abs. 2 LugÜ). Eine wichtige Ausnahme betrifft aber die Streitigkeiten in Unterhaltssachen. Der Begriff «**Unterhaltssache**» wird *autonom* ausgelegt.[249] Gemäss EuGH kommt es darauf an, ob der verlangten Zahlung Un-

244 So benannt nach den zwei einschlägigen EuGH-Entscheidungen, welche diese Methodik begründeten (vgl. nachfolgende Fn).
245 EuGH v. 14. Dezember 1977, DeBloos, Rs. C-59/77, Slg. 1977 2359.
246 EuGH v. 14. September 2004, Ascontex/Kommission, Rs. T-290/02, Slg. 2004 II-3085.
247 BGE 122 III 249, 251.
248 BGE 122 III 249.
249 Kropholler/von Hein, Art. 5 EuGVO N 56.

terhaltsfunktion zukommt (Unterhaltssache) oder ob die Vermögensauseinandersetzung (ausgeschlossenes Güterrecht) im Vordergrund steht.[250]

218 In ersteren Fällen kann grundsätzlich vor dem Gericht des Ortes geklagt werden, an dem der Unterhalts*berechtigte* seinen *Wohnsitz* oder seinen *gewöhnlichen Aufenthalt* hat. Auch der Begriff **Unterhaltsberechtigter** muss *autonom* ausgelegt werden. Gemäss *EuGH* fällt jeder darunter, «der auf Unterhalt klagt». Es spielt also keine Rolle, ob ihm vorher bereits ein Anspruch auf Unterhalt zuerkannt worden ist oder ob er das erste Mal auf Unterhalt klagt.[251]

219 Wenn nun aber über die **Unterhaltssache im Zusammenhang mit einem Verfahren in Bezug auf den Personenstand** entschieden wird, kann der Beklagte vor dem Gericht verklagt werden, welches nach seinem Recht für dieses Verfahren zuständig ist (Art. 5 Nr. 2 LugÜ). Ist also z.B. für eine Scheidung nach den Zuständigkeitsregeln des IPRG ein Schweizer Gericht zuständig, so ist es auch für die Unterhaltssache zuständig. Nur wenn der Gerichtsstand für die Scheidung allein aufgrund der Staatsangehörigkeit begründet worden ist (so etwa Art. 59 lit. b, 2. Alternative IPRG), akzeptiert das LugÜ dieses Gericht nicht mehr für Unterhaltsstreitigkeiten (vgl. Art. 5 Nr. 2 LugÜ).

220 Gleiches gilt seit dem revidierten LugÜ, wenn die Unterhaltssache im Zusammenhang mit einem Verfahren in Bezug auf die elterliche Verantwortung entschieden werden soll. Hier spielt der Vorbehalt gegenüber Gerichtsständen, die an die Staatsbürgerschaft anknüpfen, im Lichte der anwendbaren Zuständigkeitsbestimmungen des HKsÜ (vgl. Art. 85 IPRG, vorne Rz 141 f.) kaum eine Rolle.

3. Gerichtsstand am Deliktsort (Art. 5 Nr. 3 LugÜ)

221 Wird wegen einer unerlaubten Handlung oder wegen einer Handlung, die einer unerlaubten Handlung gleichgestellt ist, oder wegen Ansprüchen aus einer solchen Handlung geklagt, so sind für diese Klagen die Gerichte am Ort, an dem das schädigende Ereignis eingetreten ist, zuständig (Art. 5 Nr. 3 LugÜ). Dieser Ort wird als «**Deliktsort**» bezeichnet. Gemäss *EuGH* gilt als Deliktsort sowohl der Ort, an welchem das Geschehen sich wirklich ereignet hat (sog. *Handlungsort)* wie auch der Ort, an welchem der Schaden tatsächlich eingetreten ist (sog. *Erfolgsort*[252]*)*. Für die Definition des Deliktsortes gilt folglich das *Ubiquitätsprinzip,* und der Kläger hat die Wahl, ob er am Handlungs- oder am Erfolgsort klagen will.

222 Der Begriff «**Erfolgsort**» ist dahingehend einschränkend zu definieren, als dass damit nur der «Ort bezeichnet wird, an dem das haftungsauslösende Ereignis

250 Walter/Domej, 226.

251 EuGH v. 20. März 1997, Farrell/Long, Rs. C-295/95, Slg. 1997 I-1683, 1708 ff.

252 EuGH v. 30. November 1976, Handelskwekerij Bier/Mines de Potasse d'Alsace, Rs. 21/76, Slg. 1976 1735, 1747 f.

den unmittelbar Betroffenen direkt geschädigt hat».[253] Dabei geht es nur um den unmittelbaren Schaden; das heisst, als Erfolgsort gilt nur derjenige, an welchem direkt in das geschützte Rechtsgut eingegriffen wurde. Die Gerichte an diesem Erfolgsort sind aber nur für denjenigen Schaden zuständig, der im Staat dieses Forums eingetreten ist.[254] Wenn z.B. eine Giftwolke aus einem Basler (CH) Chemieunternehmen nach Deutschland entweicht und dort einen auf dem Feld arbeitenden Landwirt gesundheitlich schädigt, ist der Erfolgsort das Feld in Deutschland.

Gemäss Praxis des *EuGH* wird der Begriff **«unerlaubte Handlung»** *vertragsautonom* ausgelegt, und es werden damit alle Klagen umfasst, mit denen eine Schadenshaftung geltend gemacht wird, die nicht an einen Vertrag i.S.v. Art. 5 Nr. 1 LugÜ anknüpft.[255] Verletzungen der Persönlichkeit und von Immaterialgüterrechten fallen auch darunter.[256] 223

Bezüglich des Schadens, welcher an einem bestimmten Gerichtsstand geltend gemacht werden kann, hat der EuGH in Bezug auf **Persönlichkeitsverletzungen** via Presseerzeugnisse die sog. «Mosaiklösung» entwickelt: Demnach kann der Geschädigte am Wohnsitz bzw. Sitz des Schädigers den Gesamtschaden einklagen, an den einzelnen, davon abweichenden Erfolgsorten hingegen nur den im betreffenden Staat verwirklichten Schaden.[257] Erfolgt die Persönlichkeitsverletzung über das **Internet,** kann der Gesamtschaden auch am gewöhnlichen Aufenthalt (»Interessenmittelpunk») des Geschädigten eingeklagt werden.[258] 224

Genauso wenig, wie das Gericht, das für einen vertraglichen Anspruch gemäss Art. 5 Nr. 1 LugÜ zuständig ist, nicht deliktische Ansprüche beurteilen darf (vgl. vorne Rz 205), können am Gerichtsstand des Deliktsortes gemäss Art. 5 Nr. 3 LugÜ neben den Ansprüchen aus unerlaubten Handlungen zusätzlich vertragliche Ansprüche eingeklagt werden.[259] Nach h.L. fallen Ansprüche aus ungerechtfertigter Bereicherung nicht unter diesen Gerichtsstand, wohl aber Ansprüche aus *culpa in contrahendo.*[260] Klagen, die weder unter Art. 5 Nr. 1 noch unter Art. 5 Nr. 3 LugÜ fallen, müssen am ordentlichen Beklagtenwohnsitz oder allenfalls an einem vereinbarten Gerichtsstand geltend gemacht werden. 225

253 EuGH v. 11. Januar 1990, Dumez France u.a./Hessische Landesbank u.a., Rs. C-220/88, Slg. 1990 I-49, 80 f.

254 EuGH v. 7. März 1995, Shevill u.a./Presse Alliance, Rs. C-68/93, Slg. 1995 I-415, 462, 465.

255 EuGH v. 27. September 1988, Kalfelis/Schröder u.a., Rs. 189/87, Slg. 1988 5565, 5584 ff.

256 Kropholler/von Hein, Art. 5 EuGVO N 74.

257 EuGH v. 7. März 1995, Fiona Shevill/Press Alliance SA, Rs. C-68/93, Slg. 1995 I 415.

258 EuGH v. 25. Oktober 2011, EDate Advertisement GmbH, Rs. C-509/09.

259 Walter/Domej, 232.

260 Kropholler/von Hein, Art. 5 EuGVO N 75; LugÜ-Kommentar Acocella, Art. 5 Nr. 1 bis 3 N 219; LugÜ-Handkommentar Oberhammer, Art. 5 N 105, CoRo-LDIP/CL Bonomi, Art. 5 CL N 113 ff.

226 Ein Anwendungsproblem dieser Bestimmung liegt darin, dass es sich bei der unerlaubten Handlung um eine sog. **doppelrelevante Tatsache** handelt, da die unerlaubte Handlung sowohl für die Zuständigkeit wie auch für die Begründetheit der Klage massgeblich ist.[261] Was passiert nun, wenn die beklagte Partei bestreitet, dass es im konkreten Fall um eine unerlaubte Handlung gehe? Da es nicht sein kann, dass das Gericht zuerst die Begründetheit der Klage prüfen muss, um zu wissen, ob es nach Art. 5 Nr. 3 LugÜ zuständig ist, genügt es für die Bejahung seiner Zuständigkeit, dass der Kläger das Vorliegen einer unerlaubten Handlung schlüssig behauptet.[262]

4. Gerichtsstand für Adhäsionsverfahren (Art. 5 Nr. 4 LugÜ)

227 Wenn nach der *lex fori* ein **Adhäsionsverfahren** möglich ist, kann die Zivilklage bei dem *Strafgericht* eingereicht werden, bei welchem die öffentliche Klage (gemeint ist die strafrechtliche Anklage) erhoben worden ist. Seit 1. Januar 2011 ist in der Schweiz die zivilrechtliche Adhäsionsklage im Strafverfahren unter der neuen StPO (Art. 122 ff.) und der ZPO (Art. 39) generell zulässig. Somit dürfte Art. 5 Nr. 4 LugÜ für die Schweiz ebenfalls an praktischer Bedeutung gewinnen. Die Zuständigkeit für Strafverfahren in der Schweiz richtet sich nach Art. 31 ff. StPO.

5. Gerichtsstand am Ort der Niederlassung (Art. 5 Nr. 5 LugÜ)

228 Wenn es sich bei der Klage um **Streitigkeiten aus dem Betrieb einer Zweigniederlassung,** einer **Agentur** oder einer **sonstigen Niederlassung** handelt, so kann die Klage am Gericht des Ortes anhängig gemacht werden, an dem sich diese befindet (Art. 5 Nr. 5 LugÜ). Die Niederlassung im Sinne von Art. 5 Nr. 5 ist «ein Mittelpunkt geschäftlicher Tätigkeit, der auf Dauer als Aussenstelle eines Stammhauses hervortritt, eine Geschäftsführung hat und sachlich so ausgestattet ist, dass er in der Weise Geschäfte mit Dritten betreiben kann, dass diese, obgleich sie wissen, dass möglicherweise ein Rechtsverhältnis mit dem im Ausland ansässigen Stammhaus begründet wird, sich nicht unmittelbar an dieses zu wenden brauchen».[263] Es kommt nicht darauf an, ob es sich um vertragliche oder ausservertragliche Ansprüche handelt;[264] sie müssen lediglich ihren Ursprung im Betrieb der Niederlassung haben.

261 Walter/Domej, 230.
262 Zum Ganzen vgl. Walter/Domej, 230 f. und BGE 122 III 249.
263 EuGH v. 22. November 1978, Somafer SA/Saar-Ferngas AG, Rs. 33/78, Slg. 1978 2183, 2193 ff.
264 Walter/Domej, 241.

Keine Niederlassung ist eine Tochtergesellschaft, die als selbständige Gesellschaft (bspw. AG oder GmbH) in der Schweiz eingetragen ist, auch wenn diese faktisch völlig von der Muttergesellschaft abhängig ist. 229

6. Gerichtsstand für Trust-Klagen (Art. 5 Nr. 6 LugÜ)

Da es sich bei einem Trust[265] um eine sehr spezifische Rechtsform des anglo-amerikanischen Rechts handelt, welches der schweizerischen Rechtsordnung unbekannt ist, wird auf diesen Gerichtsstand hier nicht näher eingegangen.[266] 230

7. Gerichtsstand für Berge- und Hilfslohn (Art. 5 Nr. 7 LugÜ)

Hier geht es um Streitigkeiten betreffend Zahlung von Berge- und Hilfslohn. Da es hier um eine sehr spezifische Regelung geht, wird auf eine eingehendere Erläuterung verzichtet. 231

V. Gerichtsstände des Zusammenhangs (Art. 6 LugÜ)

1. Streitgenossenschaft (Art. 6 Nr. 1 LugÜ)

Dieser Artikel regelt den Gerichtsstand für eine **subjektive Klagenhäufung.** Wenn mehrere Personen zusammen verklagt werden, können alle vor dem Gericht verklagt werden, in dessen Bezirk einer der Beklagten seinen Wohnsitz hat (Art. 6 Nr. 1 LugÜ). Diese Bestimmung regelt direkt die örtliche Zuständigkeit. Art. 6 Nr. 1 LugÜ ist unter zwei Voraussetzungen anwendbar: 232

1. Zwischen den Klageansprüchen gegen die Beklagten besteht ein Zusammenhang **(Konnexität).**[267] Die neue Fassung des Art. 6 Nr. 1 kodifiziert die bisherige Rechtsprechung des EuGH[268] wonach ein genügender Zusammenhang gegeben ist, wenn eine gemeinsame Verhandlung und Entscheidung geboten erscheint, um zu vermeiden, dass in getrennten Verfahren widersprechende Entscheidungen ergehen können. Deshalb fällt **nicht nur eine notwendige, sondern auch die meisten Fälle der einfachen Streitgenossenschaft** unter Art. 6 Nr. 1 LugÜ.[269]

---

265 Vgl. dazu Kren Kostkiewicz, SjL Internationales Privatrecht, N 2684 ff.

266 Näheres dazu bei Kropholler/von Hein, Art. 5 EuGVO N 113 ff.

267 Spühler/Dolge/Gehri, 3. Kap. N 127.

268 EuGH v. 27. September 1988,Kalfelis/Schröder u.a., Rs. 189/87, Slg. 1988 5565, 5583ff.

269 Walter/Domej, 245 ff.

2. Mindestens einer der Beklagten hat seinen Wohnsitz im Forumsstaat.

233 Das IPRG sieht – im Gegensatz zur ZPO, Art. 15 Abs. 2 – keinen echten Gerichtsstand der Streitgenossenschaft vor, erlaubt aber immerhin eine örtliche Verfahrenskonzentration (Vgl. dazu vorne Rz 132 f. zu Art. 8a IPRG).

2. Gewährleistungs- und Interventionsklagen (Art. 6 Nr. 2 LugÜ)

234 Wenn ein Gericht aufgrund des LugÜ für die Hauptklage zuständig ist, ist es dies gemäss Art. 6 Nr. 2 LugÜ auch für eine allfällige **Gewährleistungs- oder Interventionsklage.** Falls die Klage aber nur erhoben worden ist, um diese Person dem für sie zuständigen Gericht zu entziehen, ist dieser Gerichtsstand nicht gegeben (Art. 6 Nr. 2 LugÜ).[270]

235 Art. 6 Nr. 2 LugÜ dürfte für die Schweiz seit dem Erlass der ZPO an praktischer Bedeutung gewinnen. Die ZPO hat in ihrem Art. 81 die – zuvor nur in den Kantonen Genf und Waadt bekannte – Streitverkündungsklage schweizweit eingeführt. Seit dem 1. Januar 2011 kann somit die beklagte Partei am schweizerischen Gerichtsstand, an dem sie eingeklagt worden ist, ihrerseits gegenüber einer Partei aus dem LugÜ-Ausland die Streitverkündungsklage erheben, sofern die Voraussetzungen von Art. 81 ZPO erfüllt sind.

3. Widerklage (Art. 6 Nr. 3 LugÜ)

236 Eine **Widerklage** kann vor dem Gericht erhoben werden, bei dem die Hauptklage anhängig ist (Art. 6 Nr. 3 LugÜ). Voraussetzung ist aber, dass sich die Widerklage auf *denselben Vertrag oder Sachverhalt* stützt, d.h. dass zwischen den Klagen eine **Konnexität** besteht. Wie beim Gerichtsstand der subjektiven Klagehäufung wird der Begriff Konnexität *vertragsautonom* ausgelegt (vgl. vorne Rz 232).[271]

237 Das prozessuale Institut der Widerklage ist vom materiellrechtlichen der **Verrechnung abzugrenzen.** Darf ein Gericht, das für die Hauptklage zuständig ist, nur dann über eine Verrechnungseinrede befinden, wenn es für diese Forderung auch zuständig wäre? Der *EuGH* hat entschieden, dass Art. 6 Nr. 3 LugÜ nur für die Widerklage gelte. Ob eine Verrechnungseinrede zulässig sei, d.h. ob nur eine konnexe Forderung verrechnet werden könne, bestimme das nationale Recht.[272] In

---

270 Anwendungsfälle bei Kropholler/von Hein, Art. 6 EuGVO N 32.

271 Kropholler/von Hein, Art. 6 EuGVO N 38.

272 EuGH v. 13. Juli 1995, Danværn Production/Schuhfabriken Otterbeck, Rs. C-341/93, Slg. 1995 I-2053, 2075 ff.

der Schweiz muss die Forderung, die verrechnet werden soll, gemäss Art. 120 OR nicht konnex sein.[273]

4. Immobiliargeschäfte (Art. 6 Nr. 4 LugÜ)

Wenn ein Vertrag oder Ansprüche aus einem Vertrag den Gegenstand des Verfahrens bilden und die Klage mit einer Klage wegen dinglicher Rechte an unbeweglichen Sachen gegen denselben Beklagten verbunden werden kann, dürfen beide Klagen vor dem Gericht eingereicht werden, in dem die unbewegliche Sache belegen ist (Art. 6 Nr. 4 LugÜ). Voraussetzung ist, dass das nationale Recht die Verbindung dieser Klagen zulässt (vgl. für die Schweiz Art. 90 ZPO). Ein typisches Beispiel für eine obligatorische Klage, die mit einem dinglichen Recht zusammenhängt, ist eine Klage auf Rückzahlung eines Darlehens, das durch ein Grundpfand gesichert ist, wobei es aber auch den Bestand des Grundpfandes streitig ist. 238

VI. Gerichtsstände des sozialen Privatrechts (Art. 8–21 LugÜ)

1. Allgemeines

Der 3., 4. und 5. Abschnitt (Art. 8–21) des LugÜ befassen sich mit besonderen Vertragsverhältnissen, welche – ohne die entsprechende Sonderregelung – dem allgemeinen Vertragsgerichtsstand von Art. 5 Nr. 1 unterstehen würden. Diese Sonderregeln gehen implizit davon aus, dass an diesen Vetragsverhältnissen eine besonders schutzbedürftige Partei beteiligt ist, weshalb in Bezug auf diese Partei besondere Vorzugsregeln zu gelten haben. In den Genuss dieser Schutznormen kommen Versicherungsnehmer, Verbraucher (Konsumenten) sowie Arbeitnehmer (nicht aber etwa Mieter[274]). Dieser Schutz äussert sich zum einen in klägernahen Gerichtsständen (für die Klage der schwächeren Partei), zum anderen in Einschränkungen der Prorogationsfreiheit, ebenfalls zugunsten der schwächeren Partei. Eine Besonderheit der Bestimmungen des 3., 4. und 5. Abschnittes besteht darin, dass die Gerichtsstandsnormen «asymmetrisch» ausgestaltet sind: Der (vermutungsweise[275]) schutzwürdigen Partei stehen mehr Gerichtsstände für ihre Klage zur Verfügung als der anderen Partei (Versicherungsgeberin, Anbieterin, Arbeitgeberin). Zudem betreffen die Prorogationsbeschränkungen ein- 239

273 BGE 63 II 133.

274 Ein gewisser Gerichtsstandsschutz wird den Mietern von unbeweglichen Sachen durch den zwingenden Gerichtsstand am Ort der Mietsache in Art. 22 Nr. 1 LugÜ gewährt.

275 Die Schutznormen kommen unabhängig davon zum Tragen, ob im konkreten Fall etwa der Arbeitnehmer tatsächlich in einer sozial und prozessual schwächeren Position ist als der Arbeitgeber.

seitige Vereinbarungen, welche den Interessen der schutzwürdigen Partei entgegenlaufen. Die Sonderbestimmungen zum Arbeitsvertrag waren im aLugÜ noch Bestandteil des Art. 5 Nr. 1, sind aber unter dem revidierten LugÜ – systematisch richtig – in einen neuen Abschnitt 5 überführt worden.

240 Die Bestimmungen des 4. und 5. Abschnittes weisen bezüglich der Zielsetzung, der erfassten Personen sowie der Mittel wichtige Parallelen zu den Art. 114 und 115 IPRG auf.

2. Zuständigkeiten für Versicherungssachen (Art. 8–14 LugÜ)

241 Aufgrund der Beschränkung des Anwendungsbereiches des LugÜ auf Zivil- und Handelssachen erfassen die Art. 8–14 LugÜ nur private Versicherungen. Was unter einer **Versicherungssache** verstanden werden muss, bestimmt sich durch eine *vertragsautonome Auslegung.*[276] Gemäss *EuGH* fallen aufgrund des Schutzzweckes der Bestimmungen (vgl. vorne Rz 239 f.) Streitigkeiten zwischen einem Rückversicherer und einem Rückversicherten im Rahmen eines Rückversicherungsvertrages nicht unter Art. 8–14 LugÜ.[277] Als **Versicherer** sind die Versicherungsunternehmen aller zugelassenen Rechtsformen zu verstehen. Auf der **Gegenseite** stehen alle Personen, für welche der Versicherungsvertrag Rechte oder Pflichten begründet (vgl. Art. 9 Abs. 1 lit. b).

242 Wenn der **Versicherer klagt,** so kann er dies nur vor den Gerichten des Vertragsstaates tun, in dessen Hoheitsgebiet der Beklagte – gleichgültig ob als Versicherungsnehmer, Versicherter oder Begünstigter – seinen Wohnsitz hat (Art. 12 Abs. 1 LugÜ). Wird hingegen **gegen den Versicherer vorgegangen,** so kann wahlweise im Sitzstaat des Versicherers oder im Wohnsitzstaat des Versicherungsnehmers (bzw. des Versicherten oder des Begünstigten[278]) geklagt werden (Art. 9 Abs. 1 lit. a und b LugÜ). Für den Fall, dass es sich um einen Mitversicherer handelt, kann der Versicherer vor dem Gericht eines Vertragsstaates belangt werden, bei dem der federführende Versicherer verklagt wird (Art. 9 Abs. 1 lit. c LugÜ).

243 Zusätzlich sind Gerichtsstände betreffend **Haftpflichtversicherung** oder bei **Versicherungen von unbeweglichen Sachen** am Ort des schädigenden Ereignisses (Art. 10 LugÜ) bzw. beim Gericht, bei dem die Klage des Geschädigten gegen den Versicherten anhängig ist (Art. 11 LugÜ), vorgesehen. Die «*action directe*» des Ge-

276 Kropholler/von Hein, vor Art. 8 EuGVO N 5.
277 EuGH 13. Juli 2000 i.S. Group Josi, Rs. C-412/98, Slg. 2000 I-5925.
278 Diese Klarstellung im Übereinkommenstext ist nötig, weil der Versicherungsnehmer in zahlreichen Konstellationen (etwa Lebensversicherungen) vom Versicherten oder vom Begünstigten abweicht. Auch diese sollen aber von den Klägergerichtsständen profitieren können. Wo in diesem Abschnitt von «Versicherungsnehmer» die Rede ist, sind auch der Versicherte und der Begünstigte erfasst.

schädigten gegen den Haftpflichtversicherer des Schädigers ist insbesondere bei Strassenverkehrsunfällen von grosser praktischer Relevanz,[279] vor allem seitdem EuGH und Bundesgericht hierfür auch dem Geschädigten einen Klägergerichtsstand gegenüber dem (ausländischen) Haftpflichtversicherer gewähren.[280]

Bei allen Gerichtsständen in Versicherungssachen handelt es sich um **teilzwingende Gerichtsstände** (Art. 13 Nr. 1 LugÜ). Von ihnen kann vertraglich nur abgewichen werden, soweit sich hieraus keine Einschränkungen der Gerichtsstände *für die Klage gegen den Versicherer* ergeben (vgl. im Einzelnen die Art. 13 Nr. 2–5 LugÜ). 244

3. Zuständigkeiten für Verbrauchersachen (Art. 15–17 LugÜ)

Der Anwendungsbereich der Zuständigkeitsbestimmung für Verbrauchersachen 245 ist nicht leicht zu bestimmen. Nicht jeder «Vertrag, den eine Person zu einem Zweck abgeschlossen hat, der nicht der beruflichen oder gewerblichen Tätigkeit dieser Person zugerechnet werden kann» (vgl. Art. 15 Abs. 1 LugÜ), kann unter den Begriff «**Verbrauchersachen**» subsumiert werden.[281] Erst wenn ein Fall gemäss Art. 15 Abs. 1 lit. a–c LugÜ vorliegt (Teilzahlungskauf, Darlehensvertrag zur Finanzierung eines Kaufs oder sonstiger Vertragsschluss auf der Grundlage eines auf den Käufer ausgerichteten Angebots), handelt es sich um eine Verbrauchersache i.S. des 4. Abschnitts.

Die unter dem aLugÜ noch vorhandene Einschränkung auf «Dienstleistungsver- 246 träge» (neben den in lit. a und b. genannten Verträgen) wurde im revidierten Art. 15 LugÜ fallengelassen, wodurch sämtliche Vertragstypen von Art. 15 Abs. 1 lit c. erfasst sein können, sofern das Erfordernis des «Ausrichtens» des Angebots erfüllt ist. Die Voraussetzungen für ein solches «Ausrichten» sind gemäss EuGH erfüllt, wenn etwa ein Hotel eine Homepage betreibt und darin etwa durch die Angabe von Anfahrtswegen und der Wahl verschiedener Sprachen (evtl. Preisen in Fremdwährungen) zu erkennen gibt, dass der Betreiber sein Angebot auch auf den Verbraucherstaat ausrichten will.[282]

---

279 Das direkte Forderungsrecht ergibt sich materiell aus Art. 65 SVG.

280 EuGH 13. Dezember 2007 i.S. FBTO Schadeverzekeringen, Rs. C-463/06, ,Slg. 2007 I-11321, für die Schweiz gültig gemäss BGE 4A_531/2011 vom 2. Mai 2012, vgl. dazu Rodriguez Rodrigo, Direktklage gegen den Haftpflichtversicherer unter dem revidierten Lugano-Übereinkommen: «Odenbreit» vor der Einbürgerung und die Folgen, in: HAVE 2011, 12 ff.; Kropholler/von Hein, Art. 11 EuGVO N 4; LugÜ-Handkommentar Schnyder, Art. 11 N 12 f; LugÜ-Kommentar Schnyder/Plutschow, Art. 11 N 12,

281 BGE 121 III 336; Vgl. dazu auch EuGH 3. Juli 1997 i.S. Benincasa/Dentalkit, Rs. C-269/95, 1997 I-3767.

282 EuGH 7. Dezember 2010 i.S. Peter Pammer gegen Reederei Karl Schlüter GmbH & Co. KG, Rs. C-585/08 und Hotel Alpenhof GesmbH gegen Oliver Heller, Rs. C-144/09.

247 Hat der Vertragspartner des Verbrauchers keinen Wohnsitz, aber eine Zweigniederlassung, Agentur oder sonstige Niederlassung in einem Vertragsstaat, so kann er «für Streitigkeiten aus ihrem Betrieb» am Ort der Niederlassung verklagt werden, obwohl das LugÜ eigentlich gar nicht anwendbar ist, wenn der Beklagte keinen Wohnsitz in einem Vertragsstaat hat (Art. 15 Abs. 2 LugÜ; vgl. auch vorne Rz 35 ff.).

248 Wenn der **Verbraucher klagt,** so hat er die Wahl zwischen dem Gerichtsstand am Wohnsitz seines Vertragspartners oder an seinem eigenen Wohnsitz (Art. 16 Abs. 1 LugÜ). Wird aber der **Verbraucher eingeklagt,** so kann der Vertragspartner die Klage nur vor den Gerichten des Vertragsstaates erheben, in dessen Hoheitsgebiet der Verbraucher seinen Wohnsitz hat (Art. 16 Abs. 2 LugÜ).

249 Genau wie bei den Versicherungssachen ist auch hier die Möglichkeit der Gerichtsstandsvereinbarung eingeschränkt; es handelt sich ebenfalls um **teilzwingende Gerichtsstände** (vgl. im Einzelnen Art. 23 LugÜ, Rz 268 ff.).

4. Zuständigkeiten bei arbeitsrechtlichen Ansprüchen (Art. 18–21 LugÜ)

250 Der 5. Abschnitt (Art. 18–21) befasst sich mit den unter dem aLugÜ in Art. 5 Nr. 1 geregelten Streitigkeiten aus individuellen Arbeitsverträgen. Auch der **Begriff des Arbeitsvertrages** ist *vertragsautonom* auszulegen. Nach der herrschenden Auffassung liegt dann ein Arbeitsvertrag vor, wenn die Vereinbarung zwischen einem Arbeitgeber und einem Arbeitnehmer eine «abhängige, weisungsgebundene Tätigkeit» zum Gegenstand hat,[283] was weitgehend auch dem schweizerischen Verständnis eines Arbeitsverhältnisses nach Art. 319 ff. OR entspricht.

251 Dem klagenden Arbeitnehmer stehen gemäss Art. 19 LugÜ alternativ die Gerichtsstände am Sitz des Arbeitgebers sowie am Arbeitsverrichtungsort zur Verfügung. Verrichtet der Arbeitnehmer seine Arbeit in verschiedenen Staaten, sodass sich kein Mittelpunkt ermitteln lässt, kommt es auf den Ort der Niederlassung an, die den Arbeitnehmer eingestellt hat (Art. 19 Nr. 2 lit. b LugÜ).

252 Erhebt hingegen der Arbeitgeber eine Klage gegen den Arbeitnehmer, so steht ihm alleine der Gerichtsstand am Wohnsitz des beklagten Arbeitnehmers zur Verfügung (Art. 20). Gemäss Art. 20 Abs. 2 bleibt dem Arbeitgeber stets die Möglichkeit, am Gerichtsstand, an dem er vom Arbeitnehmer eingeklagt worden ist, **Widerklage** zu erheben.

253 Wie schon bei den Verbraucherstreitigkeiten (Art. 15 Abs. 2) setzt Art. 18 Abs. 2 die Niederlassung eines Arbeitgebers mit Sitz in einem Drittstaat für Gerichtsstandszwecke dem Wohnsitz in einem Vertragsstaat gleich.

283 Kropholler/von Hein, Art. 18 EuGVO N 2.

Auch bei diesen Gerichtsständen handelt es sich um **teilzwingende Vorschriften.** Konkret können im Arbeitsvertrag vereinbarte Gerichtsstände nur Wirkung zeigen, sofern sie dem Arbeitnehmer zusätzliche Gerichtsstände eröffnen (Art. 21 Nr. 2). 254

VII. Zwingende Gerichtsstände (Art. 22 LugÜ)

Nach dem Wortlaut von Art. 22 LugÜ handelt es sich bei den in dieser Bestimmung geregelten Zuständigkeiten um «ausschliessliche» Gerichtsstände. Diese Terminologie ist aus schweizerischer Sicht jedoch ungenau, weil damit eigentlich **zwingend** gemeint ist (zu den Folgen, namentlich dem Ausschluss einer Prorogation oder Einlassung, vgl. vorne Rz 16 f.). Die Gerichtsstände von Art. 22 sind allerdings auch nach schweizerischer Terminologie insofern ausschliesslich, als sie keinen konkurrierenden Gerichtsstand zulassen. Anders als die besonderen Gerichtsstände der Art. 5 ff. (aber wie Art. 2) regelt Art. 22 LugÜ nur die **internationale Zuständigkeit.** Die örtliche Zuständigkeit muss deshalb nach dem nationalen Recht (für die Schweiz nach dem IPRG[284]) bestimmt werden. 255

1. Unbewegliche Sachen (Art. 22 Nr. 1 LugÜ)

Gemäss EuGH soll der Begriff **«unbewegliche Sache»** *vetragsautonom* ausgelegt werden.[285] Die Lehre vertritt demgegenüber – angesichts mangelnder gemeinsamer Definitionsgrundlagen – eine Auslegung nach der *lex rei sitae.*[286] Im Ergebnis dürfte alles, was nach schweizerischem Sachenrecht als in der Schweiz belegene «unbewegliche Sache» gilt, ohne Weiteres unter den sachlichen Anwendungsbereich von Art. 22 Nr. 1 LugÜ fallen. Was die Gerichtsstandsfolgen betrifft, die an eine unbewegliche Sache geknüpft werden, so unterscheidet Art. 22 Nr. 1 zwischen dinglichen Rechten an solchen und deren Miete oder Pacht. 256

a. Dingliche Rechte

Wenn es um Klagen betreffend **dingliche Rechte** an unbeweglichen Sachen geht, so sind diese beim Gericht desjenigen Vertragsstaates einzureichen, in welchem sich die unbewegliche Sache befindet (Art. 22 Nr. 1 Abs. 1 LugÜ). Erfasst sind davon allerdings nur Klagen, bei denen es sich **in der Hauptsache** um einen Rechtsstreit über dingliche Ansprüche handelt. Die enge Auslegung rechtfertigt sich aus 257

---

284 Und nicht etwa nach der ZPO, denn es handelt sich ja weiterhin um einen «internationalen Sachverhalt».

285 EuGH v. 10. Januar 1990, Reichert und Kockler/Dresdner Bank, Rs. C-115/88, Slg. 1990 I-27.

286 Kropholler/von Hein, Art. 22 EuGVO N 11; Walter/Domej, 267; BSK-IPRG Fisch, Art. 97 N 7.

den Folgen von Art. 22 (Ausschluss eines prorogierten Gerichtsstandes sowie weiterer Gerichtsstände, etwa am Beklagtenwohnsitz).[287]

b. Miete oder Pacht

258 Bei **miet- oder pachtrechtlichen Streitigkeiten** an unbeweglichen Sachen ist grundsätzlich ebenfalls das Gericht des Vertragsstaates zuständig, in welchem sich die unbewegliche Sache, in den meisten Fällen die Mietwohnung, befindet (Art. 22 Nr. 1 Abs. 2 LugÜ).[288] Wenn nun aber die unbewegliche Sache *erstens* zum vorübergehenden privaten Gebrauch für höchstens sechs aufeinanderfolgende Monate gemietet oder gepachtet wurde, *zweitens* der Mieter oder Pächter eine natürliche Person ist und *drittens* keine der Vertragsparteien Wohnsitz in dem Staat hat, in welchem sich die unbewegliche Sache befindet, kann die Klage alternativ auch am allgemeinen Gerichtsstand eingereicht werden (Art. 22 Nr. 1 Abs. 2 LugÜ). Damit soll z.B. verhindert werden, dass ein Schweizer Vermieter[289], der einem anderen Schweizer (Mieter) eine Ferienwohnung in Griechenland für die Dauer der Sommerferien vermietet, seinen Rechtsstreit in Griechenland austragen muss.

2. Gesellschaften und juristische Personen (Art. 22 Nr. 2 LugÜ)

259 Wie aus dem Wortlaut von Art. 22 Nr. 2 LugÜ hervorgeht, erfasst diese Bestimmung nicht nur die **juristischen Personen,** sondern auch (nicht inkorporierte) **Gesellschaften** wie z.B. die Kollektivgesellschaft. Erfasst sind aber nicht alle gesellschaftsrechtlichen Klagen, sondern nur solche, welche die **Gültigkeit, die Nichtigkeit oder die Auflösung** der Gesellschaft oder juristischen Person oder der Beschlüsse ihrer Organe zum Gegenstand haben (Art. 22 Nr. 2 LugÜ). Diese müssen bei den Gerichten des Vertragsstaates, in dessen Hoheitsgebiet die Gesellschaft oder juristische Person ihren Sitz hat, eingereicht werden. Der Sitz der Gesellschaft bestimmt sich – alleine für diesen Artikel – jedoch nicht nach Art. 60 LugÜ, sondern nach dem IPR des *forums,* in der Schweiz also nach Art. Art. 21 IPRG (vgl. vorne Rz 100 ff. und Rz 194 ff.).

260 Von Art. 22 Nr. 2 LugÜ werden nur die **kontradiktorischen Verfahren** umfasst und nicht auch die einseitigen Verfahren (z.B. ein Löschungsverfahren von Am-

---

287 Kropholler/von Hein, Art. 22 EuGVO N 1; LugÜ-Handkommentar Müller, Art. 22 Nr. 1 N 6; LugÜ-Kommentar Killias, zu Art. 22 Nr. 1 N 31.

288 Vgl. dazu auch EuGH v. 27. Januar 2000, Dansommer, Rs. C-8/98, Slg. 2000 I-393.

289 Gemeint ist «in der Schweiz wohnhafter» Vermieter.

tes wegen).[290] Unter den einseitigen Verfahren werden auch diejenigen der freiwilligen Gerichtsbarkeit verstanden. Unter «Auflösung» fallen auch die Verfahren, welche die Liquidation nach der formellen Auflösung zum Gegenstand haben, wie z.B. Streitigkeiten über die Höhe der einem Gesellschafter auszuzahlenden Anteile.[291] Wird die Gesellschaft infolge Konkurses aufgelöst, gilt dieser Gerichtsstand nicht, weil der Konkurs vom Anwendungsbereich des LugÜ ausgeschlossen ist (Art. 1 Abs. 2 lit. b LugÜ). Nach der hier vertretenen Ansicht[292] gilt Art. 22 Nr. 2 auch für Klagen im Zusammenhang mit grenzüberschreitenden Fusionen (Art. 105 FusG).

3. Öffentliche Register (Art. 22 Nr. 3 LugÜ)

Wenn es um die **Gültigkeit von Eintragungen in öffentlichen Registern** geht, ist die Klage beim Gericht des Vertragsstaates einzureichen, in dessen Hoheitsgebiet die Register geführt werden (Art. 22 Nr. 3 LugÜ). Wie aus dem Wortlaut hervorgeht, muss es (in der Hauptfrage) um die **Gültigkeit** von Eintragungen gehen und nicht um ihre Wirkungen. Bei Eintragungen in Register über gewerbliche Schutzrechte geht Nr. 4 vor. 261

Wird etwa im Rahmen einer Verletzungsklage **widerklageweise** die Gültigkeit einer Eintragung bestritten, so sollte nach der hier vertretenen Ansicht das angerufene Gericht – in Abweichung von der in Nr. 4 kodifizierten Lösung (vgl. Rz 263 ff.) – die Gültigkeitsfrage *vorfrageweise* (und mit alleiniger Wirkung *inter partes*) prüfen dürfen. 262

4. Gewerbliche Schutzrechte (Art. 22 Nr. 4 LugÜ)

In Art. 22 Nr. 4 LugÜ geht es um **gewerbliche Schutzrechte,** welche hinterlegt oder registriert werden müssen, d.h. um Patente, Marken, Muster und Modelle. Während Art. 22 Nr. 3 LugÜ nur die **Gültigkeit** umfasst, fällt hier auch die **Eintragung** dieser Rechte darunter. Für Klagen, die z.B. die Gültigkeit einer Eintragung oder das Bestehen eines Rechts betreffen, sind die Gerichte des Vertragsstaates zuständig, «in dessen Hoheitsgebiet die Hinterlegung oder Registrierung beantragt oder vorgenommen worden ist oder aufgrund eines zwischenstaatlichen Übereinkommens als vorgenommen gilt» (Art. 22 Nr. 4 LugÜ). Streitigkeiten über die *Be-* 263

290 BSK-LugÜ Güngerich, Art. 22 N 22 f.; Kropholler/von Hein, Art. 22 EuGVO N 34; LugÜ-Handkommentar Rusch, Art. 22 Nr. 2 N 58 f.; LugÜ-Kommentar Killias, Art. 22 Nr. 2 N 36 f.

291 Kropholler/von Hein, Art. 22 EuGVO N 37.

292 BSK-IPRG Girsberger/Rodriguez, Art. 164a N 9 ff.

rechtigung an solchen Rechten oder *Verletzungsklagen* (Schadenersatz- und Unterlassungsklagen) fallen jedoch nicht darunter.[293]

264 Wird die Frage nach der Gültigkeit oder der Eintragung eines Schutzrechts widerklageweise, etwa im Rahmen einer Verletzungsklage an einem Gerichtsstand nach Art. 5 Nr. 3 LugÜ, aufgeworfen, so ordnet der (neue) Wortlaut von Art. 22 Nr. 4 LugÜ an, dass die Gültigkeits- oder Eintragungsfrage zwingend am Gerichtsstand von Art. 22 Nr. 4 entschieden werden muss. Die an einem anderen Gerichtsstand erhobene Verletzungsklage ist diesfalls zu sistieren, bis das nach Art. 22 Nr. 4 zuständige Gericht über diese Einwendung entschieden hat.[294]

5. Zwangsvollstreckung (Art. 22 Nr. 5 LugÜ)

265 Für Verfahren, welche die **Zwangsvollstreckung** von Entscheidungen zum Gegenstand haben, sind die Gerichte des Vertragsstaates zuständig, «in dessen Hoheitsgebiet die Zwangsvollstreckung durchgeführt werden soll oder durchgeführt worden ist» (Art. 22 Nr. 5 LugÜ). Liegt der Ort der Zwangsvollstreckung in der Schweiz, so bestimmt sich die örtliche Zuständigkeit nach dem SchKG, weil das IPRG diese Zuständigkeit nicht regelt.[295]

266 Dabei gilt es aber zu beachten, dass «Konkurs, Vergleiche und ähnliche Verfahren» vom Anwendungsbereich des LugÜ ausgeschlossen sind (Art. 1 Abs. 2 lit. b LugÜ). Gemäss *EuGH* fallen diejenigen Verfahren darunter, «die nach den verschiedenen Rechtsordnungen der Vertragsstaaten auf der Zahlungseinstellung, der Zahlungsunfähigkeit oder der Erschütterung des Kredits des Schuldners beruhen und ein Eingreifen der Gerichte beinhalten, das in eine zwangsweise kollektive Liquidation der Vermögenswerte des Schuldners oder zumindest in eine Kontrolle durch die Gerichte mündet».[296] Somit sind Verfahren der Gesamtverwertung (in der Schweiz der Konkurs und das Nachlassverfahren) und damit eng zusammenhängende Verfahren[297] vom Anwendungsbereich des LugÜ ausgeschlossen, während Verfahren der Einzelvollstreckung, etwa in der Schweiz die Verfahren auf **Pfändung** und auf **Pfandverwertung** dem zwingenden Gerichtsstand von Art. 22 Nr. 5 unterstehen.

267 Das LugÜ geht von einer strikten Trennung des Erkenntnis- und des Vollstreckungsverfahrens aus. Die SchKG-Klagen werden zum einen in rein betreibungsrechtliche, rein materiellrechtliche und betreibungsrechtliche Klagen mit Re-

---

293 KROPHOLLER/VON HEIN, Art. 22 EuGVO N 48 ff.

294 Der massgebliche Zusatz «unabhängig davon, ob die Frage klageweise oder einredeweise aufgeworfen wird» kodifiziert die EuGH Rechtsprechung aus dem Fall GAT, Urteil vom 13. Juli 2006, Rs. C-4/03, Slg. 2006 I-6509.

295 Vgl. auch BGE 124 III 505, 507.

296 EuGH v. 22. Februar 1979, Gourdain/Nadler, Rs. 133/78, Slg. 1979 733, 744.

297 Vgl. dazu Rz 520 f.

flexwirkung auf das materielle Recht eingeteilt.[298] Weil eine strikte Trennung in ein Erkenntnis- oder in ein Vollstreckungsverfahren bei einigen SchKG-Klagen nicht immer möglich ist, führt die Qualifikation zahlreicher SchKG-Klagen im Lichte der LugÜ-Gerichtsstände zu Schwierigkeiten. Tendenziell neigt das Bundesgericht dazu, rein betreibungsrechtliche Klagen sowie solche mit materiellrechtlicher Reflexwirkung vom Anwendungsbereich des Übereinkommens auszunehmen, bzw. Art. 22 Nr. 5 zu unterstellen (etwa die Kollokationsklage oder das Verfahren der provisorischen Rechtsöffnung).[299] Materiellrechtliche SchKG-Klagen (etwa die Aberkennungs-[300] oder die Anerkennungsklagen) unterstehen demgegenüber den allgemeinen und den besonderen Gerichtsständen des LugÜ (Art. 2 ff.).[301]

VIII. Vereinbarter Gerichtsstand (Art. 23 LugÜ)

1. Geltungsbereich

Während das LugÜ für seinen persönlichen Geltungsbereich grundsätzlich (d.h. 268
für die Gerichtsstände von Art. 2 ff. bis und mit Art. 21 LugÜ) auf den Wohnsitz des Beklagten abstellt (Art. 2 Abs. 1 LugÜ), wird für die Anwendbarkeit von Art. 23 LugÜ lediglich vorausgesetzt, dass mindestens ***ein*** **Vertragspartner Wohnsitz in dem Hoheitsgebiet eines Vertragsstaates** hat. Ferner muss ein **Gericht eines Vertragsstaates** vereinbart sein.

Kein Problem stellt sich, wenn zwei Parteien Wohnsitz in verschiedenen Vertrags- 269
staaten haben. Wenn aber beide ihren Wohnsitz im gleichen Vertragsstaat haben und einen Gerichtsstand in einem anderen Vertragsstaat vereinbaren, so stellt sich die Frage, ob Art. 23 LugÜ zur Anwendung kommt. Der *EuGH* hat diese Frage noch nicht beantwortet. Da gemäss dem Wortlaut von Art. 23 LugÜ aber nur vorausgesetzt wird, dass *mindestens eine Partei* ihren Wohnsitz in einem Vertragsstaat hat und nicht zusätzlich verlangt wird, dass die Parteien nicht im gleichen Vertragsstaat wohnen dürfen, ist u.E. in einem solchen Fall Art. 23 LugÜ anwendbar.[302] Gleiches muss für den Fall gelten, wo nur eine Partei Wohnsitz in einem Vertragsstaat hat und ein Gericht vereinbart wird, das sich in diesem Vertragsstaat

298 Vgl. die umfassende Auflistung der SchKG-Klagen in SPÜHLER, 214 ff.

299 BGE 133 III 386, 391 (Kollokationsklage, offengelassen, ob der Ausschluss von Art. 1 Abs. 2 Nr. 2 oder Art. 22 Nr. 5 LugÜ greift), BGE 136 III 566 (provisorische Rechtsöffnung fällt unter Art. 22 Nr. 5 LugÜ).

300 Zur Umkehr der Parteirollen bei der Beurteilung des Gerichtsstandes der Aberkennungsklage vgl. vorne Rz 199.

301 Vgl. SPÜHLER/DOLGE/GEHRI, 3. Kap. N 98 f.; Vgl. auch ZR 97 (1998) Nr. 14, 42 ff. zur Frage, ob die provisorische Rechtsöffnung unter Art. 16 Nr. 5 LugÜ fällt oder nicht.

302 So auch WALTER/DOMEJ, 252 f.

befindet.[303] Würden diese zwei Parteien ein Gericht ihres Wohnsitzstaates vereinbaren, läge kein internationaler Sachverhalt mehr vor, und das LugÜ käme von Anfang an nicht zur Anwendung.

270 Wenn **keine Partei ihren Wohnsitz in einem Vertragsstaat** hat, kommt das LugÜ grundsätzlich nicht zur Anwendung. Art. 23 Abs. 3 LugÜ will jedoch für diese Fälle garantieren, dass ein Gericht eines anderen Vertragsstaates, das mit der Vereinbarung zugunsten eines anderen Vertragsstaates derogiert wurde, seine Zuständigkeit verneint, auch wenn sein IPR seine Zuständigkeit vorsehen würde. Erst wenn das andere vereinbarte Gericht aus einem Vertragsstaat seine Zuständigkeit rechtskräftig verneint, darf das derogierte Gericht seine Zuständigkeit aufgrund seines IPR bejahen. Wenn also ein Israeli[304] und ein Amerikaner für Streitigkeiten aus einem Vertrag, der in der Schweiz zu erfüllen ist, ein französisches Gericht für zuständig erklären, dann kann ein schweizerisches Gericht, solange sich das französische Gericht nicht rechtskräftig für unzuständig erklärt hat, nicht gestützt auf Art. 113 IPRG seine Zuständigkeit bejahen.[305]

2. Vereinbarung

a. Zulässigkeit

271 Die Gültigkeit einer Gerichtsstandsvereinbarung ist an zahlreiche Voraussetzungen geknüpft, die in Art. 23 LugÜ geregelt sind.

272 Eine Gerichtsstandsvereinbarung ist zum einen nur zulässig, wenn sie «eine bereits entstandene oder eine künftige aus einem bestimmten Rechtsverhältnis entspringende Rechtsstreitigkeit» betrifft (Art. 23 Abs. 1 LugÜ). Also muss es sich wie bei Art. 5 IPRG (und auch bei Art. 17 ZPO) um ein **bestimmtes Rechtsverhältnis** handeln.

273 Weiter ist eine solche Gerichtsstandsvereinbarung nur zulässig, wenn **keine zwingenden Zuständigkeiten** gemäss Art. 22 LugÜ vorliegen und die Vereinbarung **nicht den teilzwingenden Vorschriften von Art. 13, 17 oder 21 LugÜ zuwiderläuft** (Art. 23 Abs. 5 LugÜ). Es ist aber zulässig, dass die Parteien innerhalb des nach Art. 22 LugÜ zuständigen Vertragsstaates das örtlich zuständige Gericht vereinbaren, weil Art. 22 LugÜ nur die internationale Zuständigkeit regelt.[306] Bei

303 Walter/Domej, 290 f.; so auch ZR 97 (1998) 84, 198; Vgl. dazu auch EuGH v. 9. November 2000, Coreck Maritime, Rs. C-387/98, Slg. 2000 I-9337.

304 Die Beispiele beziehen sich stets auf Personen, welche im betreffenden Heimatstaat auch ihren Sitz oder Wohnsitz haben.

305 Beispiel aus Walter/Domej, 291; zahlreiche Anwendungsfälle dieser Norm sind allerdings vom Anwendungsbereich des New Yorker Übereinkommens über die Anerkennung und Vollstreckung ausländischer Schiedssprüche (SR 0.277.12) erfasst, dessen Art. II ebenfalls eine Beachtung der Schiedsklausel vorschreibt.

306 Walter/Domej, 259.

den teilzwingenden Zuständigkeiten ist zudem die Gerichtsstandsvereinbarung generell zulässig, sofern sie *nach* Entstehung des Rechtsstreits getroffen wird (was in der Praxis allerdings selten vorkommt), vgl. Art. 13 Nr. 1, Art. 17 Nr. 1 sowie Art. 21 Nr. 1 LugÜ.

Es muss ein **bestimmtes Gericht** vereinbart werden. Im Gegensatz zum IPRG (vgl. 274
Rz 113) genügt hier aber auch die Vereinbarung am «Gerichtsstand Schweiz».[307] Diesfalls bestimmt sich das örtliche Gericht nach dem IPRG.[308]

b. Willenseinigung

Ob eine Gerichtsstandsvereinbarung gültig zustande gekommen ist, ist eine ma- 275
teriellrechtliche Frage und bestimmt sich wie bei Art. 5 IPRG nach der *lex causae* (vgl. dazu vorne Rz 114).[309]

c. Form

Eine Gerichtsstandsvereinbarung muss in einer der **folgenden Formen** abge- 276
schlossen werden:

i. Schriftliche Vereinbarung oder schriftliche Bestätigung einer mündlichen Vereinbarung (lit. a)

Wie bei Art. 5 IPRG stellt die beidseitig schriftliche Vereinbarung eine gültige 277
Form dar (sog. «doppelte Schriftlichkeit»). Dabei muss die schriftliche Vereinbarung *nicht in einem einzigen Schriftstück* unterzeichnet sein, sondern es genügt auch, wenn beide Parteien in zwei verschiedenen aufeinander Bezug nehmenden Schriftstücken schriftlich ihren Willen kundgeben.[310] Auch eine Bezugnahme auf Allgemeine Geschäftsbedingungen (**AGB**) genügt diesen Anforderungen. Dabei muss aber im Vertrag, der durch beide Parteien unterzeichnet ist, ausdrücklich auf die AGB verwiesen werden.[311] Ob die **AGB überhaupt Bestandteil** des Hauptvertrages geworden sind, beurteilt sich nicht nach Art. 23 LugÜ, sondern nach den Bestimmungen der *lex causae,* weil dies eine Frage des materiellen Rechts betrifft.

Gemäss *EuGH* sind die Formvorschriften von Art. 23 Abs. 1 lit. a LugÜ auch ein- 278
gehalten, wenn sich die **Gerichtsstandsklausel in der Satzung einer Gesellschaft**

307 ZR 95 (1996) Nr. 47, 143; Vgl. dazu auch EuGH v. 9. November 2000, Coreck Maritime, Rs. C-387/98, Slg. 2000 I-9337.

308 Führt allerdings kein Anknüpfungsmerkmal des Sachverhalts zu einem bestimmten Ort in der Schweiz, so ist u.E. die Gerichtsstandsvereinbarung gleichwohl ungültig.

309 Walter/Domej, 130 und 286.

310 Kropholler/von Hein, Art. 23 EuGVO N 33.

311 Walter/Domej, 298.

befindet, welche an einem zugänglichen Ort hinterlegt oder im öffentlichen Register enthalten ist.[312]

279 Nach dem Grundsatz der sog. **«halben Schriftlichkeit»** genügt unter Art. 23 LugÜ auch eine *mündliche Vereinbarung mit schriftlicher Bestätigung* einer Seite. Gemäss *EuGH* spielt es keine Rolle, von welcher Partei die Bestätigung stammt.[313] Wenn aber feststeht, dass etwas bestätigt wird, was mündlich nie vereinbart wurde, so kann auch ein Schweigen auf ein kaufmännisches Bestätigungsschreiben nicht genügen, da es in einem solchen Falle an einer Einigung fehlt. Dabei muss aber beachtet werden, dass u.U. eine Einigung aufgrund internationaler Handelsbräuche zustande gekommen ist (siehe nachfolgend Rz 282).[314]

280 Der in der revidierten Fassung des LugÜ hinzugekommene Abs. 2 von Art. 23 stellt klar, dass elektronische Kommunikationsmittel, sofern sie eine «dauerhafte Aufbewahrung» der Mitteilung ermöglichen (was bei E-Mail Mitteilungen ohne Weiteres der Fall ist), der Schriftlichkeit gleichgestellt sind. Damit erlangen auch sog. «click-through agreements» wie sie bei Geschäftsabschlüssen über das Internet üblich sind, Gültigkeit, sofern die (meist in AGB enthaltene) Gerichtsstandsklausel nach den Konsensregeln der *lex causae* gültig einbezogen worden ist.[315]

ii. Zwischen den Parteien entstandene Gepflogenheiten (lit. b)

281 Weiter genügt den Erfordernissen von Art. 23 LugÜ auch eine Form, die der **zwischen den Parteien entstandenen Gepflogenheit** entspricht (Art. 23 Abs. 1 lit. b LugÜ). Gepflogenheiten entstehen (anders als etwa Gewohnheitsrecht oder branchenspezifische Usanzen) nicht allgemein, sondern nur zwischen den Parteien, welche miteinander eine dauernde Geschäftsbeziehung haben.[316] Eine Gepflogenheit entsteht erst nach mehrmaligem gleichartigem Handeln. Sofern der (wohl nicht einfache) Nachweis einer solchen Gepflogenheit der beweisbelasteten Partei gelingt, erlaubt diese Bestimmung sogar die Durchsetzung mündlicher Vereinbarungen. Relevanter dürfte der Anwendungsfall sein, bei dem im konkreten Geschäftsfall zwar keine Gerichtsstandsvereinbarung getroffen wurde, diese sich aber aus allen früheren – unwidersprochen gebliebenen – Vereinbarungen zwischen den Parteien ergibt.

iii. Handelsbrauch (lit. c)

282 Im internationalen Handel genügt auch eine Form, die einem **Handelsbrauch** entspricht, den die Parteien kannten oder hätten kennen müssen oder den die Par-

312 EuGH v. 10. März 1992, Powell Duffryn/Petereit, Rs. C-214/89, Slg. 1992 I-1745, 1779.
313 EuGH v. 11. Juli 1985, Berghoefer ASA, Rs. 221/84, Slg. 1985 2699.
314 Kropholler/von Hein, Art. 23 EuGVO N 45; ZR 95 (1996) Nr. 96.
315 LugÜ-Kommentar Grolimund, Art. 23 N 32.
316 Kropholler/von Hein, Art. 23 EuGVO N 50.

teien von Verträgen dieser Art in dem betreffenden Geschäftszweig allgemein kennen und regelmässig brauchen (Art. 23 Abs. 1 lit. c LugÜ).[317] Eine Gerichtsstandsvereinbarung kann so im internationalen Handel auch zustande kommen, indem eine Partei auf ein nach einem mündlich geschlossenen Vertrag zugestelltes bestätigendes Schreiben der anderen Partei schweigt – sog. *kaufmännisches Bestätigungsschreiben* –, auch wenn in diesem Bestätigungsschreiben erstmals ein Gerichtsstand festgelegt ist.[318]

d. Wirkung

Gemäss dem Wortlaut von Art. 23 Abs. 1 LugÜ ist das vereinbarte Gericht **ausschliesslich zuständig.** Ein Gericht ist gemäss *EuGH* auch dann ausschliesslich zuständig, wenn mit der Klage u.a. die Feststellung der Unwirksamkeit des Vertrages begehrt wird, in dem diese Vereinbarung enthalten ist.[319] Im Übrigen ist die Ausschliesslichkeit als gesetzliche **Vermutung** ausgestaltet, die zum Tragen kommt, solange die Parteien nichts anderes vereinbart haben. Diese könnten ausdrücklich einen Gerichtsstand vereinbaren, der *zusätzlich* zu den gesetzlich vorgegebenen Gerichtsständen gelten soll.[320] 283

Im Gegensatz zu Art. 5 Abs. 3 IPRG (vgl. vorne Rz 122) kann in einem eurointernationalen Verhältnis das vereinbarte Gericht seine Zuständigkeit **nicht ablehnen** und ist somit an die Prorogation gebunden. 284

Art. 23 Abs. 4 und 5 LugÜ befassen sich mit dem Sonderfall der in schriftlichen Trust-Bedingungen festgehaltenen Gerichtsstandsvereinbarungen.[321] 285

e. Fazit

Zusammenfassend kann also gesagt werden, dass Art. 23 LugÜ als einheitliche Rechtsgrundlage autonom über die **Zulässigkeit, Form und Wirkung** entscheidet. Im Ergebnis ist das LugÜ grosszügiger als das IPRG bezüglich der Annahme einer formell gültigen Gerichtsstandsvereinbarung. Das gültige **Zustandekommen** der Vereinbarung (Konsens) bestimmt sich ohnehin nach der *lex causae.* 286

---

317 Vgl. dazu auch EuGH v. 16. März 1999, Castelletti, Rs. C-159/97, Slg. 1999 I-1597.

318 EuGH v. 20. Februar 1997, MSG/Les Gravières Rhénanes, Rs. C-106/95, Slg. 1997 I-911, 944 ff.

319 EuGH v. 3. Juli 1997, Benincasa/Dentalkit, Rs. C-269/95, Slg. 1997 I-3767.

320 Walter/Domej, 304.

321 Vgl. dazu BSK-LugÜ Berger, Art. 23 N 39; LugÜ-Handkommentar Killias, Art. 23 N 73 ff.; Kropholler/von Hein, Art. 23 EuGVO N 29; LugÜ-Kommentar Grolimund, Art. 23 N 29.

IX. Einlassung (Art. 24 LugÜ)

287 Genauso wenig wie eine Gerichtsstandsvereinbarung nach Art. 23 LugÜ bei **zwingenden Gerichtsständen** (Art. 22 LugÜ) zulässig ist, kann sich der Beklagte bei Vorliegen eines solchen Forums auf einen davon abweichenden Gerichtsstand einlassen (vgl. Art. 24 Satz 2 LugÜ). Hingegen kann sich der Beklagte bei **teilzwingenden Gerichtsständen** *nach* Entstehung der Streitigkeiten einlassen.[322]

288 Gemäss *Kropholler/von Hein* muss der **Begriff «Einlassung»** *vertragsautonom* bestimmt werden, und es ist darunter «jede Verteidigung zu verstehen, die unmittelbar auf Klageabweisung abzielt».[323] Nach schweizerischem Verständnis erfolgt eine Einlassung durch «die unzweideutige Bekundung der Beklagtenseite, vor dem angerufenen Gericht zur Hauptsache zu verhandeln».[324] Ein Beklagter lässt sich ein, wenn er sich zur Sache selbst äussert, ohne dabei ausdrücklich die Zuständigkeit des angerufenen Gerichts zu bestreiten. Es wird jedoch kein Gerichtsstand durch Einlassung begründet, wenn der Beklagte lediglich die **Unzuständigkeitseinrede** erhebt (Art. 24 Satz 2 LugÜ), ebenso wenig, wenn der Beklagte überhaupt nicht Stellung zur Klage nimmt (zur fehlenden Einlassung vgl. hinten Rz 291 f.).

289 Die Unzuständigkeitseinrede muss spätestens mit der «Abgabe derjenigen Stellungnahme, die nach dem innerstaatlichen Prozessrecht als das erste Verteidigungsvorbingen vor dem angerufenen Gericht anzusehen ist»,[325] erfolgen, in der Schweiz demnach in aller Regel mit der **Klageantwort.**[326]

X. Prüfung der Zuständigkeit und der Zulässigkeit des Verfahrens

1. Beklagte Partei lässt sich ein (Art. 25 LugÜ)

290 **Wenn der Beklagte am Verfahren teilnimmt und sich einlässt,** muss sich das Gericht nur dann *von Amtes wegen* für unzuständig erklären, wenn ein anderes Gericht aufgrund von *Art. 22 LugÜ* zwingend zuständig ist (Art. 25 LugÜ). In diesem Fall wird auf die Klage (ohne Rechtskraftfolge) nicht eingetreten, und es muss eine neue Klage am zuständigen Gericht eingereicht werden. Eine direkte Überweisung durch das Gericht selbst kennt das LugÜ nicht.[327] Weil Art. 25 LugÜ ausdrücklich nur von den Zuständigkeiten gemäss Art. 22 LugÜ spricht, muss sich

322 EuGH v. 20. Mai 2010, ČPP Vienna Insurance Group, Rs. C-111/09 Slg. 2010 I-4545.
323 Kropholler/von Hein, Art. 24 EuGVO N 7.
324 Spühler/Vock, GestG, Art. 10 N 1; BGE 123 III 35, 46.
325 EuGH, 26. Juni 1981 i.S. Elefanten Schuh vs. Jacqmain, Rs. 150/80, Slg. 1981 1571 ff.
326 Walter/Domej, 308 f.; Kropholler/von Hein, Art. 18 EuGVO N 15.
327 Walter/Domej, 311 f.

das Gericht nicht von Amtes wegen für unzuständig erklären, wenn die Parteien ein anderes Gericht gemäss Art. 23 LugÜ ausschliesslich vereinbart haben. In diesem Fall erlaubt das LugÜ eine Einlassung durch die Beklagte. Mit Ausnahme des oben beschriebenen Anwendungsfalls von Art. 22 kann das angerufene Gericht erst nach Eingang der Klageantwort (und allenfalls darin enthaltener oder eben fehlender Einreden) über seine Zuständigkeit entscheiden.

2. Beklagte Partei lässt sich nicht ein (Art. 26 LugÜ)

Wenn sich der Beklagte, der in einem Vertragsstaat wohnt und vor einem Gericht 291 eines anderen Vertragsstaates verklagt wird, **nicht einlässt,** so muss das Gericht nicht nur bei Vorliegen eines zwingenden Gerichtsstandes gemäss Art. 22 LugÜ seine Zuständigkeit *von Amtes wegen* überprüfen, sondern *in jedem Falle.* Kann es seine Zuständigkeit nicht aufgrund der Bestimmungen des LugÜ begründen, muss es sich für unzuständig erklären (Art. 26 LugÜ).

Das Gericht kann über seine Zuständigkeit aber erst entscheiden, wenn es sich 292 vergewissert hat, dass der Beklagte die Möglichkeit hatte, «das den Rechtsstreit einleitende Schriftstück oder ein gleichwertiges Schriftstück so rechtzeitig zu empfangen, dass er sich verteidigen konnte, oder dass alle hierzu erforderlichen Massnahmen getroffen worden sind» (Art. 26 Abs. 2 LugÜ). Bis zu diesem Zeitpunkt muss das Gericht seine Entscheidung aussetzen. Gemäss Art. 26 Abs. 3 LugÜ kommt Absatz 2 aber nur im Verhältnis zu Ländern zur Anwendung, die das Haager Übereinkommen über die Zustellung gerichtlicher und aussergerichtlicher Schriftstücke im Ausland in Zivil- und Handelssachen vom 15. November 1965 (HZUe65) nicht ratifiziert haben. In der Schweiz ist dieses Übereinkommen seit dem 1. Januar 1995 in Kraft, und zwar im Verhältnis zu den meisten LugÜ-Staaten.[328] Der einschlägige Art. 15 HZUe65 ist jedoch praktisch gleichlautend mit Art. 26 Abs. 2 LugÜ.[329]

XI. Vorsorgliche Massnahmen (Art. 31 LugÜ)

Vgl. hinten § 8, Rz 314 ff. 293

328 Eine regelmässig aktualisierte Übersicht der Vertragsstaaten findet sich unter <http://www.hcch.net/index_en.php?act=conventions.status&cid=17> (besucht am 1.8.2012).

329 Von der in Art. 15 HZUe65 vorgesehenen Möglichkeit, eine Erklärung über die Fortsetzung des Verfahrens abzugeben, hat die Schweiz aus nicht nachvollziehbaren Gründen keinen Gebrauch gemacht. Nichtsdestotrotz fahren schweizerische Gerichte, auch nachdem feststeht, dass eine «ordentliche» Zustellung nicht möglich ist, mit dem Verfahren auf der Grundlage einer öffentlichen Bekanntmachung fort. Gegenüber einem solchen Entscheid steht allerdings im Ausland eine Vollstreckungseinrede zur Verfügung, vgl. dazu hinten Rz 436.

XII. Revision des EuGVÜ und des LugÜ

294 Mit dem Inkrafttreten des revidierten LugÜ in der Schweiz am 1. Januar 2011 wurde, mit einiger Verzögerung, der inhaltliche Parallelismus mit der im Jahr 2002 in Kraft getretenen EuGVO wiederhergestellt. Schon vor dem Inkrafttreten des revidierten LugÜ in der Schweiz sind jedoch in der EU konkrete Bestrebungen im Gange, die EuGVO auf der Grundlage eines von der EU-Kommission erstellten Grünbuchs (vom 21. April 2009) einer erneuten Revision zu unterziehen. Die vorgeschlagenen Änderungen betreffen vor allem die Abschaffung des formellen Exequaturerfordernisses, wobei jedoch ein Rechtsmittelverfahren mit Verweigerungsgründen vorbehalten bliebe.[330]

295 Die Revision der EuGVO wird die Frage nach einer erneuten Anpassung des LugÜ zur Erhaltung der Parallelität zur revidierten EuGVO aufwerfen. Da das geltende LugÜ sich jedoch grundsätzlich bewährt hat und nunmehr auch allfällige künftig der EU beitretende Staaten hiervon erfasst sind, steht die Schweiz diesbezüglich nicht unter Zugzwang.

330 Vgl. dazu Kropholler/von Hein, Einl EuGVO N 29 ff.; die von der Kommission vorgeschlagenen Änderungen sind im vorliegenden Vorschlag vom 14. Dezember 2010 abrufbar: <http://ec.europa.eu/justice/policies/civil/docs/com_2010_748_de.pdf> (besucht am 1. Juli 2012). Die Kommissionvorschläge dürften aber in Bezug auf das Vollstreckungsverfahren wichtige Anpassungen erfahren.

§ 8 Internationale Zuständigkeit bei vorsorglichen Massnahmen

I. Allgemeines

Vorsorgliche Massnahmen sind Anordnungen des Gerichts, mit denen einer Partei vor oder während des ordentlichen Prozesses vorläufiger Rechtsschutz gewährt wird. Gelegentlich wird deshalb auch von **einstweiligem Rechtsschutz** gesprochen.[331] Daneben gibt es den superprovisorischen Rechtsschutz bzw. superprovisorische Massnahmen. Sie sind besonders dringlichen Fällen vorbehalten und können ohne Anhörung der Gegenpartei angeordnet werden; diese ist später nachzuholen.[332] 296

Der **vorsorgliche Massnahmenschutz** hat in letzter Zeit auch **internationalrechtlich** zusehends an Bedeutung gewonnen. Ursache dafür dürften vor allem die Hektik und Härte des wirtschaftlichen Kampfes und die Möglichkeit sein, wenigstens summarisch rasch zu einem Entscheid zu kommen.[333] Sodann bewirkt die zunehmende Sensibilität im Immaterialgüterrecht eine erhöhte Bedeutung des vorsorglichen Rechtsschutzes.[334] Zu Recht wird die Möglichkeit, vorsorgliche Massnahmen zu erlangen, durch Gesetzgebung und Praxis nicht allzu erschwert. Es zeigt sich häufig, wie sehr der Entscheid der vorsorglichen Massnahmen denjenigen in der Hauptsache bestimmen kann. Grund dafür ist regelmässig die gute Hauptsachenprognose durch ein erfahrenes Gericht. Ein weiterer Grund dürfte in der Gerichtspraxis in der psychologischen Bindung des nachfolgenden Hauptsachengerichtes liegen, wofür aber noch keine hinreichenden wissenschaftlichen Untersuchungen vorliegen.[335] Zu beachten ist sodann, wie vorsorgliche Massnahmen vergleichsfördernd wirken; liegt im Zeitpunkt von gerichtlichen oder aussergerichtlichen Vergleichsverhandlungen schon ein rechtskräftiger Entscheid über vorsorgliche Massnahmen vor, bestimmt dieser in vielen Fällen in ganz erheblichem Mass den Vergleichsinhalt und damit den Ausgang der Hauptsache. 297

Wie im nationalen ist auch im internationalen Bereich zwischen **Sicherungs-, Regelungs- und Leistungsmassnahmen** zu unterscheiden. Nicht nur staatliche Gerichte können im internationalen Bereich vorsorgliche Massnahmen anordnen. Im Gegensatz zu schweizerischen Binnenschiedsgerichten können das auch 298

331 Spühler/Dolge/Gehri, 11. Kap. N 273.
332 Spühler/Dolge/Gehri, 11. Kap. N 311.
333 Vgl. Vogel, 89 ff.
334 Spühler/Dolge/Gehri, 11. Kap. N 299.
335 Vgl. Spühler, EIZ, 9.

schweizerische internationale Schiedsgerichte, sofern die Parteien nichts anderes vereinbart haben (Art. 183 Abs. 1 IPRG).

299 Der vorliegende Abschnitt befasst sich *nicht* mit den (ebenso wichtigen) Massnahmen zur **Vollstreckungssicherung im Rahmen eines Exequaturverfahrens,** namentlich dem Arrest nach Art. 271 Abs. 1 Ziff. 6 SchKG. Dieser wird in den jeweiligen Abschnitten zum Exequaturverfahren (zum IPRG Rz 363 f., zum LugÜ Rz. 415 ff.) besprochen.

II. Bedeutung der Zuständigkeit für vorsorgliche Massnahmen

300 Jeder **Kläger ist frei,** wo er einen **Anspruch an einen ihm vom Gesetz zur Verfügung gestellten Gerichtsstand geltend machen will.** Er zwingt bei Gesuchen um Erlass vorsorglicher Massnahmen den Beklagten, sich an einem bestimmten Ort verteidigen zu müssen. Noch mehr als binnenrechtlich kommt in Streitigkeiten mit internationalem Sachverhalt der Wahl des Klägers eines bestimmten Gerichtes eine ausschlaggebende Bedeutung zu. Nach *Jametti Greiner*[336] dürften folgende Faktoren diese Wahl massgeblich beeinflussen: die Qualität der Justiz, die Schnelligkeit des Entscheides (für vorsorgliche Massnahmen besonders wichtig), die Kosten und Kostenerstattungspflicht, die Verhandlungssprache, die zugelassenen Beweismittel im Verfahren der vorsorglichen Massnahmen, die Ausgestaltung der Prozessmaximen, allenfalls der Schutz des Bankgeschäfts- und Amtsgeheimnisses.

301 Auch beim vorsorglichen Rechtsschutz bestimmt das zuständige Gericht das Kollisionsrecht, soweit die Parteien keine Rechtswahl getroffen haben. Im Allgemeinen können vorsorgliche Massnahmen nicht unabhängig vom Hauptsachenstatut entschieden werden, d.h. das für die Hauptsache anwendbare Recht ist auch für die vorsorglichen Massnahmen massgebend (namentlich für die Erfolgsprognose); das hindert aber nicht, für das Beweismass auf die prozessuale *lex fori* abzustellen.[337] Die Frage des Gerichtsstandes für den vorsorglichen Massnahmenentscheid kann schliesslich auch für dessen *Anerkennung und Vollstreckung* von Bedeutung sein. So würde z.B. eine vorsorgliche Massnahme, die von einem Gericht an einem in diesem Sinne Ordre public-widrigen Gerichtsstand angeordnet worden ist, in der Schweiz nicht anerkannt und vollstreckt.

336 Vgl. Jametti Greiner, EIZ, 14 f.

337 Jametti Greiner, EIZ, 14 f., mit Hinweisen auf abweichende Meinungen.

III. Nach Art. 10 IPRG

1. Anwendungsbereich

Für **vorsorgliche Massnahmen** bei internationalen Sachverhalten ist grundsätzlich das IPRG massgebend. Vorbehalten sind allerdings Regelungen über vorsorgliche Massnahmen, die ihre Grundlage in Staatsverträgen, namentlich dem LugÜ (Art. 31), haben (Art. 1 Abs. 2 IPRG). 302

2. Inhalt und Normzweck

Das IPRG nennt ausländische Entscheide über vorsorgliche Massnahmen nicht ausdrücklich. Sie fallen unter den **Begriff der «ausländischen Entscheidung»** gemäss Art. 25 IPRG.[338] Aus Art. 27 Abs. 2 lit. a IPRG *e contrario,* folgt dass Massnahmenentscheide nur dann vollstreckbar sind, wenn der Beklagte im Massnahmeverfahren gehörig geladen war. Im **superprovisorischen Massnahmeverfahren** ist dies wesensgemäss nicht der Fall; solche Entscheide sind deshalb nicht vollstreckbar. Dasselbe gilt für das LugÜ, aus Art. 34 Nr. 2 LugÜ *e contrario.*[339] 303

Gemäss Art. 10 lit. a IPRG sind zur Anordnung vorsorglicher Massnahmen die schweizerischen Gerichte oder Behörden zuständig, wenn sie für die Entscheidung in der Sache selbst zuständig sind. Damit wird nur die schweizerische, nicht jedoch die innerschweizerische örtliche Zuständigkeit geregelt. 304

Trotz mangelnder Hauptsachenzuständigkeit können jedoch in der Schweiz bei internationalen Sachverhalten vorsorgliche Massnahmen am Ort getroffen werden, an dem die Massnahme vollstreckt werden soll (Art. 10 lit. b IPRG). An sich handelt es sich um eine **alternative Massnahmenzuständigkeit zum Hauptsachengericht.** Die Wahl sollte der Gesuchsteller insbesondere unter vollstreckungsrechtlichen Gesichtspunkten treffen (fachliche Qualifikation des angegangenen Gerichtes, Raschheit, Kulanz usw.). 305

Art. 10 lit. b IPRG regelt **nicht die direkte örtliche Massnahmenzuständigkeit,** sondern sagt nur aus, dass eine solche innerstaatliche Zuständigkeit auch gegenüber einer ausländischen Hauptsachenzuständigkeit standhält.[340] Die örtliche Zuständigkeit bestimmt sich also in den meisten Fällen nach der ZPO. 306

338 Spühler/Dolge/Gehri, 13. Kap. N 19 mit Hinweisen.
339 LugÜ-Kommentar Acocella, Art. 31 N 75.
340 BSK-IPRG Berti, Art. 10 N 1.

3. Ausnahmen

307 Das IPRG selbst enthält einige **Ausnahmen** von der Regelung über die vorsorglichen Massnahmen in Art. 10 IPRG. Im Ganzen finden sich deren **sechs.** In drei Fällen wird im Gegensatz zu Art. 10 IPRG die direkte, d.h. die örtliche innerschweizerische Zuständigkeit geordnet. Teilweise besteht eine schweizerische Zuständigkeit nur für Sicherungsmassnahmen.

308 Der *erste Ausnahmefall* betrifft Art. 62 Abs. 1 IPRG, wo die Zuständigkeit für vorsorgliche Massnahmen im **Scheidungs- und Trennungsprozess** geregelt sind; im Gegensatz zu Art. 10 IPRG ist hierfür nur das Hauptsachengericht für vorsorgliche Massnahmen örtlich und sachlich zuständig, sofern seine Unzuständigkeit nicht offensichtlich ist oder nicht rechtskräftig festgestellt wurde.

309 Die *zweite Sonderregel* findet sich in Art. 89 IPRG. Es geht dabei um vorsorgliche Massnahmen im **Erbrecht,** allerdings beschränkt auf Sicherungsmassregeln zum einstweiligen Schutz von Vermögenswerten, die zum Nachlass eines Erblassers mit letztem Wohnsitz im Ausland gehören;[341] zuständig ist die Behörde am Ort der gelegenen Sache.[342]

310 Eine *dritte Ausnahme* ist analog konzipiert. Sie ist in Art. 153 IPRG geordnet und betrifft Massnahmen – nicht nur Sicherungsmassnahmen wie beim Erbrecht – zum **Schutz von in der Schweiz liegendem Vermögen,** das Gesellschaften mit Sitz im Ausland gehört.[343] Zuständig sind die Behörden oder der Richter am Ort der gelegenen Sache.[344]

311 Art. 168 IPRG enthält sodann als *vierte Ausnahme* eine eigenständige Regelung für sichernde Massnahmen bei **Verfahren über Konkurse und Nachlassverträge,** die im Ausland eröffnet worden sind bzw. im Ausland durchgeführt werden. Sobald die Anerkennung des ausländischen Konkursdekretes beantragt worden ist (Art. 166 IPRG), kann bei der Anerkennungsinstanz ein Begehren nach Art. 168 IPRG gestellt werden. Es handelt sich um die Massnahmen nach Art. 162–165 SchKG (Güterverzeichnis) und Art. 170 SchKG (alle notwendigen vorsorglichen Massnahmen zugunsten der Konkurs- und Nachlassgläubiger[345]). Art. 168 IPRG regelt die Zuständigkeit hierfür nicht. Aus dem Kontext zwischen den Art. 167 und 168 IPRG ist aber zu schliessen, dass für die erwähnten vorsorglichen Mass-

---

341 Es geht um die Massregeln nach Art. 551 ff. ZGB, bezogen natürlich nur auf die in der Schweiz liegenden Vermögenswerte.

342 BSK-ZPO Martin-Spühler, Art. 28 N 34.

343 BSK-IPRG von Planta/Eberhard, Art. 153 N 2, sehen darin keine Sondernorm, sondern Ausfluss von Art. 10 IPRG.

344 BSK-ZPO Martin-Spühler, Art. 28 N 33, wo auf Art. 86 Abs. 2 und Art. 88 IPRG verwiesen wird.

345 Vgl. BSK-SchKG II Nordmann, Art. 170 N 5 und 8.

nahmen das Gericht am Ort des Vermögens in der Schweiz örtlich zuständig ist (Gerichtsstand des Ortes der gelegenen Sache).

Die *fünfte Ausnahme* von Art. 10 IPRG findet sich in Art. 183 Abs. 1 IPRG. Ist 312 anstatt eines staatlichen Gerichts ein dem IPRG unterstehendes **Schiedsgericht** zuständig, ist mangels einer anderen Parteivereinbarung das Schiedsgericht für die Anordnung von vorsorglichen Massnahmen zuständig. Unterzieht sich der Betroffene der angeordneten Massnahme nicht, so kann das Schiedsgericht den staatlichen Richter um Mitwirkung ersuchen.[346]

Die *sechste (uneigentliche) Ausnahme* von Art. 10 IPRG besteht in der Praxis des 313 Bundesgerichtes bei einer **Gerichtsstandsvereinbarung.** Trotz einer solchen muss es möglich bleiben, bei einem anderen als dem prorogierten Gericht um einstweiligen Rechtsschutz nachzusuchen, wenn nur dieses andere Gericht in der Lage ist, eine sofort vollstreckbare Massnahme rechtzeitig anzuordnen.[347]

IV. Nach Art. 31 LugÜ

1. Anwendungsbereich

Die Gefahr, dass eine Partei aufgrund der langen Verfahrensdauer ihre Rechte 314 nicht verwirklichen kann, ist bei internationalen Rechtsstreitigkeiten noch grösser als bei Binnenprozessen. Es geht darum, die künftige Umsetzung des Prozessergebnisses zu gewährleisten.[348] Dies bildet das Motiv, für den Erlass **vorsorglicher Massnahmen** grosszügig **Gerichtsstände** zu eröffnen, um einen möglichst guten Rechtsschutz zu gewährleisten. Im Hauptprozess ist der Sachrichter auch im LugÜ-Bereich für die Anordnung vorsorglicher Massnahmen zuständig.[349]

Im LugÜ-Bereich ist gemäss Art. 31 LugÜ eine Zuständigkeit ausserhalb derjeni- 315 gen der Hauptsache bei allen Gerichten eines andern Vertragsstaates gegeben,[350] wenn in dessen Recht entsprechende einstweilige Massnahmen vorgesehen sind und wenn für die Entscheidung in der Hauptsache das Gericht eines anderen Vertragsstaates aufgrund des LugÜ zuständig ist. Einzige Einschränkung der Zuständigkeit bildet das von der EuGH-Rechtsprechung[351] entwickelte Erfordernis eines

346 Spühler/Dolge/Gehri, 14. Kap. N 56; BSK-IPRG Berti, Art. 183 N 16 ff.
347 BGE 125 III 454.; Vgl. auch BSK-ZPO Sprecher, Vor Art. 261–269 N 18; LugÜ-Kommentar Acocella Art. 31 N 1.
348 BSK-ZPO Sprecher vor Art. 261–269 N 2.
349 Spühler/Dolge/Gehri, 11. Kap. N 317.
350 BSK-ZPO Sprecher, vor Art. 261–269 N 10.
351 EuGH v. 17. November 1998, Van Uden, C-391/95, Slg. 1998 I-7091.

«realen Zusammenhangs» (im Sinne wohl eines dinglichen Zusammenhangs)[352] zwischen der Massnahme und dem *forum*.

316 Sowohl die **Arresttatbestände** des **Art. 271 SchKG** als auch die **vorsorglichen Massnahmen von Art. 261 ff. ZPO** gelten als **Massnahmen im Sinne von Art. 31 LugÜ**. Es kann sich dabei um Sicherungs-, Regelungs- und Leistungsmassnahmen handeln. Nicht in allen LugÜ-Staaten sind alle diese Massnahmenarten gesetzlich vorgesehen. Aus dem Wortlaut von Art. 31 LugÜ dürfte allerdings der Schluss gezogen werden, dass Sicherungsmassnahmen in allen LugÜ-Staaten zulässig sind. Überdies richten sich sowohl die Voraussetzungen als auch die Wirkungen der Massnahmen nach nationalem Recht,[353] woraus sich ebenfalls ergibt, dass in der Schweiz alle drei Massnahmenarten zulässig sind. Bewusst gewollt ist auch das Nebeneinander verschiedener national ausgeprägter Massnahmen.[354] Art. 31 LugÜ betrifft allerdings *nicht* die Massnahmen zur **Vollstreckungssicherung** (zum «LugÜ-Arrest» im Besonderen vlg. Rz 415 ff.)

317 Vorsorgliche (und auch superprovisorische Massnahmen) fallen logischerweise in den vom LugÜ ausgenommenen Rechtsgebieten ausser Betracht (Art. 1 Abs. 2 LugÜ; eheliches Güterrecht, Erbrecht, Konkursrecht, Schiedsgerichtswesen).

2. Zuständigkeit und Zeitpunkt

318 Art. 31 LugÜ legt nur die **internationale Zuständigkeit** fest. Für die örtliche Zuständigkeit ist auf die nationalen Zuständigkeitsregeln, d.h. auf die Fassung von Art. 10 IPRG, wie sie seit Inkrafttreten der ZPO am 1. Januar 2011 gilt (Zuständigkeit der Hauptsache oder Vollstreckungszuständigkeit), zu verweisen.

319 Ein Massnahmebegehren gemäss Art. 31 LugÜ kommt sowohl **vor oder nach Rechtshängigkeit** des Hauptprozesses im Ausland infrage, d.h. die Rechtshängigkeit der Hauptklage steht dem nicht entgegen.

3. Anwendbares Recht

320 Mit Bezug auf das anwendbare Recht gilt die *lex fori* für die **allgemeinen Voraussetzungen** und für den **Inhalt** der Massnahmen («Die im Recht eines Vertragsstaates vorgesehenen einstweiligen Massnahmen ...», Art. 31 LugÜ). Die Beurteilung der **Hauptsachenprognose** bestimmt sich nach der *lex causae*. Sinnvoll ist

---

352 Demnach bildet etwa die Belegenheit vom Haftungssubstrat im Forumstaat einen genügenden Bezug.

353 BSK-LugÜ Favalli/Augsburger, Art. 31 N 7, 24. So ist etwa bei Massnahmen nach Art. 31 LugÜ Dringlichkeit nicht zwingend notwendig, BSK-LugÜ Favalli/Augsburger, Art. 31 N 75.

354 BSK-LugÜ Favalli/Augsburger, Art. 31 N 27.

es, auch die Beweissicherungsmassnahmen unter Art. 31 LugÜ zu subsumieren (Art. 158 Abs. 1 lit. b ZPO).

4. Arten von Massnahmen

Probleme stellen sich nur mit Bezug auf Leistungsmassnahmen. Solche sind in den Sonderfällen von Art. 262 lit. d und lit. e ZPO (Sachleistung, Geldleistung) zulässig. 321

Leistungsmassnahmen führen grundsätzlich zu einer vorgezogenen Anspruchserfüllung. Im Anwendungsbereich des LugÜ müssen sie deshalb nach der hier vertretenen Ansicht von einer Sicherheitsleistung durch die klägerische Partei abhängig gemacht werden (vgl. Rz 372).[355] 322

355 Vgl. dazu auch EuGH v. 27. April 1999, Mietz, Rs. C-99/96, Slg. 1999 I-2277; Art. 264 ZPO; BSK-ZPO Sprecher, Art. 264 N 6 ff.

§ 9 Anerkennung und Vollstreckung ausländischer Entscheidungen

I. Allgemeines

1. Zweck und Inhalt der Anerkennung und der Vollstreckbarerklärung

Ein gerichtlicher Entscheid ist ein staatlicher Hoheitsakt und hat als solcher nur so weit Wirkungen, wie die Hoheitsrechte des Staates reichen, dessen Gericht den Entscheid erlässt. Soll ein ausländischer Entscheid in der Schweiz Wirkungen erlangen, muss er durch Hoheitsentscheid eines schweizerischen Gerichts anerkannt werden. Durch die Anerkennung werden dessen Wirkungen auf die Schweiz erstreckt. Weil Feststellungs- und Gestaltungsurteile (etwa eine Scheidung) keinen vollstreckungsfähigen Inhalt haben, müssen sie «nur» anerkannt werden. Enthält der Entscheid aber *vollstreckbare* Wirkungen (etwa auf Zahlung von Unterhalt), so wird in aller Regel auch verlangt werden, dass der Entscheid (in der Schweiz) für vollstreckbar erklärt wird. Dies geschieht durch eine sog. Vollstreckbarerklärung oder *«exequatur»*. In der Vollstreckbarerklärung ist stets (als Vorfrage) die Anerkennbarkeit des Entscheids mitenthalten. Die Vollstreckbarerklärung ist nicht mit der Vollstreckung selbst zu verwechseln.[356] Erstere ist im IPRG bzw. im LugÜ geregelt (vgl. nachfolgend), während sich die Vollstreckung in der Schweiz nach dem SchKG (für Geldschulden) oder nach der ZPO (Art. 335 ff., für andere als Geldschulden) richtet. 323

Es ist stets Sache der Partei, die aus einem Urteil berechtigt wird, die Anerkennung und allenfalls die Vollstreckbarerklärung eines ausländischen Entscheides in der Schweiz zu verlangen. 324

2. Gesetzliche Grundlagen

Bei der Bestimmung der massgeblichen Rechtsquelle für die Anerkennung und Vollstreckung sind nicht Eigenschaften (etwa der Wohnsitz) der beteiligten Parteien massgebend, sondern alleine der Ursprung des ausländischen Entscheides. 325

Soll ein Urteil anerkannt werden, das aus einem LugÜ-Staat stammt, so sind die Bestimmungen dieses Übereinkommens massgeblich (Art. 32 ff., vgl. hinten 326

356 Gleichwohl ist üblicherweise (selbst im Titel des LugÜ) vereinfachend von der «Anerkennung und Vollstreckung» die Rede.

Rz 365 ff.). In den übrigen Fällen richtet sich die Anerkennung und Vollstreckung nach Art. 25 ff. IPRG. In zahlreichen Bereichen sind aber auch andere bilaterale und multilaterale staatsvertragliche Regelungen, welche den Art. 25 ff. IPRG vorgehen, zu beachten, auf welche jedoch vorliegend nicht im Einzelnen eingegangen werden kann.[357]

327 Für die Anerkennung eines ausländischen Konkursdekretes sowie ausländischer Nachlassverträge und ähnlicher Verfahren sind speziell Art. 166 und 175 IPRG zu beachten (vgl. dazu hinten § 12).

328 Für die Anerkennung und Vollstreckung ausländischer Schiedssprüche gilt ferner das New Yorker Übereinkommen vom 10. Juni 1958 (NYÜ; Art. 194 IPRG).

3. Inzidente und selbständige Anerkennung und Vollstreckung

329 Die Anerkennung (und ggf. die Vollstreckbarerklärung) erfolgt in den meisten Fällen **inzident,** d.h. als Vorfrage im Rahmen der Prüfung einer Hauptfrage (vgl. Art. 29 Abs. 3 IPRG). Diese Hauptfrage kann etwa eine Ehe in der Schweiz eines bereits im Ausland verheirateten und wieder geschiedenen Ehepartners betreffen, in dessen Rahmen die Zivilstandesbehörde vorfrageweise (inzident) prüft, ob die erste Ehe des einen Ehepartners gültig geschieden worden ist bzw. das ausländische Scheidungsurteil in der Schweiz anerkennbar ist. Ist dies der Fall, kann die Ehe geschlossen werden, ein (selbständiger) Entscheid über die Anerkennung des ausländischen Scheidungsurteils ergeht dabei nicht. Im Rahmen der Vollstreckung eines auf Geld gerichteten ausländischen Entscheids in der Schweiz kann die Anerkennung (und die im Falle des Leistungsurteils notwendige Vollstreckbarerklärung) unter dem SchKG inzident im Rahmen der definitiven **Rechtsöffnung** (Art. 81 Abs. 3 SchKG) erfolgen (zur Alternative unter dem LugÜ vgl. hinten Rz 377 f.).

330 Eine **selbständige** Anerkennung und Vollstreckbarerklärung verlangt demgegenüber das einseitige (i.d.R. mit einem Arrest verbundene) LugÜ-Exequaturverfahren (vgl. dazu hinten Rz 399 ff.) sowie die Anerkennung eines ausländischen Konkursentscheides oder eines Nachlassvertrags (vgl. dazu hinten Rz 497 ff.). In diesen Fällen ist die Anerkennung bzw. die Vollstreckbarerklärung Teil des Entscheiddispositivs und erwächst in **Rechtskraft.** Im Anwendungsbereich des LugÜ

357 Zum Beispiel das Übereinkommen über die Zuständigkeit, das anzuwendende Recht, die Anerkennung, Vollstreckung und Zusammenarbeit auf dem Gebiet der elterlichen Verantwortung und der Massnahmen zum Schutz von Kindern (Haager Kindesschutzübereinkommen, HKsÜ; SR 0.211.231.011) oder das Übereinkommen vom 2. Oktober 1973 über die Anerkennung und Vollstreckung von Unterhaltsentscheidungen (Unterhaltsübereinkommen; SR 0.211.213.02).

ist allerdings alternativ auch das inzidente Exequatur im Rahmen der definitiven Rechtsöffnung (Art. 81 Abs. 3 SchKG) zulässig (Botschaft LugÜ Ziff. 2.7.1.3).

4. Wirkungen

a. Gleichstellung mit einem inländischen Urteil

Durch die Anerkennung eines ausländischen Urteils wird grundsätzlich die **Gleichstellung mit einem inländischen Urteil bewirkt.** Dem ausländischen Urteil kann aber keine weiter gehende Wirkung zukommen als einem inländischen, sondern es wird nur diejenige Wirkung zuerkannt, die dem schweizerischen Recht bekannt ist.[358] 331

b. Rechtskraft

Mit der Anerkennung eines ausländischen Urteils wird auch seine **Rechtskraft** anerkannt. Das bedeutet, wenn eine identische Sache schon von einem ausländischen Gericht beurteilt wurde, kann diese Streitsache in der Schweiz nicht mehr vor Gericht gebracht werden (sog. materielle Rechtskraft oder *res iudicata*). Ob, ab wann und in welchem Umfang einem ausländischen Urteil Rechtskraft zukommt, wann es rechtskräftig ist, beurteilt sich nach dem *Recht des Urteilsstaates.*[359] Ob das Gericht die Rechtskraft *von Amtes wegen oder auf Einrede* durch eine Partei hin überprüfen muss, ist in der Lehre umstritten. Bei der *res iudicata* handelt es sich um eine negative Prozessvoraussetzung. Deswegen muss sie u.E. auch von Amtes wegen überprüft werden.[360] Nur ist in der Praxis – wie bei der Rechtshängigkeit (vgl. vorne Rz 56 ff.) – das Gericht meistens auf eine Einrede seitens der Partei angewiesen. 332

5. Verhältnis zwischen IPRG und Staatsverträgen und Staatsverträgen untereinander

Wie schon erwähnt, gehen gemäss Art. 1 Abs. 2 IPRG grundsätzlich Staatsverträge vor. Was geschieht aber, wenn eine Anerkennung und Vollstreckung gestützt auf Art. 25 ff. IPRG möglich wäre, während der anwendbare Staatsvertrag diese verweigert?[361] Gemäss dem sog. **Günstigkeitsprinzip** soll eine ausländische Entscheidung anerkannt und vollstreckt werden, wenn dies nach der günstigsten Anerkennungsregel (in casu dem IPRG) möglich ist (so ausdrücklich Art. 62 333

358 Walter/Domej, 413 f.; Schwander, Einführung, N 695.
359 Schwander, Einführung, N 696.
360 Vgl. zum Ganzen Spühler/Dolge/Gehri, 5. Kap. N 106.
361 Konkret ist diese Konstellation nur vorstellbar bei älteren bilateralen Staatsverträgen. Die meisten davon sind allerdings durch das LugÜ ausser Kraft gesetzt worden.

des Haager Unterhaltsübereinkommens[362]). Die gleiche Regel wird herangezogen, wenn mehrere Staatsverträge gleichzeitig auf die Anerkennung eines ausländischen Entscheids anwendbar sind.[363] In die hierfür notwendige Gesamtbeurteilung haben allerdings auch die Kriterien der *lex posterior* und der *lex specialis* (vgl. auch Art. 67 LugÜ) einzufliessen; ein späteres Gesetz (oder Staatsvertrag) sollte eher einem älteren vorgehen; ein Staatsvertrag über ein besonderes Rechtsgebiet sollte dem allgemein gefassten vorgehen. Die konkrete Handhabung dieser Kriterien ist in der Lehre umstritten[364], praktische Anwendungsfälle sind jedoch selten.

II. Anerkennung und Vollstreckung gemäss IPRG

1. Anerkennung

a. Allgemeines

334 Gemäss Art. 25 IPRG wird eine ausländische Entscheidung (vgl. dazu hinten Rz 335 ff.) in der Schweiz anerkannt,

- wenn die Zuständigkeit des Gerichts oder der Behörde, in dem die Entscheidung ergangen ist, begründet war (Art. 25 lit. a IPRG; vgl. hinten Rz 338 ff.),
- wenn gegen die Entscheidung kein ordentliches Rechtsmittel mehr geltend gemacht werden kann oder wenn sie endgültig ist (Art. 25 lit. b IPRG; vgl. hinten Rz 341 ff.) und
- wenn kein Verweigerungsgrund im Sinne von Art. 27 IPRG vorliegt (Art. 25 lit. c IPRG; vgl. hinten Rz 344 ff.).

b. Ausländische Entscheidung

335 Weil das IPRG grundsätzlich nur in Zivilsachen anwendbar ist, muss es sich als erstes um einen **Entscheid in einer Zivilsache** handeln. Ob eine Zivilentschei-

362 Vgl. nachfolgende Fn.

363 Diese Situation besteht konkret in Bezug auf europäische Unterhaltsentscheidungen. Diese sind in der Schweiz häufig sowohl nach dem LugÜ (vgl. Art. 5 Nr. 2 zum Anwendungsbereich) als auch unter dem Haager Übereinkommen über das auf Unterhaltspflichten anzuwendende Recht vom 2. Oktober 1973 (SR 0.211.213.01) vollstreckbar. Während das LugÜ dem «besonderen» Staatsvertrag den Vorrang gewährt, gewährt das Haager Übereinkommen dem günstigeren (LugÜ) den Vorrang. Im Ergebnis wird auf den Antrag des Vollstreckungsgläubigers abgestellt, der sich aus prozessualen Gründen in aller Regel auf das vorteilhaftere LugÜ stützen wird.

364 Während Walter/Domej (446 f.) grundsätzlich dem Günstigkeitsprinzip folgen will, nimmt Schwander (Einführung, N 692) eine differenziertere Meinung ein und bejaht das Günstigkeitsprinzip nur in gewissen Fällen.

dung vorliegt oder nicht, entscheidet sich nach *Schweizer Recht.*[365] Gemäss *BGer* gilt auch eine im Ausland ausgesprochene Privatscheidung als Entscheid i.S.v. Art. 25 IPRG.[366]

Gemäss Art. 30 IPRG wird ein **ausländischer gerichtlicher Vergleich** einer ausländischen Entscheidung gleichgestellt, «sofern er in dem Staat, in dem er abgeschlossen worden ist, einer gerichtlichen Entscheidung gleichgestellt wird». Nach dem klaren Wortlaut dieses Artikels fallen aussergerichtliche Vergleiche nicht darunter. 336

Auch **Entscheidungen und Urkunden der freiwilligen Gerichtsbarkeit** werden den ausländischen Entscheidungen i.S.v. Art. 25 IPRG gleichgestellt (Art. 31 IPRG). Im Einzelnen gelten dafür *sinngemäss* die allgemeinen vollstreckungsrechtlichen Grundsätze des IPRG. «Sinngemäss» bedeutet, dass die Grundsätze über die Anerkennung und Vollstreckung ausländischer Zivilurteile auf öffentliche Urkunden nur dann zur Anwendung kommen, wenn dies sachlich sinnvoll erscheint.[367] Im Falle von ausländischen **vollstreckbaren öffentlichen Urkunden**[368] – die aufgrund von Art. 31 IPRG ebenfalls «sinngemäss» wie ausländische Gerichtsentscheidungen zu behandeln sind[369] – ist in bestimmten Fällen denkbar, dass der Vollstreckungsgegner im Anerkennungs- und Vollstreckungsverfahren (bzw. im inzidenten Rechtsöffnungsverfahren nach Art. 81 Abs. 3 SchKG) auch Einwendungen aus der Urkunde vorbringen kann (vgl. etwa Art. 351 Abs. 1 ZPO für die schweizerische vollstreckbare öffentliche Urkunde). 337

c. Indirekte Zuständigkeit (Art. 25 lit. a und Art. 26 IPRG)

Die indirekte Zuständigkeit ist gemäss Art. 26 IPRG begründet, 338

- wenn eine Bestimmung des IPRG diese vorsieht oder der Beklagte seinen Wohnsitz im Urteilsstaat hatte (lit. a),
- wenn eine gültige Gerichtsstandsvereinbarung vorliegt (lit. b),
- wenn sich der Beklagte gültig eingelassen hat (lit. c) oder
- wenn im Falle einer Widerklage die Behörde, die die Entscheidung getroffen hat, für die Hauptklage zuständig war und zwischen der Haupt- und Widerklage ein sachlicher Zusammenhang besteht (lit. d).

Zur Begründung der **Zuständigkeit nach einer Bestimmung des IPRG** ist Folgendes zu beachten: Das IPRG sieht in jedem Kapitel oder Abschnitt neben den 339

---

365 BSK-IPRG Berti/Däppen, Art. 25 N 6 f.; BGE 135 III 127 (Sabena/Swissair).
366 BGE 122 III 344.
367 ZK-IPRG Volken, Art. 31 N 16.
368 Vgl. dazu hinten Rz 376 ff.
369 Gl. M. CoRo-LDIP/CL Bucher, Art. 25 N 11 ff.

Bestimmungen über die *direkte* Zuständigkeit und das anwendbare Recht auch Bestimmungen über die Anerkennung und Vollstreckung ausländischer Entscheidungen vor. Darin ist die zur Anerkennung vorausgesetzte **indirekte Zuständigkeit** enthalten (vgl. zu diesen Begriffen auch vorne Rz 13). Demnach wird bspw. ein ausländisches Scheidungsurteil in der Schweiz anerkannt, wenn das ausländische Gericht gemäss Art. 65 IPRG zuständig war (und nicht etwa gemäss Art. 59 f. IPRG). Die indirekten Zuständigkeiten sind nicht deckungsgleich bzw. spiegelbildlich zu den direkten Zuständigkeiten. Zwar kann ein schweizerisches Gericht eine Klage gegen eine Partei im Ausland am schweizerischen Erfüllungsort der charakteristischen Leistung beurteilen (vgl. Art. 113 IPRG), eine im Ausland am Erfüllungsort ergangene Entscheidung ist hingegen nach Art. 149 IPRG nicht anerkennungsfähig, wenn die beklagte Partei ihren Wohnsitz in der Schweiz hatte.

340 Wenn ein ausländisches staatliches Gericht ein Urteil über eine Streitsache gefällt hat, obwohl eine gültige Gerichtsstandsvereinbarung (Art. 5 IPRG) zugunsten eines anderen Gerichts oder eine Schiedsklausel (Art. 7 IPRG) vorlag, wird dieses Urteil in der Schweiz mangels indirekter Zuständigkeit gemäss Art. 25 lit. a IPRG nicht anerkannt.[370] Im Übrigen würde es aber den Rahmen dieses Buches sprengen, auf alle einzelnen Bestimmungen des IPRG über die indirekten Zuständigkeiten einzugehen.

d. Kein ordentliches Rechtsmittel oder endgültige Entscheidung (Art. 25 lit. b IPRG)

341 Eine Entscheidung wird ferner nur dann anerkannt, wenn dagegen entweder kein ordentliches Rechtsmittel mehr gegeben ist oder wenn es endgültig ist (Art. 25 lit. b IPRG).

342 Wenn **kein ordentliches Rechtsmittel**[371] mehr zulässig ist, ist ein Entscheid rechtskräftig. **Ob noch ein ordentliches Rechtsmittel gegeben ist** oder nicht, bestimmt sich nach dem *Recht des Erststaates* (zum Begriff des ordentlichen Rechtsmittels gemäss Art. 30 LugÜ vgl. hinten Rz 380).[372]

343 Wenn kein ordentliches Rechtsmittel mehr gegeben ist, ist die Entscheidung grundsätzlich auch **endgültig.** Entscheidungen über **vorsorgliche Massnahmen** sind nach schweizerischer Ansicht **nie endgültig.** Auch wenn also kein ordentliches Rechtsmittel gegen einen solchen Massnahmenentscheid mehr gegeben ist, kann ein solcher nach nicht unumstrittener Meinung nicht anerkannt und voll-

370 BGE 124 III 83.

371 Nur wenn einem Rechtsmittel Suspensivkraft zukommt, gilt es als ein ordentliches Rechtsmittel, vgl. Walter/Domej, 428 f.

372 BSK-IPRG Berti/Däppen, Art. 25 N 32.

streckt werden, weil er nicht endgültig ist.[373] Im eurointernationalen Verhältnis sind solche Entscheidungen – mit Ausnahme der superprovisorischen Massnahmen – hingegen vollstreckbar (vgl. dazu hinten Rz 371 ff.).

e. Keine Verweigerungsgründe (Art. 25 lit. c und Art. 27 IPRG)

344 Wenn eine im Ausland ergangene Entscheidung gegen den materiellen oder den formellen Ordre public verstösst, wird sie nicht anerkannt (Art. 27 IPRG). Während das Gericht einen offensichtlichen Verstoss gegen den materiellen Ordre public von Amtes wegen berücksichtigen muss (Art. 27 Abs. 1 IPRG), anerkennt es einen ausländischen Entscheid wegen eines Verstosses gegen den formellen Ordre public nur dann nicht, wenn eine Partei diesen nachweist (Art. 27 Abs. 2 IPRG).

345 In der Praxis kommt dem formellen Ordre public eine grössere Bedeutung zu als dem materiellen Ordre public. Dies nicht zuletzt weil das IPRG dem wichtigsten Teilaspekt des formellen Ordre public, der gehörigen Ladung des Beklagten, einen selbständigen Verweigerungsgrund widmet (Rz 348 ff.).

i. Offensichtliche Unvereinbarkeit mit dem materiellen Ordre public (Art. 27 Abs. 1 IPRG)

346 Grundsätzlich darf eine ausländische Entscheidung in der Sache selbst nicht nachgeprüft werden (Art. 27 Abs. 3 IPRG). Wenn dieser Entscheid aber **dem schweizerischen materiellen Ordre public offensichtlich widerspricht,** wird er in der Schweiz nicht anerkannt (Art. 27 Abs. 1 IPRG).

347 Eine offensichtliche Unvereinbarkeit kann nicht leicht angenommen werden. Erst wenn der Inhalt «in unverträglichem Widerspruch zur schweizerischen Rechtsauffassung steht»,[374] ist eine Anerkennung zu verweigern. Ausschlaggebend ist das Ergebnis, welches sich aus einer Anerkennung ergäbe, nicht etwa die Begründung des Entscheides oder dessen Entstehungsumstände (vgl. aber dazu Rz 348 ff.).[375] Verstösst z.B. eine Adoption ohne Zustimmung der leiblichen Eltern gegen den schweizerischen Ordre public, so wird die Adoption in der Schweiz nicht anerkannt.[376] Der Begriff des Ordre public ist stetigem Wandel unterzogen. So ist namentlich (noch) umstritten, ob eine im Ausland vorgenommene Adoption durch

373 Wie hier auch Walter/Domej, 421 f., 429 f. und BSK-IPRG Berti/Däppen. Art. 25 N 10 (diese Autoren verneinen bei Massnahmenentscheiden aber schon das Vorliegen einer Entscheidung i.S.v. Art. 25 IPRG); a.M. Spühler/Dolge/Gehri, 13. Kap. N 19; Schwander, Einführung, N 701.

374 BBl 1983 1328 f.

375 Walter/Domej, 431; Schwander, Einführung, N 712.

376 BGE 120 II 89; weitere Beispiele in Walter/Domej, 432 ff. und betreffend einseitige Verstossung der Ehefrau durch den Ehemann vgl. BGE 126 III 327.

gleichgeschlechtliche Adoptiveltern gegen den schweizerischen Ordre public verstösst oder nicht (vgl. Art. 78 IPRG).[377]

ii. Keine gehörige Ladung (Art. 27 Abs. 2 lit. a IPRG)

348 Ein Verstoss gegen den formellen Ordre public liegt unter anderem vor, wenn eine Partei nachweist, «dass sie **weder nach dem Recht an ihrem Wohnsitz noch nach demjenigen am gewöhnlichen Aufenthalt gehörig geladen wurde,** es sei denn, sie habe sich vorbehaltlos auf das Verfahren eingelassen» (Art. 27 Abs. 2 lit. a IPRG). Mit der «Ladung» bzw. dem verfahrenseinleitenden Schriftstück (so die Terminologie des LugÜ) wird dem Beklagten eröffnet, dass ein Verfahren gegen ihn eingeleitet wird, und diesem Gelegenheit gegeben, zu den Vorwürfen Stellung zu nehmen. Die gehörige Ladung ist somit eine Konkretisierung des Anspruchs des Beklagten auf rechtliches Gehör.

349 Eine «gehörige» Vorladung setzt voraus, dass überhaupt eine Ladung erfolgt ist, dass die richtige Form eingehalten und die Vorladung rechtzeitig vorgenommen wurde. Mit dem (strikt gehandhabten) Erfordernis formell korrekter Zustellung geht Art. 27 Abs. 2 lit. a IPRG über das Minimalerfordernis des rechtlichen Gehörs (und damit des formellen Ordre public) hinaus. Der Beklagte muss vom Prozess formell Kenntnis erhalten haben. Zufällige Kenntnis oder auf irgendeinem anderen Weg erhaltene Kenntnis genügen nicht,[378] selbst wenn der Beklagte aufgrund «informeller» Kenntnis oder trotz eines Formmangels die Ladung erhalten hat und an sich ausreichend Gelegenheit hätte, sich zu verteidigen (zur gegenteiligen Rechtslage unter dem revidierten LugÜ vgl. hinten Rz 386 ff.).

350 Für die Einhaltung der gehörigen Form sind die anwendbaren Vorschriften über die Rechtshilfe, konkret die einschlägigen Übereinkommen über grenzüberschreitende Zustellung gerichtlicher Schriftstücke zu beachten. Dazu gehört in erster Linie das Haager Übereinkommen über die Zustellung gerichtlicher und aussergerichtlicher Schriftstücke im Ausland in Zivil- und Handelssachen vom 12. November 1965 (HZUe65).[379] Wo dieses nicht zur Anwendung kommt, kommt häufig das Haager Übereinkommen betreffend Zivilprozessrecht vom 1. März 1954 (HUe54) zum Tragen, sei es zwischen Vertragsstaaten oder aufgrund der subsidiären Regel von Art. 11a IPRG (Näheres dazu hinten § 10).

351 Wenn sich der Beklagte auf das Verfahren eingelassen hat, kann die Einwendung der nicht gehörigen Ladung nicht mehr erhoben werden. Als **Einlassung** wird «jede anerkennende oder abwehrende Prozesshandlung» angesehen,[380] ausgenommen davon ist einzig die schlichte Rüge der nicht gehörigen Ladung (wel-

---

377 Kein Verstoss: Departement des Innern SG vom 5. Oktober 2009, GVP 2009 Nr. 101.

378 Zum Ganzen vgl. BSK-IPRG Berti/Däppen, Art. 27 N 10 f.

379 SR 0.274.131.

380 BGE 117 Ib 347 ff.; Walter/Domej, 438.

che, wie die ausbleibende Reaktion, keine Einlassung begründet). Nimmt der Beklagte Stellung, um die Zuständigkeit des ausländischen Gerichts zu rügen (nicht aber die fehlerhafte Zustellung), so ist ihm im späteren Anerkennungsverfahren die Einrede von Art. 27 Abs. 2 lit. a IPRG verwehrt, da er sich im Sinne dieser Bestimmung – nicht aber im Sinne von Art. 26 lit. c IPRG[381] – auf das Verfahren eingelassen hat.

iii. *Verletzung wesentlicher Grundsätze des schweizerischen Verfahrensrechts (Art. 27 Abs. 2 lit. b IPRG)*

Als wesentlichster Verfahrensgrundsatz gilt die **Gewährung des rechtlichen Gehörs** (auch wörtlich in Art. 27 Abs. 2 lit. b IPRG aufgeführt). Dieser Grundsatz wird auch durch Art. 29 Abs. 2 BV und Art. 6 Abs. 1 EMRK gewährleistet. Wenn nun die einzelnen Auswirkungen dieses Grundsatzes in einem Verfahren nicht beachtet worden sind, wird eine ausländische Entscheidung nicht anerkannt.[382] Einen wichtigen Anwendungsfall des rechtlichen Gehörs (die gehörige Ladung an den Beklagten) bildet, wie bereits erwähnt, der selbständige Verweigerungsgrund von lit. a (vgl. vorne Rz 348 ff.). Bei lit. b geht es um das rechtliche Gehör *während* des Verfahrens, etwa, dass der Beklagte Gelegenheit erhält, Behauptungen und Beweise vorzubringen.[383] 352

iv. *Rechtshängigkeit oder res iudicata (Art. 27 Abs. 2 lit. c IPRG)*

Wenn ein Rechtsstreit zwischen denselben Parteien und über denselben Gegenstand (Klageidentität) zuerst in der Schweiz eingeleitet *(lis pendens)* oder in der Schweiz entschieden *(res iudicata)* oder wenn er in einem Drittstaat früher entschieden worden ist und dieser **Entscheid** in der Schweiz anerkannt werden kann (sog. positive Anerkennungsprognose), wird eine ausländische Entscheidung ebenfalls nicht anerkannt (Art. 27 Abs. 2 lit. c IPRG, vgl. auch Art. 59 Abs. 2 lit d und e ZPO). 353

2. Vollstreckbarerklärung

Sind die oben genannten Voraussetzungen für die Anerkennung einer ausländischen Entscheidung erfüllt, kann diese auf Begehren der interessierten Partei für vollstreckbar erklärt werden (Art. 28 IPRG). Wie bereits erwähnt, können nur Leistungsurteile für vollstreckbar erklärt werden (vgl. Rz 323). Erst die (inzidente oder selbständige, vgl. vorne Rz 329 f.) Vollstreckbarerklärung öffnet der aus dem 354

---

381 Vgl. dazu vorne Rz 338.

382 Zu den einzelnen Auswirkungen des rechtlichen Gehörs vgl. BGE 124 I 241, 242 und Spühler/Dolge/Gehri, 5. Kap. N 56 ff.

383 Walter/Domej, 439.

Urteil berechtigten Partei die Möglichkeit, die Zwangsvollstreckungsmittel des schweizerischen Rechts (SchKG, Art. 335 ff. ZPO) zu beanspruchen.

3. Verfahren

a. Anerkennung und Vollstreckung von Geldforderungen

355 Wenn ein ausländisches (IPRG-)Urteil[384], das auf eine Geldleistung lautet, in der Schweiz vollstreckt werden soll, hat sowohl die Vollstreckbarerklärung als auch die Vollstreckung selbst im Rahmen des Betreibungsverfahrens nach SchKG zu erfolgen. Ein selbständiger Exequaturentscheid wird – ausserhalb des Anwendungsbereichs des LugÜ – nur gewährt, wenn der Berechtigte ein besonderes rechtliches Interesse am schlichten Feststellungsentscheid nachweisen kann.[385]

356 Leitet der Gläubiger nun die Betreibung ein und erhebt der Schuldner nach Zustellung eines Zahlungsbefehls Rechtsvorschlag (Art. 74 SchKG), kann dieser im Rechtsöffnungsverfahren nur beseitigt werden, wenn das ausländische Urteil, welches den definitiven Rechtsöffnungstitel darstellt, mit einer Exequaturklausel, d.h. mit einer Vollstreckbarerklärung, versehen wird. Dies erfolgt inzident (vorfrageweise) im Rahmen der Rechtsöffnung, sofern die Voraussetzungen von Art. 25 ff. IPRG erfüllt sind (Art. 81 Abs. 3 SchKG). Wenn eine Exequaturklausel bereits vorliegt, kann die Rechtsöffnung nur aufgrund von begründeten Einreden gemäss Art. 81 Abs. 1 SchKG verweigert werden.

b. Anerkennung und Vollstreckung von anderen Entscheidungen

i. Zuständigkeit

357 Gemäss Art. 29 IPRG ist das Begehren um Anerkennung und Vollstreckung an die zuständige Behörde des Kantons zu richten, in dem die ausländische Entscheidung geltend gemacht wird. Die örtliche Zuständigkeit bestimmt sich nach dem kantonalen Recht (wo mehrere Gerichtskreise vorhanden sind). Allerdings spielt diese nur beim Ausnahmefall der selbständigen Anerkennung eine Rolle (vgl. vorne Rz 330). Die Zuständigkeit für die inzidente Anerkennung richtet sich nach der Zuständigkeit für die Hauptfrage (i.e. der Rechtsöffnung). Sachlich zuständig für die inzidente Vollstreckbarerklärung ist das für die Rechtsöffnung zuständige Gericht im summarischen Verfahren (im Kanton ZH das Einzelgericht, § 24 lit. c GOG (ZH), vgl. auch § 24 lit. e GOG (ZH) betreffend selbständige Exequaturentscheide, im Kt. Bern ebenfalls in beiden Fällen das Regionalgericht, Art. 10 EG ZSJ (BE)).

---

384 Für LugÜ-Urteile gilt – pro memoria – das unter Rz 365 ff. Ausgeführte.

385 Vgl. den bei Walter/Domej, 449 zitierten BGE 132 V 236 (Anerkennung als Voraussetzung für die freiwillige Auszahlung von Vorsorgegeldern durch die Pensionskasse).

ii. Form des Begehrens

Dem Begehren (zur Form allg. vgl. Art. 252 Abs. 2 ZPO) müssen gemäss Art. 29 Abs. 1 lit. a–c IPRG folgende Dokumente beigelegt werden: 358

- vollständige und beglaubigte Ausfertigung der Entscheidung (lit. a);
- Bestätigung, dass kein ordentliches Rechtsmittel mehr gegeben ist oder dass die Entscheidung endgültig ist (lit. b);
- im Falle eines Abwesenheitsurteils der Nachweis, dass die unterlegene Partei gehörig und rechtzeitig geladen worden ist (lit. c).

iii. Kontradiktorisches Verfahren

Gemäss Art. 29 Abs. 2 IPRG ist die Partei, die sich dem Begehren widersetzt, anzuhören. Es handelt sich sowohl beim Anerkennungs- wie auch beim Vollstreckungsverfahren um ein kontradiktorisches Verfahren.[386] Die übrigen Einzelheiten des Verfahrens bestimmen sich nach den Bestimmungen der ZPO über das summarische Verfahren (Art. 252 ff. ZPO). Demnach ist der Beweis primär durch Urkunden zu erbringen (Art. 254 ZPO). 359

iv. Rechtskraftwirkung

Im Normalfall der inzidenten Anerkennung im Rahmen einer definitiven Rechtsöffnung (Art. 81 Abs. 3 SchKG, vgl. vorne Rz 329) erwächst die Anerkennung und Vollstreckbarerklärung nicht in Rechtskraft, das Urteilsdispositiv ist auf die Erteilung der Rechtsöffnung beschränkt, deren Wirkung rein betreibungsrechtlich ist. Wird die Anerkennung, allenfalls auch die Vollstreckbarerklärung, aber ausnahmsweise (vgl. vorne Rz 330) in einem selbständigen Verfahren verlangt und erteilt, so erwächst dieser Entscheid in materielle Rechtskraft und ist somit auch in anderen Verfahren oder durch die Registerbehörden zu beachten, ohne dass die Anerkennung erneut infrage gestellt werden könnte.[387] 360

c. Rechtsmittel

Gegen den selbständigen Anerkennungs- und Vollstreckbarerklärungsentscheid (des Vollstreckungsgerichts nach Art. 335 ff. ZPO) in Anwendung des IPRG ist die Beschwerde nach Art. 319 ff. ZPO gegeben (vgl. den Ausschluss der Beschwerde nach Art. 309 lit a ZPO). Erfolgt die Anerkennung und Vollstreckbarerklärung inzident im Rahmen einer Rechtsöffnung, so ist gegen den Rechtsöffnungsentscheid ebenfalls (einzig) die Beschwerde gegeben (Art. 319 i.V.m. Art. 309 lit. b Ziff. 3 ZPO sowie Art. 81 Abs. 3 SchKG). 361

---

386 BSK-IPRG Berti/Däppen, Art. 29 N 20.
387 Walter/Domej, 452 ff.; ZR 96 (1997) Nr. 110, 229 ff.

362 Für den Weiterzug vor Bundesgericht gilt das in Rz 73 Ausgeführte analog.

4. Sicherung der Vollstreckung mittels Arrest

363 Das unter Umständen langwierige Anerkennungs- und Vollstreckungsverfahren birgt das Risiko in sich, dass der Schuldner seine Vermögenswerte beiseite schafft und am Ende kein Vollstreckungssubstrat mehr in der Schweiz belegen ist. Um dies zu verhindern, hat der Gläubiger, der über ein (anerkennbares) ausländisches Urteil verfügt, die Möglichkeit, die (ihm bekannten) Vermögenswerte des Schuldners mit Arrestbeschlag zu belegen. Er kann hierfür seit 1.1.2011 in einem einseitigen (und somit für den Schuldner überraschenden) Verfahren beim örtlich zuständigen Vollstreckungs- bzw. Arrestgericht[388] (Art. 272 SchKG) ein auf Art. 271 Abs. 1 Ziff. 6 SchKG[389] gestütztes **Arrestgesuch** stellen. Er hat im Gesuch glaubhaft zu machen, dass der (inzident anzuerkennende) ausländische Entscheid vollstreckbar ist, d.h. keine Einwendungen gegen dessen Anerkennung bestehen.[390]

364 Wird der Arrest erteilt, hat er diesen mittels Betreibung und anschliessender (definitiver) Rechtsöffnung (Art. 81 SchKG)[391] innert zehn Tagen zu prosequieren (Art. 279 SchKG). Gegen Arrestentscheid ist die Einsprache nach Art. 278 SchKG zulässig, gegen den Einspracheentscheid ist wiederum die Beschwerde nach Art. 319 ff. ZPO (i.V.m. Art. 309 lit. b Ziff. 6 ZPO) gegeben.[392]

---

388 In aller Regel in Personalunion das für Summarangelegenheiten zuständige Gericht.

389 Ein Teil der Lehre stützt das IPRG-Arrestbegehren auf Art. 271 Abs. 1 Ziff. 4 SchKG (so etwa noch Rodriguez, AJP, 1557) oder das OG Zürich (Beschluss vom 31. Oktober 2011, PS 110177). Im Arrestbegehren muss aber keine spezifische Ziffer angegeben werden, was diese Streitfrage für den Praktiker entschärft *(curia novit iuris)*.

390 Anders hingegen bei einem Arrest nach Art. 271 Abs. 1 Ziff. 6 SchKG im Anwendungsbereich des LugÜ. Diesfalls hat der Gesuchsteller im Rahmen seines gleichzeitigen selbständigen Exequaturbegehrens einzig die Formalien von Art. 53 f. LugÜ nachzuweisen, vgl. dazu hinten Rz 415 f.

391 Hierbei können die Einwendungen nach Art. 81 Abs. 3 SchKG gegen die Vollstreckbarerklärung erneut eingebracht werden, da im Arrestverfahren nur inzident darüber entschieden wurde. Anders beim LugÜ, vgl. vorangehende Fn.

392 Zur diesbezüglich wesentlich komplexeren Rechtslage unter dem LugÜ vgl. Rz 418 f.

5. Voraussetzungen (Übersicht)

<table>
<tr><th colspan="3">Voraussetzungen für eine Anerkennung und Vollstreckung nach IPRG</th></tr>
<tr><td>Ausländische Entscheidung:</td><td colspan="2">– gerichtliche Vergleiche (Art. 30 IPRG)
– Entscheidungen oder Urkunden der freiwilligen Gerichtsbarkeit (Art. 31 IPRG)
– Vorsorgliche Massnahmen?</td></tr>
<tr><td>Indirekte Zuständigkeit
(Art. 25 lit. a IPRG)</td><td>Kein ordentliches Rechtsmittel / Endgültiger Entscheid
(Art. 25 lit. b IPRG)</td><td>Kein Verweigerungsgrund gemäss Art. 27 IPRG
(Art. 25 lit. c IPRG)</td></tr>
<tr><td>– Zuständigkeit gemäss besonderer Bestimmung gegeben (Art. 26 lit. a IPRG)
oder
– Beklagte hatte Wohnsitz im Urteilsstaat (Art. 26 lit. a IPRG).
– vermögensrechtliche Streitigkeit: gültige Vereinbarung (Art. 26 lit. b IPRG) oder vorbehaltlose Einlassung (Art. 26 lit. c IPRG)
– Widerklage: Zuständigkeit der Hauptklage gegeben und sachlicher Zusammenhang zwischen Haupt- und Widerklage (Art. 26 lit. d IPRG)</td><td>– Ordentliches Rechtsmittel hat zwei Merkmale:
1. Es muss den Eintritt der formellen Rechtskraft hemmen.
2. Es muss an eine Frist gebunden sein.
– endgültiger Entscheid: wenn das Recht keinerlei Rechtsbehelfe gegen die Entscheidung vorsieht und der Entscheid nicht vorläufigen Charakter hat (keine vorsorgliche Massnahme)</td><td>– Entscheidung nicht offensichtlich mit dem CH-Ordre-public unvereinbar
– gehörig vorgeladen oder Einlassung
– keine Verletzung wesentlicher Verfahrensgrundsätze, insb. rechtliches Gehör
– nicht zuerst in der CH eingeleitet oder in der CH entschieden
oder
– in einem Drittstaat früher entschieden und in der CH anerkennbar</td></tr>
</table>

III. Anerkennung und Vollstreckung gemäss LugÜ

1. Anerkennung

Gemäss Art. 33 LugÜ werden Entscheidungen aus einem LugÜ-Staat **grundsätzlich** in jedem anderen Vertragsstaat **anerkannt**, **«ohne dass es hierfür eines be-** 365

sonderen Verfahrens bedarf». Der wirkliche Inhalt dieser Aussage ergibt sich erst aus den Absätzen 2 und 3:

366 – Art. 33 Abs. 2 LugÜ gibt jeder berechtigten Partei aus einem LugÜ-Entscheid das Recht, in einem gesonderten Verfahren feststellen zu lassen, dass der Entscheid im betreffenden Staat anzuerkennen ist (ohne Nachweis eines rechtlichen Interesses). Dabei kommt das auf die Vollstreckbarerklärung anwendbare Verfahren (Art. 38 ff., vgl. nachfolgend Rz 368, 399 ff.) zum Tragen (obwohl es sich gerade nicht um eine solche handelt). Ein solcher **selbständiger Entscheid über die Anerkennung erwächst in Rechtskraft** und muss in anderen Verfahren berücksichtigt werden.

367 – Art. 33 Abs. 3 LugÜ verankert den Grundsatz, dass über eine Anerkennung stets auch vorfrageweise im Rahmen einer anderen Hauptfrage entschieden werden kann, was für die Schweiz auch unter Art. 29 IPRG gilt. Eine solche vorfrageweise Anerkennung hat aber nur für das gerade hängige Verfahren Geltung. Ein Gericht in einem späteren Verfahren ist – im Gegensatz zum selbständigen Anerkennungsentscheid – nicht an diese Entscheidung gebunden, weil ihr **keine Rechtskraft** zukommt.[393]

368 In der Praxis erfolgt die Anerkennung meist im Rahmen bzw. als Vorfrage der Vollstreckbarerklärung (Art. 38 ff. LugÜ). Für diese sieht das LugÜ ein eigenes, selbständiges Vollstreckbarerklärungsverfahren vor (Art. 39 ff., vgl. dazu hinten Rz 399 ff.). Da die Vollstreckbarerklärung stets eine Anerkennung voraussetzt, werden nachfolgend zunächst die Anerkennungsvoraussetzungen behandelt.

2. Voraussetzungen für die Anerkennung und Vollstreckung

a. Entscheidung

i. Allgemein

369 Gemäss Art. 32 LugÜ ist unter «**Entscheidung**» jede von einem Gericht eines Vertragsstaates erlassene Entscheidung zu verstehen, gleichgültig wie diese bezeichnet wird. Dabei erfasst der Begriff «Gericht» auch andere als gerichtliche Behörden, sofern das nationale Recht diese Behörden mit Entscheidungsbefugnissen, die die Rechtsbereiche des Übereinkommens betreffen, ausstattet.

370 Nach (umstrittener) Ansicht des Bundesgerichts stellt der Entscheid über die provisorische Rechtsöffnung als primär betreibungsrechtliche Klage keine dem LugÜ unterstehende «Entscheidung» im Lichte von Art. 32 (BGer v. 7. Oktober 2010, 5A_36/2010) dar. Erst recht kann demnach auch nicht die Ausstellung eines Zah-

393 Walter/Domej, 473 f.

lungsbefehls den Zuständigkeiten des LugÜ unterstehen,[394] wohl aber die materiell-rechtlichen Klagen des SchKG.[395]

ii. Vorsorgliche Massnahmen

Wie das IPRG erwähnt auch das LugÜ und insb. Art. 32 LugÜ **Massnahmenentscheide** (z.B. solche gemäss Art. 31 LugÜ) nicht ausdrücklich. Im Gegensatz zum IPRG werden aber unter dem LugÜ Massnahmenentscheide anerkannt und vollstreckt, sofern die allgemein geltenden Anerkennungsvoraussetzungen erfüllt sind. Das sind im Wesentlichen die gehörige Zustellung des einleitenden Schriftstückes (Art. 34 Ziff. 2, Art. 46 Abs. 2 LugÜ) und die Zustellung des Entscheides (Art. 47 Abs. 1 LugÜ, vgl. dazu ausführlich hinten Rz 386 ff.). Weil es allerdings bei **superprovisorischen** Massnahmen an der ersten Voraussetzung fehlt, ist eine Vollstreckung solcher Massnahmen (zumindest bevor der Beklagte Gelegenheit zur Stellungnahme erhielt) in einem anderen Vertragsstaat nicht möglich.[396] 371

Die Vollstreckbarkeit vorsorglicher Massnahmen, die nicht nur der Regelung oder Sicherung dienen, sondern auch **Verpflichtungen zu Leistungen** (Geld- oder Sachleistungen) **zum Gegenstand haben,** ist umstritten. Vorsorgliche Massnahmen auf Geldleistung werden unter dem LugÜ nur dann als solche für vollstreckbar erklärt, wenn die Rückzahlung bei einem negativen Prozessausgang für den Antragsteller gesichert ist (z.B. durch Hinterlegung von sicheren Wertschriften, Leistung von Versicherungsgarantien, Verpfändungen usw.).[397] Vor diesem Hintergrund dürfte etwa die grenzüberschreitende Vollstreckbarkeit vorsorglicher Unterhaltszahlungen nach Art. 173 ZGB auf Schwierigkeiten stossen. Illustrativ zur Vollstreckbarkeit englischer «Mareva Injunctions» BGE 129 III 626. 372

Von den hier besprochenen vorsorglichen Massnahmen abzugrenzen sind die Massnahmen zur Sicherung der Vollstreckung nach Art. 47 LugÜ, vgl. dazu Rz 415 ff. 373

iii. Andere Zwischenentscheidungen

Auch wenn **andere Zwischenentscheidungen über den Verfahrensfortgang** wie z.B. über eine Beweisaufnahme theoretisch auch unter den Begriff «Entscheidung» i.S.v. Art. 32 LugÜ fallen könnten, sind solche Entscheidungen nach dem Sinn und Zweck von Art. 32 LugÜ nicht gemeint.[398] **Zwischenentscheidungen,** 374

394 Kren Kostkiewicz/Rodriguez, Rz 47 ff.; a.M. Markus, 49 ff.

395 Vgl. dazu statt vieler die Übersicht bei Spühler, SchKG I, 214 ff.

396 Vgl. zum Ganzen Spühler/Dolge/Gehri, 13. Kap. N 19 und Kropholler/von Hein, Art. 34 EuGVO N 25.

397 Spühler/Dolge/Gehri, 11. Kap. N 285; EuGH v. 17. November 1998, Van Uden Maritime/Kommanditgesellschaft in Firma Deco-Line u.a., Rs. C-391/95, Slg. 1998 I-7091, 7137 ff.

398 Kropholler/von Hein, Art. 32 EuGVO N 24.

die einen verbindlichen Anspruch über eine Rechtsfolge betreffen (also Teilentscheide), sind hingegen vollstreckbar. Wenn z.B. ein Schadenersatzanspruch vom Grundsatz her bejaht wird, und diese Frage in einem anderen Prozess im Ausland für die Beurteilung des Falles wichtig ist, so kann diese Entscheidung über die grundsätzliche Schadenersatzpflicht anerkannt werden.[399] Naturgemäss nicht grenzüberschreitend vollstreckbar sind hingegen prozessleitende Zwischenverfügungen.

iv. Gerichtliche Vergleiche

375 Gemäss Art. 58 LugÜ können **Vergleiche,** die vor einem Richter geschlossen wurden und im Staat, in dem sie abgeschlossen wurden, vollstreckbar sind, im Vollstreckungsstaat unter denselben Bedingungen wie öffentliche Urkunden (und somit im Ergebnis wie Urteile, vgl. hinten Rz 376) vollstreckt werden.

v. Vollstreckbare öffentliche Urkunden

376 Die Parteien können eine privatrechtliche Leistungsverpflichtung in einer **öffentlichen Urkunde** in der Weise festhalten, dass sich die verpflichtete Partei einer sofortigen **Zwangsvollstreckung** unterwirft.[400] Vorausgesetzt ist stets die Mitwirkung einer Behörde (etwa eines Notariats), welche den Inhalt der Verpflichtung sowie deren Vollstreckbarkeit bescheinigt.[401] Eine derart ausgestaltete, in einem LugÜ-Vertragsstaat ausgestellte Urkunde ist kraft Anweisung von Art. 57 LugÜ wie ein gerichtlicher Entscheid in jedem anderen Vertragsstaat für vollstreckbar zu erklären.

377 Geht es um die Vollstreckung einer Geldleistung und entscheidet sich der Gläubiger für das inzidente Exequaturverfahren (vgl. vorne Rz 329), so bildet die vollstreckbare öffentliche Urkunde einen **definitiven Rechtsöffnungstitel,** in gleicher Weise wie die vollstreckbare öffentliche Urkunde des schweizerischen Rechts (Art. 80 Abs. 2 Ziff. 1bis SchKG, Art. 347 ff. ZPO).

378 Das Vollstreckungsverfahren bezüglich öffentlicher Urkunden weicht allerdings insofern von der Vollstreckung eines gerichtlichen Entscheides ab, als der Schuldner (bei Geldschulden) sowohl Einreden von Art. 81 Abs. 1 SchKG und Art. 81 Abs. 3 SchKG (letztlich nur der Ordre public) als auch **materiellrechtliche Einwendungen** vorbringen kann, sei es im Rahmen der Rechtsöffnung (Art. 81 Abs. 2 SchKG) oder des selbständigen Exequaturverfahrens.

---

399 Vgl. zum Ganzen Walter/Domej, 468 ff.
400 LugÜ-Kommentar Accocella, Art. 57 N 1.
401 Bericht zum Lugano-Übereinkommen vom 16. September 1988 (Jenard/Möller-Bericht), Abl. C 189 vom 28. Juli 1990, Rz 72.

b. Rechtskraft

Im Gegensatz zum IPRG müssen die Entscheidungen **grundsätzlich nicht rechtskräftig** sein, um vollstreckt werden zu können, jedoch (zumindest vorläufig) **vollstreckbar** (Art. 38 Abs. 1 LugÜ; im schweizerischen Recht geht mit der (formellen)[402] Rechtskraft in aller Regel, jedoch nicht zwingend, die Vollstreckbarkeit einher, vgl. Art. 336 ZPO). Art. 37 LugÜ bietet betreffend die Anerkennung dem Beklagten insofern einen Schutz, als das anerkennende Gericht das Verfahren aussetzen kann, wenn gegen die Entscheidung im Ursprungsstaat ein ordentlicher Rechtsbehelf eingelegt worden ist, der Entscheid somit nach schweizerischem Rechtsverständnis noch nicht formell (und damit auch nicht materiell) rechtskräftig ist. Auch noch im Rechtsmittelverfahren gemäss Art. 43 ff. LugÜ (Näheres dazu hinten Rz 406 ff.) kann das Gericht das Verfahren aussetzen, «wenn gegen die Entscheidung im Ursprungsstaat ein ordentlicher Rechtsbehelf eingelegt oder die Frist für einen solchen Rechtsbehelf noch nicht verstrichen ist» (Art. 46 LugÜ). 379

Der **Begriff «ordentlicher Rechtsbehelf»** des LugÜ ist gemäss *EuGH vertragsautonom* auszulegen, und darunter fällt «jeder Rechtsbehelf», der «zur Aufhebung oder Abänderung der dem Anerkennungs- oder Klauselerteilungsverfahren nach dem Übereinkommen zugrunde liegenden Entscheidung führen kann und für dessen Einlegung im Urteilsstaat eine gesetzliche Frist bestimmt ist, die durch die Entscheidung selbst in Lauf gesetzt wird».[403] Der autonome Begriff ist somit insofern weiter als der schweizerische Begriff des «ordentlichen» Rechtsmittels, als er nicht zwingend eine aufschiebende Wirkung des Rechtsbehelfs verlangt. 380

c. Grundsätzlich keine Überprüfung der Zuständigkeit

Im Gegensatz zum IPRG wird die (indirekte) **Zuständigkeit** des Gerichts, welches die zu anerkennende Entscheidung gefällt hat, **grundsätzlich nicht geprüft** (Art. 28 Abs. 4 LugÜ). Aus diesem Grund sollte der Beklagte gegen ein Säumnisurteil eines unzuständigen Gerichts unbedingt ein Rechtsmittel ergreifen, weil die Zuständigkeit im Stadium der Vollstreckung eben meistens nicht mehr überprüft werden kann. 381

Ausnahmsweise wird die Zuständigkeit gemäss Art. 35 Abs. 1 und 2 LugÜ in folgenden Fällen trotzdem überprüft: 382

---

402 Nach schweizerischem Verständnis tritt die formelle Rechtskraft ein, wenn gegen den Entscheid kein fristgebundenes Rechtsmittel mit aufschiebender Wirkung mehr ergriffen werden kann. Die formelle Rechtskraft löst dann zugleich die materielle Rechtskraft aus, die sich in der *res iudicata*-Wirkung (vgl. Art. 59 Abs. 2 lit. e ZPO) äussert.

403 EuGH v. 22. November 1977, Industrial Diamond Supplies/Riva, Rs. 43/77, Slg. 1977 2175, 2188 f.

- Entscheidung in einer Versicherungssache gemäss Art. 8 ff. LugÜ (3. Abschnitt des Titels II; vgl. dazu vorne Rz 241);
- Entscheidung in einer Verbrauchersache gemäss Art. 15 ff. LugÜ (4. Abschnitt des Titels II; vgl. dazu vorne Rz 245 ff.);
- ausschliessliche (bzw. zwingende) Zuständigkeiten nach Art. 22 LugÜ (5. Abschnitt des Titels II; vgl. dazu vorne Rz 255 ff.);
- Übergangsfälle gemäss Art. 63 LugÜ (Klage unter dem aLugÜ erhoben);
- Fälle gemäss Art. 64 Abs. 3, Art. 67 Abs. 4 LugÜ und Art. 68 LugÜ (Zusammenspiel mit Übereinkommen oder Verordnungen über besondere Rechtsgebiete).

383 Gemäss Art. 35 Abs. 2 LugÜ ist das Gericht **bei der Prüfung,** ob eine der vorne aufgeführten Zuständigkeiten gegeben ist, **an die tatsächlichen Feststellungen gebunden,** aufgrund derer das Gericht des Ursprungsstaates seine Zuständigkeit angenommen hat. Damit soll verhindert werden, dass der Richter neue Behauptungen überprüfen müsste und das Verfahren somit verschleppt werden könnte. Der Richter ist dabei aber nicht an die rechtliche Würdigung des Erstgerichts gebunden.[404]

d. Verweigerungsgründe gemäss Art. 34 LugÜ

384 Eine in einem Vertragsstaat ergangene Entscheidung darf in einem anderen Vertragsstaat einzig bei Vorliegen eines der in Art. 34 LugÜ aufgeführten Gründe (soweit diese von der beklagten Partei gerügt werden, vgl. hinten Rz 402 f.) verweigert werden.

i. Unvereinbarkeit mit dem Ordre public (Art. 34 Nr. 1 LugÜ)

385 Wie in allgemeinen internationalen Verhältnissen gemäss Art. 27 Abs. 3 IPRG (vgl. dazu auch vorne Rz 346) dürfen ausländische Entscheidungen, die anerkannt werden sollen, auch unter dem LugÜ **keinesfalls in der Sache selbst überprüft** werden. Wenn diese Entscheidung aber der **öffentlichen Ordnung des Anerkennungsstaates «offensichtlich» widersprechen würde,** darf gemäss Art. 34 Nr. 1 LugÜ die Anerkennung verweigert werden. Darunter ist – wie beim Art. 27 IPRG – sowohl der materielle wie auch der formelle *Ordre public* zu verstehen. Weil es zwischen dem Art. 27 IPRG und Art. 34 Nr. 1 LugÜ inhaltlich kaum Unterschiede gibt, kann auf die obigen Ausführungen verwiesen werden (vgl. dazu vorne Rz 346 ff.).[405] Was den formellen Ordre public betrifft, so fallen Verstösse gegen das rechtliche Gehör nicht unter Nr. 1 des Art. 34 LugÜ, sondern unter Nr. 2

404 Zum Ganzen vgl. Kropholler/von Hein, Art. 35 EuGVO N 21 ff.
405 Vgl. dazu auch Walter/Domej, 489 ff.

(vgl. hinten Rz 386 ff.). Wichtige Unterschiede zum IPRG bestehen jedoch im sehr praxisrelevanten Verweigerungsgrund der nicht «gehörigen Ladung» (IPRG) bzw. der nicht «Zustellung des verfahrenseinleitenden Schriftstücks» (aLugÜ).

ii. Keine Einlassung und keine rechtzeitige Zustellung (Art. 34 Nr. 2 LugÜ)

Seit dem 1. Januar 2011 lautet im Verhältnis zur Schweiz der Anerkennungsvorbehalt von Art. 34 Nr. 2 (Art. 27 Nr. 2 aLugÜ) wie folgt: 386

«[Eine Entscheidung wird nicht anerkannt, wenn] dem Beklagten, der sich auf das Verfahren **nicht eingelassen** hat, das **verfahrenseinleitende Schriftstück** oder ein gleichwertiges Schriftstück **nicht so rechtzeitig und in einer Weise zugestellt** worden ist, dass er sich verteidigen konnte.»

Diese Bestimmung hat im revidierten LugÜ gegenüber dem aLugÜ (und inhaltlich nun auch gegenüber dem IPRG) eine wichtige Änderung erfahren: So ist das formale Erfordernis der «ordnungsgemässen» Zustellung gestrichen worden und durch einen rein funktionalen Ansatz ersetzt worden (Zustellung in einer Weise, welche eine Verteidigung ermöglicht).[406] Hintergrund dieser Änderung ist das Bestreben, die missbräuchliche Anrufung dieses Verweigerungsgrundes wegen Formfehlern, die das rechtliche Gehör nicht beeinträchtigen, zu unterbinden. Die formell mangelhafte Zustellung vermag unter dem LugÜ nunmehr nur noch eine Verweigerung der Anerkennung zu rechtfertigen, wenn der Mangel effektiv die Verteidigungsrechte des Beklagten massgeblich beeinträchtigt hat. Die dürfte der Fall sein, wenn einer der Verfahrenssprache unkundigen natürlichen Person eine fremdsprachige Klage ohne Übersetzung zugestellt wird. Hingegen wird sich etwa ein multinational tätiges Grossunternehmen nicht auf den Verweigerungsgrund berufen, weil ihr eine englischsprachige Klage ohne deutsche Übersetzung zugestellt worden ist.[407] Auch die Missachtung des gebotenen Rechtshilfeweges (vgl. hinten Rz 433 ff.) wird nicht mehr in jedem Falle einen Verweigerungsgrund begründen, sofern eben gleichwohl eine Zustellung in einer Weise erfolgt, welche die Beklagtenrechte wahrt. 387

Anders als im Verhältnis zwischen den übrigen LugÜ-Staaten besteht im Verhältnis zur Schweiz aufgrund eines schweizerischen Vorbehalts *keine* Obliegenheit des Beklagten, sich im Ausgangsverfahren gegen eine im Sinne der neuen Bestimmung mangelhafte Zustellung zu wehren, um die Einrede nicht verwirken zu lassen. Der diesbezügliche letzte Teilsatz von Art. 34 Nr. 2 LugÜ ist im Verhältnis zur Schweiz nicht anwendbar. 388

406 Ausführlich zum Ganzen Rodriguez, Zustellung.
407 Rodriguez, Zustellung, 26.

389 Die Lockerung des Verweigerungsgrundes der mangelhaften Zustellung ändert nichts daran, dass der Beklagte nach dem anwendbaren Verfahrensrecht (und den einschlägigen Übereinkommen) weiterhin Anspruch auf eine *ordnungsgemässe* Zustellung hat. Diesen Mangel hat er allerdings – soweit er ihm nicht faktisch die Verteidigung verunmöglicht – im Rahmen des Ausgangsprozesses geltend zu machen. Eine nachträgliche Anerkennungsverweigerung vermag ein solcher Mangel aber, wie andere nicht schwerwiegende Verfahrensmängel, nicht zu begründen.

390 Wie bei Art. 27 Abs. 2 lit. a IPRG steht die Einrede der mangelhaften Zustellung einzig dem Beklagten offen, der sich *nicht* auf das Verfahren eingelassen hat. Wie auch bei Art. 27 Abs. 2 lit. a IPRG wird unter **Einlassung** i.S.v. Art. 34 Nr. 2 LugÜ jedes Verhalten verstanden, aus welchem hervorgeht, dass der Beklagte vom Verfahren Kenntnis erhalten hat und sich zur Sache (oder zu formellen Fragen, welche nicht die Zustellung betreffen, etwa zur Zuständigkeit) geäussert hat (vgl. auch vorne Rz 348 ff.). Wenn er aber lediglich rügt, die Zustellung sei nicht ordnungsgemäss oder nicht rechtzeitig erfolgt, stellt dies keine Einlassung dar.[408] Das Ausbleiben jeder Reaktion stellt ebenfalls keine Einlassung dar.

391 Die Frage, ob die erfolgte Zustellung den Anforderungen von Art. 34 Nr. 2 entspricht, ist wohl nunmehr anhand einer vertragsautonomen Auslegung der Kriterien der «Zustellung», der «Rechtzeitigkeit» und der «Möglichkeit, sich zu verteidigen» unter Einbezug aller Umstände des Einzelfalls zu beurteilen.[409] Die Missachtung der anwendbaren Vorschriften über die Zustellung[410] dürfte zumindest ein schwergewichtiges Indiz dafür darstellen, dass die Zustellung auch im Lichte der Kriterien von Art. 34 Nr. 2 mangelhaft war.[411]

iii. Kollision mit einer unvereinbaren Inlandsentscheidung (Art. 34 Nr. 3 LugÜ)

392 Wenn eine **Entscheidung eines Vertragsstaates** mit einer Entscheidung **unvereinbar** ist, die zwischen denselben Parteien in dem Staat, in dem die Anerkennung geltend gemacht wird, ergangen ist (also **mit einer inländischen Entscheidung**), wird sie nicht anerkannt (Art. 34 Nr. 3 LugÜ). Wie bei Art. 27 Abs. 2 lit. c IPRG (vgl. vorne Rz 353) hat eine inländische Entscheidung somit Vorrang, auch wenn sie *nach* dem ausländischen Urteil ergangen ist. Der Grundsatz der Priorität wird hier durchbrochen. **Unvereinbar** sind Entscheidungen, «wenn sie Rechtsfolgen haben, die sich gegenseitig ausschliessen».[412] Es muss sich zwar um dieselben Parteien handeln, doch nicht unbedingt um denselben Streitgegenstand.

---

408 Kropholler/von Hein, Art. 34 EuGVO N 27.

409 Gl. M. LugÜ-Kommentar Domej/Oberhammer, Art. 34 N 36 ff.

410 Vgl. dazu hinten Rz 433 ff. Die Zustellung selbst im Empfangsstaat erfolgt im Normalfall in Anwendung der *lex fori,* d.h. des Prozessrechts des Empfangsstaates.

411 Rodriguez, Zustellung, 20.

412 EuGH v. 4. Februar 1988, Hoffmann/Krieg, Rs. 145/86, Slg. 1988 I-645.

Praktisch kommt ein solcher Fall sehr selten vor, weil wegen Art. 27 ff. LugÜ keine unvereinbaren Entscheidungen ergehen sollten.[413] 393

iv. Kollision mit einer früheren Entscheidung aus einem Nichtvertragsstaat (Art. 34 Nr. 4 LugÜ)

Art. 34 Nr. 4 LugÜ regelt die **Kollision einer Entscheidung aus einem Nichtvertragsstaat mit einer inländischen Entscheidung,** wobei die Entscheidung aus einem Nichtvertragsstaat früher ergangen ist. Im Gegensatz zum Fall, der in Nr. 3 (vgl. vorne Rz 392 f.) geregelt ist, gilt hier das sog. *Prioritätsprinzip.* Dies jedoch nur, wenn die frühere Entscheidung aus einem Nichtvertragsstaat anerkannt werden kann.[414] Die zeitliche Priorität bestimmt sich dabei nach dem Zeitpunkt des Erlasses des Entscheides und nicht nach dem Zeitpunkt der Einleitung des Verfahrens.[415] 394

Nicht geregelt wird der Fall, dass zwei **Entscheidungen aus zwei Vertragsstaaten** miteinander kollidieren und die eine Entscheidung in der Schweiz anerkannt werden soll. Auch hier sollte die früher ergangene Entscheidung Priorität haben. 395

3. Verfahren

a. Allgemeines

Das LugÜ unterscheidet nicht zwischen Ansprüchen auf Geldzahlung und anderen Ansprüchen. Entsprechend sieht es für die Vollstreckbarerklärung einheitliche Voraussetzungen und ein einheitliches Verfahren vor, das unabhängig davon anzuwenden ist, ob Urteile oder öffentliche Urkunden auf Geldzahlung oder auf andere Leistungen zu vollstrecken sind. Die schweizerische Zwangsvollstreckung ist demgegenüber bekanntlich von der Trennung in Geld- und andere Leistungen geprägt. 396

Mit dem Inkrafttreten des revidierten LugÜ am 1. Januar 2011 hat die Schweiz auch Anpassungen im autonomen Recht vorgenommen, um ein Vollstreckbarerklärungsverfahren zu schaffen, welches den Anforderungen des Übereinkommens entspricht (Einseitigkeit, Anspruch auf selbständigen Exequaturentscheid, Rechtsmittel). Dieses Verfahren wird im nachfolgenden Abschnitt vorgestellt. Dabei ist aber zu beachten, dass die Vorzüge des neuen Exequaturverfahrens primär zum Tragen kommen, wenn sie gleichzeitig mit einem Sicherungsmittel, in der Schweiz primär dem Arrest nach Art. 271 Abs. 1 Ziff. 6 SchKG, ausgesprochen werden. Der kombinierte «LugÜ-Exequaturarrest» ist Gegenstand der Rz 415 ff. 397

---

413 Zum Ganzen vgl. KROPHOLLER/VON HEIN, Art. 34 EuGVO N 47 ff.

414 Vgl. dazu WALTER/DOMEJ, 501 f.

415 KROPHOLLER/VON HEIN, Art. 34 EuGVO N 57.

398 Mit der Schaffung eines «LugÜ-konformen» Exequaturverfahrens wollte der Gesetzgeber die Vorzüge des inzidenten Exequaturs im Rahmen der SchKG-Rechtsöffnung jedoch nicht aus der Hand geben. Diese Möglichkeit soll dem Gläubiger als Alternative zum LugÜ-Exequatur weiter offenbleiben und dürfte in zahlreichen Fällen weiterhin zum Tragen kommen. Sie wird unter Rz 410 ff. besprochen.

b. Selbständiges «LugÜ-Exequatur»

i. Zuständigkeit

399 Gemäss Art. 38 LugÜ wird eine in einem Vertragsstaat ergangene Entscheidung, die in diesem Staat vollstreckbar ist, in einem anderen Vertragsstaat vollstreckt, wenn sie dort auf **Antrag** eines Berechtigten für vollstreckbar erklärt worden ist. Der Antrag ist in der Schweiz **sachlich** grundsätzlich beim kantonal zuständigen Vollstreckungsgericht (Art. 338 f. ZPO) einzureichen, zumindest soweit ein selbständiges Exequatur verlangt wird (zum inzidenten LugÜ-Exequatur vgl. hinten Rz 410 ff.) und sofern das Exequatur nicht mit dem Sicherungsmittel des Arrests (vgl. dazu hinten Rz 415) verknüpft wird. Im Ergebnis ist der Antrag ohnehin stets an das nach kantonalem Organisationsrecht für Summarsachen[416] zuständige Gericht zu richten.

400 Die **örtliche Zuständigkeit** wird in Abs. 2 dieses Artikels bestimmt; danach ist (neu) *alternativ* das Gericht am *Wohnsitz* des Schuldners oder am Ort, *in dessen Bezirk die Zwangsvollstreckung durchgeführt werden soll,* zuständig (Art. 39 Abs. 2 Halbsatz 1 LugÜ, letztere noch subsidiär Art. 32 Abs. 2 aLugÜ).

ii. Antrag und Antragsverfahren

401 Wie der **Antrag** einzureichen ist und in welcher Form die Entscheidung darüber zu ergehen hat, bestimmt sich nach dem Recht des Vollstreckungsstaates (Art. 40 und Art. 42 LugÜ, vgl. Art. 252 ZPO). Der Antragsteller muss im Bezirk des angerufenen Gerichts ein Wahldomizil begründen. Wenn das im Recht des Vollstreckungsstaates nicht vorgesehen ist, hat der Antragsteller einen Zustellungsbevollmächtigten zu ernennen (Art. 40 Abs. 2 LugÜ). Ein mit der Sache beauftragter Schweizer Anwalt genügt als Zustellungsbevollmächtigter.[417] Darüber hinaus kann sich der Antrag auf die in Art. 53 Nr. 1 und Art. 54 LugÜ genannten Beilagen beschränken.

402 Der Entscheid über die beantragte Vollstreckung wird unverzüglich gefällt, ohne dass der Schuldner Gelegenheit erhält, eine Erklärung dazu abgeben zu können

416 Denn auch die Rechtsöffnung und der Arrestentscheid sind im summarischen Verfahren zu treffen, Art. 251, 339 Abs. 2 ZPO.

417 ZR 90 (1991) Nr. 35, 112.

(Art. 41 LugÜ). Es handelt sich somit – im Gegensatz zum allgemein internationalen Verhältnis gemäss Art. 29 Abs. 2 IPRG (vgl. auch vorne Rz 359) – um ein **einseitiges Antragsverfahren.** Dabei darf das Gericht keinesfalls die Entscheidung in der Sache selbst nachprüfen (vgl. auch Art. 36 LugÜ). Seine Prüfungsbefugnis ist auf die Anwendbarkeit des LugÜ und auf das Vorliegen der Beilagen nach Art. 53 und 54 LugÜ beschränkt. Es ist ihm namentlich – in diesem Verfahrensstadium – nicht erlaubt, den Antrag von Amtes wegen auf Verweigerungsgründe nach Art. 34 LugÜ zu prüfen (anders noch das aLugÜ).

Wenn dem Antragsteller im Ursprungsstaat ganz oder teilweise *Prozesskostenhilfe* 403 *oder Kosten- und Gebührenbefreiung* gewährt worden ist, so muss ihm im Vollstreckungsverfahren gemäss Art. 50 Abs. 1 LugÜ die günstigste Behandlung gewährt werden, welche das Recht des Vollstreckungsstaates vorsieht. Zudem dürfen die Gerichtsgebühren nicht nach dem Streitwert bemessen werden (Art. 52 LugÜ).

Das rechtskräftige Exequatur hat für sich noch keine Vollstreckung in Gang ge- 404 setzt. Hierfür muss der Gläubiger – bei Geldschulden – das Betreibungsverfahren nach SchKG einleiten. Mit dem Exequaturentscheid verfügt er immerhin über einen definitiven Rechtsöffnungsentscheid, wobei die Anerkennungsvoraussetzungen nicht mehr hinterfragt werden dürfen (Art. 81 Abs. 3 *in fine* SchKG).

iii. Vorzulegende Urkunden

Dem Antrag muss der Gläubiger zum einen das **Original oder eine beglaubigte** 405 **Kopie** (Art. 53 Nr. 1 LugÜ) des zu vollstreckenden **Entscheids** beilegen. Nach einhelliger Lehrmeinung reicht eine Kopie nicht aus.[418] Weiter muss dem Antrag die in Anhang V zum LugÜ enthaltene, ausgefüllte **Bescheinigung** beigelegt werden (Art. 53 Nr. 2 i.V.m. Art. 54 LugÜ). Diese enthält Angaben zum Entscheid selbst sowie zu dessen Zustellung an den Beklagten. Wenn die Bescheinigung nicht vorgelegt wird, kann das Gericht eine Nachfrist zu ihrer Einreichung ansetzen, oder es kann sich mit einer gleichwertigen Urkunde begnügen, oder es kann die Partei sogar davon dispensieren, wenn es eine weitere Klärung nicht für erforderlich hält (Art. 55 Nr. 1 LugÜ). Im Falle von Abwesenheitsentscheidungen ist jedoch in jedem Fall ein Zustellungsnachweis zu erbringen.

iv. LugÜ-Beschwerde gegen den selbständigen Exequaturentscheid

Das LugÜ-Exequatur charakterisiert sich, wie oben dargestellt, dadurch, dass die 406 Verweigerungsgründe erst in zweiter Instanz materiell geprüft werden (Art. 41 LugÜ i.V.m. Art. 335 Abs. 3 ZPO). Dem Rechtsbehelf kommt daher im LugÜ-Kontext eine überragende Bedeutung zu.

418 Vgl. statt vieler LugÜ-Kommentar Killias, Art. 53 N 6 m.w.H.

407 Der nun vereinheitlichte Rechtsbehelf (Art. 43 LugÜ unterscheidet nicht mehr zwischen dem Rechtsbehelf des Vollstreckungsklägers und des Vollstreckungsbeklagten) ist am in Anhang III zum LugÜ aufgeführten Gericht einzulegen (Art. 43 Abs. 2 LugÜ). Für die Schweiz wird dort neu das «obere kantonale Gericht» bezeichnet, stellvertretend für die gemäss dem jeweiligen kantonalen Organisationsgesetz zuständigen Rechtsmittelinstanzen gegen Entscheidungen im summarischen Verfahren. Die ZPO sieht als Rechtsmittel gegen Entscheidungen des Vollstreckungsgerichts ausschliesslich die **Beschwerde** nach Art. 319 f. vor (Art. 309 Bst. a ZPO), allerdings in abgewandelter Form (sog. «LugÜ-Beschwerde»):[419]

- Zum einen sorgt Art. 327a ZPO dafür, dass die Beschwerde im Anwendungsbereich des LugÜ vollumfänglich den Vorgaben des LugÜ entspricht, indem namentlich die Beschränkung der Tatsachenüberprüfung auf offensichtliche Unrichtigkeit in Art. 320 Bst. b ZPO ausser Kraft gesetzt wird. Das Gericht hat zwar allein zu prüfen, ob einer der in den Artikeln 34 und 35 LugÜ aufgelisteten Gründe vorliegt. Der Schuldner muss aber im Rahmen des LugÜ-Rechtsbehelfs die Möglichkeit haben, die gegebenen Anerkennungsversagungsgründe einer Prüfung bei voller Kognition zu unterbreiten. Dazu gehören auch tatsächliche Einwände, etwa, dass das verfahrenseinleitende Schriftstück nicht rechtzeitig zugestellt worden sei (Art. 34 Nr. 2 LugÜ).
- Art. 47 Abs. 3 LugÜ verbietet während eines laufenden Rechtsbehelfsverfahrens Massnahmen, die in das Vermögen der Schuldnerin oder des Schuldners eingreifen (vgl. aber Art. 325 Abs. 1 ZPO). Art. 327a ZPO hemmt daher im Rahmen der LugÜ-Beschwerde – anders als die Grundregel von Art. 325 ZPO – die Vollstreckbarkeit des angefochtenen Exequaturentscheides. Davon ausgenommen sind selbstverständlich die mit dem Exequatur gewährten Sicherungsmittel, namentlich ein mit dem Exequatur verbundener Arrest nach Art. 271 Ziff. 6 SchKG (vgl. dazu hinten Rz 417).

408 Was die Fristen des Rechtsbehelfs betrifft, gilt Art. 43 Abs. 5 LugÜ (vgl. Art. 327a Abs. 3 ZPO). Somit beträgt die Frist der unterlegenen Schuldnerin oder des unterlegenen Schuldners einen Monat bzw. zwei Monate bei ausländischem Wohnsitz. Da sich das LugÜ zur Frist des unterlegenen Gläubigers ausschweigt, bestimmt sich diese nach Art. 321 Abs. 2 ZPO und beträgt somit lediglich 10 Tage.

409 Besondere Fragen stellen sich, wenn das selbständige LugÜ-Exequatur zusammen mit dem Sicherungsmittel des Arrests (Art. 271 Ziff. 6 SchKG) ausgesprochen wird (vgl. dazu hinten Rz 415).

419 Ausführlich DIKE ZPO-Kommentar Rodriguez, Art. 327a N 1 ff.

c. Inzidentes Exequatur in der Rechtsöffnung

i. Allgemein

Das im vorangehenden Abschnitt vorgestellte, spezifisch für LugÜ-Verfahren geschaffene selbständige Exequaturverfahren ändert grundsätzlich nichts an den Kompetenzen des Rechtsöffnungsgerichts und am SchKG-Vollstreckungsverfahren. Nach wie vor kann der LugÜ-Gläubiger die Vollstreckung mit einer Betreibung einleiten und im Rahmen der definitiven Rechtsöffnung vom Rechtsöffnungsgericht inzident (als Vorfrage für die Rechtsöffnung) die Anerkennung eines ausländischen Entscheides verlangen (Art. 81 Abs. 3 SchKG). Dies gilt selbstverständlich ausserhalb des Anwendungsbereichs des LugÜ, aber auch, wenn die zu vollstreckende Entscheidung nach dem LugÜ anerkenn- und vollstreckbar ist. In letzterem Fall hat der Gläubiger ein Wahlrecht, ob er das in dem vorangehenden Abschnitt beschriebene, selbständige und einseitige Exequaturverfahren wählen will, oder den «SchKG-ursprünglichen» Vollstreckungsweg der Betreibung mit inzidentem Exequatur im Rahmen der definitiven Rechtsöffnung bevorzugt. 410

Entscheidet er sich für den Betreibungs- und Rechtsöffnungsweg, so verzichtet der Gläubiger auf die Anwendung der Verfahrensbestimmungen des LugÜ. So entfällt namentlich der Überraschungseffekt, da der Gläubiger aufgrund des Zahlungsbefehls über die bevorstehende Vollstreckung informiert wird. Das Rechtsöffnungsverfahren ist zudem ein **zweiseitiges.** Die Einwendungen des LugÜ gegen die Vollstreckbarkeit kommen im Rahmen von Art. 81 Abs. 3 SchKG unbeschränkt zum Tragen und können im Rahmen des darin vorgesehenen zweiseitigen Verfahrens schon in diesem Verfahrensstadium geltend gemacht werden. 411

Trotz dem Verzicht auf gewisse prozessuale Vorzüge, die das LugÜ dem Gläubiger gewährt (Einseitigkeit), dürfte dieses Verfahren für Gläubiger, die weder ein Sicherungsmittel noch einen Überraschungseffekt beanspruchen wollen (oder können), eine prüfenswerte Option bleiben. Gegenüber dem selbständigen Exequatur mit anschliessender Rechtsöffnung «spart» der Gläubiger einen richterlichen Entscheid. Der Überraschungseffekt dürfte zudem in vielen Fällen Theorie bleiben; wer in einem Forderungsprozess rechtskräftig unterlegen ist, rechnet damit, dass das Urteil dort vollstreckt wird, wo die Vollstreckung Erfolg verspricht. 412

ii. Rechtsmittel gegen den Rechtsöffnungsentscheid

Aufgrund von Art. 309 Bst. b Ziff. 3 ZPO steht gegen den Rechtsöffnungsentscheid und das inzidente Exequatur die (allgemeine) ZPO-Beschwerde zur Verfügung (und nicht etwa die LugÜ-Beschwerde nach Art. 327a ZPO). Diese hat grundsätzlich keine aufschiebende Wirkung (Art. 325 ZPO). Der Gläubiger, dem die definitive Rechtsöffnung erteilt wird, kann somit unmittelbar nach Ablauf der Zahlungsfrist von Art. 88 SchKG die definitive Pfändung verlangen. Ihm kommen 413 ausserdem die im Vergleich zu Art. 43 Abs. 5 LugÜ relativ kurzen Beschwerdefristen von Art. 321 Abs. 2 ZPO zugute.

414 Dem Gläubiger steht es allerdings frei, zusätzlich zum Rechtsöffnungsbegehren einen selbständigen Anerkennungsantrag zu stellen. Gegen den daraufhin ergehenden selbständigen LugÜ-Exequaturentscheid ist allerdings die LugÜ-Beschwerde (Art. 327a ZPO) gegeben, mit den oben beschriebenen Folgen.

d. Sicherungsmöglichkeiten nach Art. 47 LugÜ, insb. der «LugÜ-Arrest»

415 Gemäss Art. 47 LugÜ darf die Zwangsvollstreckung in das Vermögen des Schuldners nicht über Massnahmen zur Sicherung hinausgehen, solange die Frist für ein Rechtsmittel gemäss Art. 43 LugÜ läuft und über das Rechtsmittel nicht entschieden ist. Die Befugnis dazu, solche Massnahmen zu veranlassen, gibt die Entscheidung, durch welche die Zwangsvollstreckung zugelassen wird, selbst (Art. 47 Abs. 2 LugÜ). Der Gläubiger kann also in einem separaten Exequaturverfahren sofort die Sicherung verlangen, ohne dabei noch irgendwelche weitere Voraussetzungen erfüllen zu müssen.

416 Unter dem aLugÜ war lange strittig, welches Sicherungsmittel das schweizerische Recht für die Zwecke der entsprechenden Bestimmung des aLugÜ (Art. 39) zur Verfügung stellen soll. In einigen Kantonen hatte sich die Rechtsprechung für das Mittel der provisorischen Pfändung (Art. 83 SchKG) entschieden. In anderen Kantonen bevorzugte die Praxis die Anwendung des Arrests (Art. 271 SchKG). Das Bundesgericht hat zwar auf die Mängel beider Sicherungsmittel hingewiesen (*«la saisie provisoire ne satisfait pas mieux que le séquestre aux impératifs du traité»*, BGE 126 III 438, 443), die Frage nach dem geeigneteren Sicherungsmittel jedoch weiter offengelassen.[420]

417 Mit der Inkraftsetzung des LugÜ und der damit einhergegangenen Anpassung im SchKG und der ZPO hat der Gesetzgeber nun einen Entscheid gefällt und sich für den **Arrest** nach Art. 271 ff. als (primäres[421]) LugÜ-Sicherungsmittel zur Sicherung von Geldforderungen entschieden. Um gleichzeitig dem Erfordernis von Art. 47 LugÜ nach einem bedingungslosen Sicherungsmittel nachzukommen, ist zudem **Art. 271 Abs. 1 SchKG** um eine neue **Ziff. 6** ergänzt worden. Diese erlaubt eine Arrestlegung auf der Grundlage eines – schweizerischen oder ausländischen – Entscheides. Bezüglich des LugÜ kommt – wie Art. 271 Abs. 3 SchKG klarstellt – die Besonderheit hinzu, dass das mit dem Arrestbegehren (bzw. dem

---

420 Vgl. dazu statt vieler RODRIGUEZ, AJP, 1552, sowie ATTESLANDER-DÜRRENMATT AGNES H., Sicherungsmittel «à discrétion?», Zur Umsetzung von Art. 39 LugÜ in der Schweiz, in: AJP 2001, 180 ff. m.w.H.

421 Wo es um die Sicherung anderer als Geldschulden geht, kommen die Sicherungsmassnahmen nach Art. 340 ZPO zum Tragen.

Exequatur) befasste kantonale Gericht im gleichen Entscheid **sowohl das Exequatur** (damit einen definitiven Vollstreckungstitel schafft, vgl. Art. 271 Abs. 1 Ziff. 6 SchKG) **als auch den Arrest ausspricht.** Die örtliche Zuständigkeit bestimmt sich nach Art. 39 Abs. 2 LugÜ (der nunmehr im Ergebnis deckungsgleich ist mit dem revidierten Art. 272 SchKG, was den «kombinierten» Exequatur-Arrest auch in örtlicher Hinsicht ermöglicht). Sachlich zuständig ist ebenfalls stets das nach kantonalem Recht für Summarsachen zuständige Gericht. Das Gericht kann dabei Gegenstände in der ganzen Schweiz mit Arrest belegen. Der Antragssteller hat allerdings nach wie vor das Vorliegen von Vermögenswerten des Schuldners zumindest substantiiert zu bezeichnen (BBl 2009 1822 f.). Ein offensichtlicher Sucharrest bleibt weiterhin unzulässig.[422]

4. Rechtsmittel gegen den LugÜ-Arrest

Dem Schuldner stehen gegen den Exequatur- und Arrestentscheid zwei Rechtsbehelfe zur Verfügung. Zunächst kann er sich mit der **LugÜ-Beschwerde** (vorne Rz 406 ff.) gegen das (beim LugÜ-Arrest stets selbständige[423]) Exequatur zur Wehr setzten. Dieses Rechtsmittel besteht konkurrierend zu einem weiteren Rechtsbehelf, nämlich der **Arresteinsprache** nach Art. 278 SchKG. Dabei gilt folgende Abgrenzung: Die LugÜ-Beschwerde befasst sich mit dem Exequatur – welches zugleich den Arrestgrund darstellt – abschliessend und ausschliesslich. Übrig bleiben arrestspezifische Fragen, die *nicht* den Arrestgrund betreffen, etwa Unpfändbarkeit, Frage der genügenden Substantiierung und Sucharrest. Ob das Übereinkommen überhaupt anwendbar ist (das ist keine der LugÜ-Einwendungen) muss der hier vertretenen Ansicht nach ebenfalls der Beschwerde unterstehen, weil es den Arrestgrund betrifft. Will der Antragsgegner sowohl Exequatur- als auch Arrestspezifische Rüge vorbringen, hat er beide Rechtsbehelfe zu ergreifen. Dabei sind die unterschiedlichen Fristen zu beachten (10 Tage nach Art. 278 SchKG, 1–2 Monate nach Art. 43 Abs. 5 LugÜ). Gegen den Einspracheentscheid ist die Beschwerde nach Art. 278 Abs. 3 SchKG (i.V.m. Art. 309 Ziff. 6 ZPO) möglich.[424] 418

Gegen den (kantonalen) Beschwerdeentscheid ist die Einheitsbeschwerde in Zivilsachen an das Bundesgericht gegeben (Art. 72 ff. BGG), sofern etwa die Voraussetzungen von Art. 74 (Streitwert) gegeben sind. Gegen das Exequatur sind stets nur die im LugÜ vorgesehenen Rügegründe (Art. 34 LugÜ) zulässig. 419

Ist die Einheitsbeschwerde nicht gegeben, so ist die subsidiäre Verfassungsbeschwerde (Art. 113 ff. BGG) zu prüfen. Als Rügegrund kommt faktisch nur das rechtliche Gehör (Art. 29 Abs. 2 BV) infrage. 420

422 Rodriguez, AJP, 1557 f.
423 Vgl. Art. 271 Abs. 3 SchKG
424 Ausführlich Rodriguez, PraxiZ, 109 f.

421 Die nachfolgende grafische Darstellung bietet eine Übersicht über die Rechtsmittellage beim kombinierten «LugÜ-Exequaturarrest»[425]:

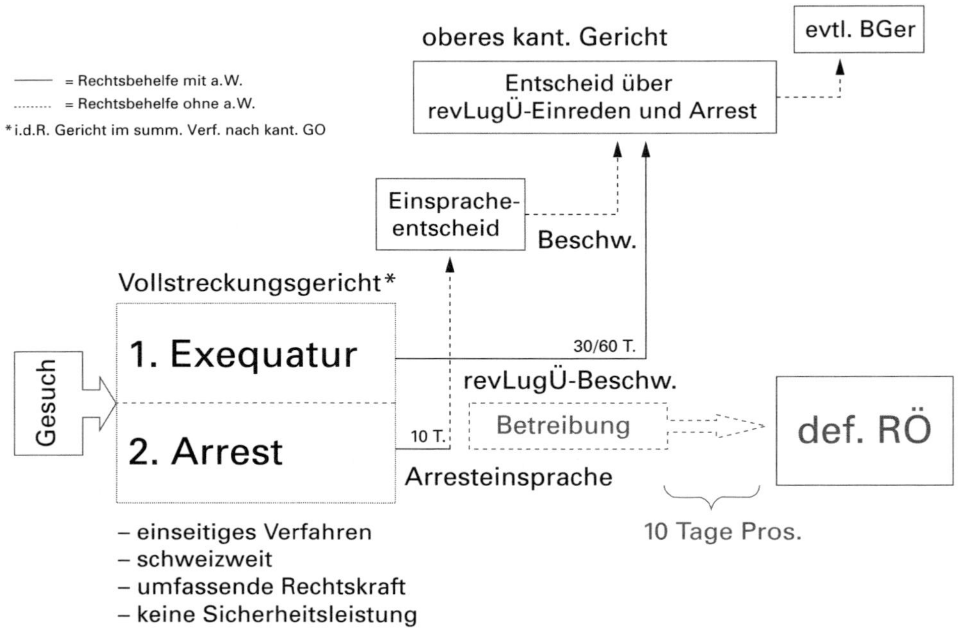

425 Ausgeblendet werden hier die (ebenfalls konkurrierenden) Anwendungsfälle der SchKG-Beschwerde nach Art. 17 SchKG. Diese richtet sich allerdings alleine gegen Handlungen der Betreibungsämter, die nicht mit der Arresteinsprache gerügt werden können.

§ 10 Internationale Rechtshilfe

I. Begriff und Regelungsgegenstand

Die internationale Rechtshilfe in Zivilsachen umfasst die Rechtsnormen, die auf die Vornahme einer Prozesshandlung in einem Staat zugunsten einer Behörde (in Zivilsachen typischerweise eines Gerichts) in einem anderen Staat im Rahmen eines Verfahrens, welches eine Zivilsache zum Gegenstand hat,[426] anwendbar sind.[427] 422

Anders als die interkantonale Rechtshilfe tangiert die internationale Rechtshilfe – statt der kantonalen, verfassungsrechtlich geschützten – die staatliche, völkerrechtlich geschützte Souveränität. Deren Verletzung wird in der Schweiz nicht nur völkerrechtlich sanktioniert, sondern auch strafrechtlich aufgrund von Art. 271 StGB. 423

Die internationale Rechtshilfe in Zivilsachen befasst sich vornehmlich mit den typischen Rechtshilfetatbeständen der **Zustellung** und der **Beweisaufnahme.** Ebenfalls zur Rechtshilfe in Zivilsachen zu rechnen sind verschiedene Instrumente zur Erleichterung der grenzüberschreitenden Rechtsdurchsetzung,[428] etwa im Bereich der Kostenhilfe. 424

Zu unterscheiden ist zwischen ausgehender Rechtshilfe bzw. ausgehenden Ersuchen um Rechtshilfe (sog. *«commission rogatoire»*), d.h. zwischen Ersuchen schweizerischer Behörden an eine ausländische Behörde, und eingehender Rechtshilfe bzw. eingehenden Rechtshilfeersuchen, d.h. Ersuchen einer ausländischen Behörde an eine schweizerische. 425

Die internationale Rechtshilfe ist hauptsächlich in **Staatsverträgen** geregelt, darunter zahlreiche multilaterale Haager Übereinkommen.[429] **Bilaterale Abkommen** kommen häufig ergänzend zu den **multilateralen Übereinkommen** zur Anwendung.[430] Subsidiär enthält das IPRG in Art. 11 und 11a einige Grundsätze zur 426

---

426 In Letzterem unterscheidet sie sich von der Rechtshilfe in Strafsachen, welche strafrechtliche Angelegenheiten (im Rahmen der Untersuchung oder des gerichtlichen Verfahrens) betrifft, oder der Amtshilfe, welche verwaltungsrechtliche Angelegenheiten (Steuern, Sozialversicherungen, behördliche Aufsichtssanktionen) betrifft.

427 Vgl. statt vieler VOLKEN, Kap. 1 N 4 ff. m.w.H. (Fn 5).

428 VOLKEN, Kap. 1 N 12.

429 Eine vollständige Übersicht über diese Übereinkommen findet sich auf der Website der Haager Konferenz, <http://www.hcch.net> (besucht am 1.10.2012).

430 Vgl. etwa die Erklärung vom 1./13. Dezember 1878 zwischen der Schweiz und dem Deutschen Reiche betreffend den unmittelbaren Geschäftsverkehr zwischen den beiderseitigen Gerichts-

Rechtshilfe in Zivilsachen. Der wichtigste besagt, dass bei Fehlen einer staatsvertraglichen Grundlage das Haager Übereinkommen vom 1. März 1954 betreffend Zivilprozessrecht (**HUe54**) analog zur Anwendung kommt (soweit dies schweizerische Gerichte und Behörden betrifft), Art. 11a Abs. 4 IPRG.

427 Zu den wichtigsten multilateralen Übereinkommen zählen namentlich:

- im Bereich der **Zustellungen:** das Haager Übereinkommen vom 15. November 1965 über die Zustellung gerichtlicher und aussergerichtlicher Schriftstücke im Ausland in Zivil- und Handelssachen (HZUe65[431]);
- im Bereich der **Beweisaufnahme:** das Haager Übereinkommen vom 18. März 1970 über die Beweisaufnahme im Ausland in Zivil- oder Handelssachen (HBewUe70[432]).

428 Das **HUe54** regelt ebenfalls *sowohl* die Zustellungen *als auch* die Beweishilfe, und kommt, wie erwähnt, stets zur Anwendung, wenn keines der vorgenannten spezifischen Übereinkommen anwendbar ist, und zwar selbst dann, wenn der andere betroffene Staat nicht Vertragspartei ist[433] (vgl. Art. 11a Abs. 4 IPRG, der dem Abkommen eine Art subsidiäre *erga omnes* Wirkung verleiht).

429 Im Bereich der **Rechtsdurchsetzungshilfe,** insb. des Zugangs zu den Gerichten und der Kostenhilfe, sind folgende multilaterale Übereinkommen zu beachten:

- das HUe54 (vgl. oben), welches in den Art. 17–19 (Kap. III) die Befreiung von der Prozesskaution und in den Art. 20–24 die Gewährung der unentgeltlichen Prozessführung (Gleichbehandlungsgebot) regelt;
- das Haager Übereinkommen vom 25. Oktober 1980 über den internationalen Zugang zur Rechtspflege[434], welches dem Haager Zivilprozessübereinkommen (in seinem räumlichen Anwendungsbereich) vorgeht und ebenfalls Bestimmungen über die Prozesskaution und die unentgeltliche Prozessführung (inkl. für die Übermittlung von Ersuchen an die zuständigen Behörden) enthält;
- das Europäische Übereinkommen vom 27. Januar 1977 betreffend die Übermittlung von Gesuchen zur Gewährung der unentgeltlichen Rechtspflege[435], welches sich teilweise inhaltlich (und bezüglich des räumlich-persönlichen

behörden (mit Verzeichnis; SR 0.274.181.36) oder die Erklärung vom 1. Februar 1913 zwischen der Schweiz und Frankreich betreffend die Übermittlung von gerichtlichen und aussergerichtlichen Aktenstücken sowie von Requisitorien in Zivil- und Handelssachen (mit Verzeichnis und Beilage; SR 0.274.183.491).

431 HZUe65; SR 0.274.131.

432 SR 0.274.132.

433 Die Behörden des anderen Staates sind allerdings nicht verpflichtet, das HUe54 anzuwenden. Bei ausgehenden Ersuchen kommt daher in solchen Fällen stets der diplomatische Weg zum Tragen.

434 HUe80; SR 0.274.133.

435 SR 0.274.137.

Anwendungsbereichs) mit dem vorgenannten Übereinkommen überschneidet.

In den Bereich der **Rechtsanwendungshilfe** fällt das Europäische Übereinkommen vom 7. Juni 1968 betreffend Auskünfte über ausländisches Recht.[436] 430

Im Bereich der internationalen **Alimentensachen, der Adoption und des Minderjährigenschutzes** (Kindesentführungen) sind ebenfalls zahlreiche wichtige Übereinkommen zu beachten. Manche dieser Übereinkommen sehen ein Verfahren der behördlichen Durchsetzungshilfe mittels Zentralbehörden vor.[437] 431

Eine vollständige Liste einschlägiger, für die Schweiz relevanter, multilateraler Übereinkommen findet sich auf der Website des Bundesamts für Justiz.[438] Daneben bzw. ergänzend sind stets allfällige bilaterale Vereinbarungen zu beachten. Von grossem Nutzen für Anwender ist auch die ebenfalls dort abrufbare Wegleitung (des Bundesamts für Justiz) über die internationale Rechtshilfe in Zivilsachen (nachf. «Wegleitung»)[439]. 432

II. Grenzüberschreitende Zustellungen im Besonderen

Die grenzüberschreitende **Zustellung** ist der praktisch wohl häufigste Anwendungsfall der internationalen Rechtshilfe in Zivilsachen. Welcher Zustellungsweg in Bezug auf einen bestimmten Staat anzuwenden ist, hängt von der konkreten – meist staatsvertraglichen – Rechtslage in Bezug auf den jeweiligen Staat ab. Dabei gilt es, in einem ersten Schritt abzuklären, ob ein bestimmter multilateraler Staatsvertrag anzuwenden ist. In Bezug auf den konkreten Staat gilt es weiter zu prüfen, ob bestimmte Vorbehalte zum Übereinkommen zur Anwendung kommen, allenfalls auch die Praxis dieses Staates in Bezug auf bestimmte Zustellungsarten. Schliesslich gilt es zu prüfen, ob ergänzend oder anstelle eines multilateralen Abkommens eine bilaterale Vereinbarung anzuwenden ist.[440] 433

---

436 SR 0.274.161.

437 Vgl. dazu die spezialisierten Übersichtsseiten unter <http://www.bj.admin.ch/bj/de/home/themen/gesellschaft/internationale_alimentensache.html> (Alimente), <http://www.bj.admin.ch/bj/de/home/themen/gesellschaft/internationale_adoption.html> (Adoption) und <http://www.bj.admin.ch/bj/de/home/themen/gesellschaft/internationale_kindesentfuehrung.html> (Besuchsrechte und Kindesentführung) der entsprechenden Zentralstellen (besucht am 1.10.2012).

438 <http://www.rhf.admin.ch/rhf/de/home/zivil/recht.html> (besucht am 1.10.2012).

439 <http://www.rhf.admin.ch/rhf/de/home/zivil/wegleitungen.html> (besucht am 1.10.2012).

440 Bei dieser äusserst komplexen Rechtslage erweisen sich die Länderseiten des Rechtshilfeführers des Bundesamts für Justiz (http://www.rhf.admin.ch/rhf/de/home/rhf/index/laenderindex.html) als äusserst hilfreich.

434 Je nach Rechtslage ergeben sich im Bereich der Zustellungen im Wesentlichen **vier mögliche Zustellungswege:**

- *Der diplomatische oder konsularische Weg:*

  Ein Ersuchen auf diplomatischem Weg ist zunächst dem (eigenen) Aussenministerium zuzustellen, dieses leitet es an die eigene Botschaft im ersuchten Staat weiter. Letztere übergibt das Ersuchen an das Aussenministerium des ersuchten Staates, welches es wiederum an das betreffende Gericht weiterleitet. Die diplomatische Zustellung ist sehr langwierig und kann Monate oder gar Jahre in Anspruch nehmen. In der Schweiz nimmt das EJPD (konkret das Bundesamt für Justiz) für diese Zwecke die Aufgaben des Aussenministeriums wahr. Beim konsularischen Weg tritt das Konsulat an die Stelle der Botschaft.

  Der diplomatische oder der konsularische Weg kommen zur Anwendung, wenn kein Abkommen greift, welches einen anderen Übermittlungsweg vorsieht (bei ausgehenden Ersuchen i.d.R. diplomatisch, allerdings via BJ, bei eingehenden Ersuchen kommt kraft Art. 11 IPRG i.V.m. Art. 1 HUe54 der konsularische Weg zur Anwendung).

- *Der Weg über zentrale Übermittlungsstellen:*

  Gemäss dem HZUe65 haben die Vertragsstaaten zentrale Übermittlungsstellen zu schaffen (für die Schweiz das Bundesamt für Justiz sowie kantonale Zentralstellen[441]). Das Zustellungsersuchen geht somit von der ersuchenden Behörde an die (eigene) Zentralstelle zur Weiterleitung an die ausländische Zentralstelle oder aber direkt an die ausländische ausführende Behörde.[442] Die ausländische Zentralstelle oder Behörde besorgt dann die Zustellung. Der Übermittlungsweg über die Zentralbehörden ist der Regelfall unter dem HZUe65. Die Effizienz dieses Übermittlungsweges hängt stark von der betroffenen Zentralbehörde ab.

- *Der direkte Behördenverkehr:*

  Der direkte Behördenverkehr bezeichnet die Möglichkeit der ersuchenden Behörde (typischerweise ein Gericht), das Ersuchen direkt an die ersuchte, durchführende ausländische Behörde (typischerweise ebenfalls ein Gericht) zu richten (namentlich ein Ersuchen um Zustellung). Der direkte Behördenverkehr ist vergleichsweise effizient, er ist aber nur zulässig, soweit ein bilaterales Abkommen diesen erlaubt. Dies ist immerhin mit zahlreichen europäischen Staaten, darunter sämtliche Nachbarstaaten der Schweiz, der Fall.[443]

441 Vgl. die Liste unter <http://www.rhf.admin.ch/rhf/fr/home/zivil/behoerden/zentral.html> (besucht am 1.10.2012).

442 Zur Rechtslage in der Schweiz vgl. Wegleitung, Fn 6.

443 Wegleitung, Ziff. I B 2. S. 7

- *Die direkte postalische Zustellung:*

  Die direkte postalische Zustellung besteht darin, dass das «ersuchende» (ein solches Ersuchen gibt es in diesem Falle allerdings nicht) Gericht, das Schriftstück direkt und auf dem Postwege (gegen Rückschein) an den Empfänger, also unmittelbar an die betroffene Partei, versendet. Dieser Übermittlungsweg ist nur im Verhältnis zu Österreich kraft bilateraler Vereinbarung zulässig. Er ist ausserdem zulässig gegenüber Staaten, die formell auf die Gegenseitigkeit gegenüber dem schweizerischen Vorbehalt zu Art. 19 HZUe65 (keine postalische Zustellung) verzichtet haben (nur ausgehende Zustellungen).[444]

III. Folgen der fehlerhaften Zustellung

435 Die Missachtung des Rechtshilfeweges bei der Zustellung des verfahrenseinleitenden Schriftstücks begründet unter dem IPRG (Art. 27 Abs. 2 lit. a) einen Verweigerungsgrund der Anerkennung (auf entsprechende Einrede hin). Der formell korrekten Durchführung der Zustellung kommt daher eine nicht zu unterschätzende Bedeutung zu. Nicht zu unterschätzen ist aber auch das Missbrauchspotenzial durch den Beklagten, welches sich aus dieser strengen Sanktionierung eines Formfehlers ergibt.

436 Diese strenge Sanktionierung der «nicht ordnungsgemässen» Zustellung wird allerdings unter dem revidierten LugÜ (Art. 34 Nr. 2) stark relativiert. Wie bereits dargelegt, ist unter dem revidierten LugÜ nicht mehr zwingend eine «ordnungsgemässe» (d.h. unter Einhaltung sämtlicher anwendbarer Rechtshilfebestimmungen bei der Zustellung) Zustellung erforderlich, sondern es ist lediglich (aber immerhin) erforderlich, dass diese «so rechtzeitig und in einer Weise zugestellt worden ist, dass [der Beklagte] sich verteidigen konnte». Nach diesem neuen, funktionalen Ansatz, berechtigt eine formell fehlerhafte Zustellung den Zustellungsempfänger nicht mehr systematisch zu einer Vollstreckungseinrede. Vielmehr muss im Einzelfall geprüft werden, ob der konkrete Fehler bei der Zustellung die Verteidigungsrechte des Beklagten tatsächlich massgeblich beeinträchtigt hat oder nicht. Nur in ersterem Fall bildet die fehlerhafte Zustellung ein Vollstreckungshindernis.[445] Eine unzulässige unmittelbare postalische Zustellung – etwa aus Deutschland in die Schweiz – bewirkt somit, sofern sie rechtzeitig erfolgt ist, der Empfang

---

444 Vgl. Wegleitung, Ziff. I D 1.2.2 sowie ausführlich und mit einer Liste der betreffenden Staaten <http://www.rhf.admin.ch/rhf/de/home/zivil/wegleitungen/alternativ_art10a.html> (besucht am 1.10.2012).

445 Zwischen den übrigen Vertragsstaaten sowie unter der EuZVO ist die Einrede verwirkt, wenn der Beklagte sich nicht anlässlich der Zustellung des Abwesenheitsentscheides gegen die fehlerhafte Einleitung wehrt, vgl. Art. 34 Nr. 2 LugÜ letzter Teilsatz. Immerhin muss auch diese Zustellung gewissen Anforderungen genügen, vgl. dazu den Entscheid *AMSL/SEMIS* vom 14. Dezember 2006, Rs. 283/05.

nachweisbar ist und der Empfänger in der deutschsprachigen Schweiz wohnt, in aller Regel keine Vollstreckungseinrede. Dies ändert allerdings nichts an der Widerrechtlichkeit des Vorganges unter dem Gesichtspunkt von Art. 271 StGB. Dem Beklagten in der Schweiz bringt das indes wenig.

IV. Grenzüberschreitende Beweisaufnahme im Besonderen

437 Im Bereich der internationalen Beweisaufnahme sind im Wesentlichen zwei Vorgehensweisen zu unterscheiden:

- Zum einen die Beweisaufnahme durch die ersuchte Behörde (auf Ersuchen hin, sog. *commission rogatoire*). Das Ersuchen hat – zumindest im Anwendungsbereich des HBewUe70 (Kap. I) und ähnlich der Zustellung – in aller Regel über Zentralbehörden zu erfolgen, ausnahmsweise kann das Ersuchen direkt der ersuchten Behörde übermittelt werden[446].
- Ausnahmsweise ist eine unmittelbare Beweisaufnahme durch Personen des ersuchten Staates (diplomatische oder konsularische Vertreter sowie Beauftragte, sog. *«commissioners»*) möglich (HBewUe70, Kap. II). Praktisch relevant ist diese Möglichkeit vor allem im Verhältnis zu den USA im Rahmen sog. ***«pre-trial discovery»***-Verfahren. An ein solches (eingehendes) Ersuchen werden allerdings strenge Anforderungen gestellt (EJPD-Bewilligung, freiwillige Teilnahme, Spezifizierung des Beweisgegenstandes).[447]

438 Die Beweisaufnahme erfolgt grundsätzlich nach dem Recht des ersuchten Staates.[448] Die **Aussageverweigerungsrechte** des ersuchten und des ersuchenden Staates kommen kumulativ zur Anwendung (Art. 11 HBewUe70).

446 Eine Liste der Zentralstellen findet sich unter <http://hcch.e-vision.nl/index_en.php?act=conventions.authorities&cid=82#S> (besucht am 1.10.2012). Die Zustellung des Ersuchens an die ausführende Behörde (ohne Umweg über die Zentralstellen) ist nur aufgrund ausdrücklicher bilateraler Vereinbarung zulässig. Vgl. dazu die Rechtslage in Bezug auf die einzelnen Staaten bezüglich der anwendbaren multi- und bilateralen Abkommen in den Länderseiten der elektronischen Wegleitung unter <http://www.rhf.admin.ch/rhf/de/home/rhf/index.html> (besucht am 1.10.2012).

447 Vgl. dazu im Einzelnen die Wegleitung, Ziff. III C 1.2 sowie für das HZUe54 Ziff. III. D. Zu den «commissioner» Bewilligungen vgl. das Merkblatt des BJ über Beweiserhebungen nach Art. 17 ff. HBewUE70, abrufbar unter <http://www.rhf.admin.ch/rhf/de/home/zivil/wegleitungen.html> (besucht am 1.10.2012).

448 Art. 9 HBewUe70, vgl. aber Art. 9 Abs. 2 und dazu Wegleitung, Ziff. III. C 1.1.4 a, zur Kostenfolge vgl. Art. 14 Abs. 2 HBewUe70.

V. Exkurs: Rechtslage in der EU (Zustellungen und Beweiserhebungen)[449]

Im Bereich der Zustellungen und Beweiserhebungen sind zwei wichtige EU-Verordnungen zu nennen, namentlich 439

- die Verordnung (EG) 1348/2000 des Rates vom 29. Mai 2000 über die Zustellung gerichtlicher und aussergerichtlicher Schriftstücke in Zivil- oder Handelssachen in den Mitgliedstaaten[450], unlängst ersetzt durch die Verordnung (EG) Nr. 1393/2007 des Rates vom 13. November 2007 über die Zustellung gerichtlicher und aussergerichtlicher Schriftstücke in Zivil- oder Handelssachen in den Mitgliedstaaten und zur Aufhebung der Verordnung (EG) Nr. 1348/2000[451], und
- die Verordnung (EG) 1206/2001 des Rates vom 28. Mai 2001 über die Zusammenarbeit zwischen den Gerichten der Mitgliedstaaten auf dem Gebiet der Beweisaufnahme in Zivil- oder Handelssachen.[452]

Die beiden Instrumente lehnen sich zwar formal und inhaltlich an die HZUe65 440
rsp. HBewUe70 an, enthalten aber auch wichtige Abweichungen. Diese betreffen vor allem den Bereich der Zustellungen. So erlaubt die EuZVO – im Gegensatz zum HZUe65 – keinerlei Vorbehalte zu den enthaltenen Übermittlungswegen. Praktisch relevant ist dies vor allem für die direkte postalische Zustellung (Einschreiben mit Rückschein), die in der Folge als Zustellungsweg zwischen den Mitgliedstaaten generell erlaubt ist.[453]

---

449 Ausführlich zum Vergleich zwischen den EU-Instrumenten und der Rechtslage in der Schweiz unter den Haager Übereinkommen vgl. MARKUS ALEXANDER R./RODRIGUEZ RODRIGO, Neuerungen in der internationalen Rechtshilfe in Zivilsachen – neue internationale Gesetzgebung und die Schweiz, in: Breitenmoser Stephan/Ehrenzeller Bernhard (Hrsg.), Aktuelle Fragen der internationalen Amts- und Rechtshilfe, St. Gallen 2009.

450 ABl. der EG L160/37.

451 EuZVO; ABl. der EG L 324/79.

452 EUBewVO; ABl. der EG L 174/1.

453 Wichtige praktische Informationen zur Zustellung und Beweisaufnahme im Rahmen der EU enthält der Europäische Gerichtsatlas für Zivilsachen, abrufbar unter <http://ec.europa.eu/justice_home/judicialatlascivil/html/index_de.htm> (besucht am 1.10.2012), sowie die einschlägige europäische Literatur. Vgl. statt vieler GEIMER REINHOLD, Internationales Zivilprozessrecht, 6. Aufl., Köln 2009; RAUSCHER THOMAS (Hrsg.), Europäisches Zivilprozessrecht, Kommentar, Band 2, 2. Aufl., München 2006.

§ 11 Internationale Schiedsgerichtsbarkeit

I. Allgemeines

Gründe der Diskretion, der kurze Instanzenzug und die Einsetzung für die spezifischen Probleme geeigneter Richter (z.B. auch eine Mischung von Juristen und Fachrichtern) sprechen für einen Verzicht auf die staatliche Gerichtsbarkeit zugunsten der Schiedsgerichtsbarkeit.[454] Dazu kommen bei internationalen Sachverhalten die nach wie vor bestehenden nationalen Verschiedenheiten sowie der Wunsch, in internationalen Streitsachen ein übernationales Gericht urteilen zu lassen. Ein Vorteil der Schiedsgerichtsbarkeit besteht auch darin, dass die Parteien das Verfahren weitgehend selbst gestalten können, namentlich die Verfahrenssprache festlegen können. Gerade im aussereuropäischen Kontext ist zudem die Rechtslage in Bezug auf die grenzüberschreitende Anerkennung und Vollstreckung bei Schiedsentscheiden oft wesentlich günstiger als bei Entscheidungen staatlicher Gerichte.[455] Diese Gründe führen dazu, dass in internationalen Angelegenheiten der Wirtschaft Schiedsvereinbarungen häufig sind.[456] 441

Mit Bezug auf den Kostenvergleich zwischen staatlichen Gerichtsverfahren und internationaler Schiedsgerichtsbarkeit herrscht Uneinigkeit. *Spühler/Dolge/Gehri* bezeichnen die Kosten der Schiedsgerichte als höher;[457] *Walter/Domej* weist darauf hin, dass die Kosten eines Schiedsgerichtsverfahrens wegen des Dahinfallens mehrerer Instanzen billiger sein können.[458] 442

Es gibt grundsätzlich zwei Arten von internationalen Schiedsgerichten: *Ad hoc*-Schiedsgerichte und institutionelle Schiedsgerichte. Erstere werden von den Parteien für einen bestimmten einzelnen Fall bestellt. Daneben gibt es institutionelle Schiedsgerichte.[459] 443

---

454 Das gilt für die nationale und internationale Schiedsgerichtsbarkeit.
455 Dank dem NYÜ, vgl. Rz 444.
456 Walter/Domej, 575 ff.; Spühler/Dolge/Gehri, 14. Kap. N 1 ff.
457 Spühler/Dolge/Gehri, 14. Kap. N 6.
458 Walter/Domej, 579.
459 Näheres vgl. Walter/Domej, 580. Ein wichtiges institutionelles Schiedsgericht ist das TAS/CAS in Lausanne (<www.tas-cas.org>), welches oberste Rekursinstanz für Entscheide wichtiger Sportverbände (etwa der FIFA) ist. Institutionelle Schiedsgerichtsbarkeit bieten auch die wichtigsten schweizerischen Handelskammern (<www.swissarbitration.org>) oder die internationale Handelskammer in Paris (<www.iccwbo.org>) an.

II. Rechtsgrundlagen

444 Die Rechtsgrundlagen für die internationale Schiedsgerichtsbarkeit finden sich vor allem in den Art. 176–194 IPRG. Ferner ist das New Yorker Übereinkommen über die Anerkennung und Vollstreckung ausländischer Schiedssprüche vom 10. Juni 1958 (NYÜ)[460] zu beachten. Gemäss Art. 1 Abs. 2 lit. d LugÜ findet das LugÜ auf Schiedsgerichte keine Anwendung. Dem IPRG unterstehen Schiedsgerichte in der Schweiz, sofern beim Abschluss der Schiedsvereinbarung wenigstens eine Partei ihren Wohnsitz, Sitz oder gewöhnlichen Aufenthaltsort im Ausland hatte (Art. 176 Abs. 1 IPRG). Davon können auch in der Schweiz wohnhafte Parteien ausnahmsweise abweichen. Hierfür ist Schriftlichkeit erforderlich (vgl. Art. 176 Abs. 2 IPRG).[461] Dabei muss das 12. Kapitel ausdrücklich ausgeschlossen und die Regelung des dritten Teils der ZPO (Art. 353 ff.) für allein anwendbar erklärt worden sein.[462]

445 Auch bei internationalen Schiedsgerichten ist für eine Reihe von Teilfragen zumindest sinngemäss schweizerisches Recht anzuwenden.[463] Das gilt vor allem dann, wenn der Richter am Sitz des Schiedsgerichts über Ernennung, Abberufung oder Ersetzung von Schiedsrichtern zu entscheiden hat (Art. 179 Abs. 2 IPRG), oder soweit der staatliche Richter am Sitz des Schiedsgerichts um Mitwirkung bei vorsorglichen Massnahmen oder im Beweisverfahren angerufen wird (Art. 183 Abs. 2, Art. 184 Abs. 2 IPRG). Die schweizerische ZPO kann auch bei der internationalen Schiedsgerichtsbarkeit zur Anwendung kommen, wenn die Parteien für das Verfahren auf diese verweisen (Art. 182 Abs. 2 IPRG).

446 Für innerschweizerische Schiedsgerichte, die hier aber nicht weiter behandelt werden, galt bis zum Inkrafttreten der ZPO am 1. Januar 2011 das Konkordat über die Schiedsgerichtsbarkeit vom 27. März 1969 (KSG). Diesem waren alle Kantone beigetreten. Seit 1. Januar 2011 gelten stattdessen die Art. 353 ff. ZPO.

447 Zu beachten ist sodann Art. 7 IPRG. Diese Bestimmung ist massgeblich für das Verhältnis zwischen IPRG-Schiedsgerichten und staatlichen Gerichten. Bei Vorliegen einer gültigen Schiedsvereinbarung lehnt ein schweizerisches staatliches Gericht seine Zuständigkeit ab (Nichteintreten auf eine Klage).[464] Ausnahme bildet u.a. die vorbehaltlose Einlassung und die Unwirksamkeit der Schiedsvereinbarung (vgl. auch hinten Rz 459).

---

460 SR 0.277.12.
461 Siehe auch BGE 115 II 390.
462 Art. 372–388 ZPO.
463 Spühler/Dolge/Gehri, 14. Kap. N 11 ff.
464 Art. 179 Abs. 2 ZPO.

III. Schiedsabrede

1. Allgemeines

Durch eine Schiedsabrede wird die (sachliche) Zuständigkeit eines Schiedsgerichtes begründet. Die **Schiedsabrede** kann ein Schiedsvertrag oder eine Schiedsklausel sein. Mit dem *Schiedsvertrag* wird eine bestehende Streitigkeit einem Schiedsgericht zur Beurteilung übertragen. Mit der *Schiedsklausel* werden dagegen erst künftige, allenfalls mögliche Streitigkeiten einem Schiedsgericht unterstellt. Dies ist nur zulässig, wenn sich die Streitigkeiten aus einem bestimmten Rechtsverhältnis ergeben; ansonsten würde eine Verletzung von Art. 27 Abs. 2 ZGB vorliegen, weil niemand in zu weitgehendem Masse zum Voraus auf den staatlichen Richter verzichten kann.[465] 448

Neben einem Schiedsvertrag oder einer Schiedsklausel kommt als Rechtsgrundlage für ein Schiedsgericht auch eine *letztwillige Verfügung* in Betracht. In diesem Sinne kann ein Schiedsgericht im Rahmen der Testierfähigkeit eines Erblassers durch letztwillige Verfügung bestellt werden.[466] Hiervon sollte zur Vermeidung langwieriger Erbstreitigkeiten mehr Gebrauch gemacht werden, wobei bei kleineren Nachlässen zweckmässigerweise ein Einzelschiedsrichter eingesetzt werden sollte.[467] 449

2. Zulässigkeitsvoraussetzungen

Eine Schiedsabrede ist unter *drei Voraussetzungen* zulässig: Schiedsfähigkeit des Streitgegenstandes, kein Verstoss gegen zwingende Gesetzesbestimmungen, Wahrung der Unabhängigkeit des Schiedsgerichtes.[468] 450

Die zentrale Voraussetzung bildet die Schiedsfähigkeit des Streitgegenstandes. In der Schweiz ist die internationale Schiedsgerichtsbarkeit liberal geregelt.[469] Nach Art. 177 Abs. 1 IPRG kann jeder vermögensrechtliche Anspruch Gegenstand eines Schiedsverfahrens sein. Vermögensrechtlicher Natur ist jeder Anspruch, der für eine Partei Geldwert hat. Entscheidend ist, ob mit der Klage ein wirtschaftli- 451

465 SPÜHLER/DOLGE/GEHRI, 14. Kap. N 15.

466 SPÜHLER/DOLGE/GEHRI, 14. Kap. N 17. Nach h.L. ist diese jedoch für gesetzliche Erben nur insoweit verbindlich, als diese der Schiedsklausel zugestimmt haben, vgl. BSK-IPRG WENGER/MÜLLER N 63 f. zu Art. 178 m.w.H. Die Gültigkeit der Schiedsklausel kann gegenüber diesen nicht von der Hand zu weisenden dogmatischen Einwendungen gesichert werden, wenn etwa die Erben der testamentarischen Klausel schriftlich zustimmen.

467 Vgl. aber die vorangehende Fn. Denkbar ist auch eine Schiedsklausel mit vorgelagertem obligatorischem Mediationsverfahren (sog. «MedArb»-Verfahren).

468 SPÜHLER/DOLGE/GEHRI, 14. Kap. N 19.

469 BGE 118 II 353, 356.

cher Zweck verfolgt wird.[470] Nicht einmal eine eventuelle Nichtvollstreckbarkeit des Schiedsspruches nach dem NYÜ vermag die Schiedsfähigkeit auszuschliessen.[471]

452 So handelt es sich bei Streitigkeiten über das Güterrecht, den Unterhalt und auch den Personalvorsorgeanspruch um vermögensrechtliche Ansprüche. Allerdings sind diese Ansprüche nicht frei verfügbar, da selbst eine Parteivereinbarung darüber richterlicher Genehmigung bedarf (Art. 288 ZPO). Die fehlende freie Verfügbarkeit der Parteien über den Anspruch schliesst aber nach der hier vertretenen Ansicht deren Schiedsfähigkeit aus.[472]

453 Bei Schiedsabreden ist sodann die **Unabhängigkeit und Parität** des Schiedsgerichtes zu beachten. Ein Schiedsgericht muss hinreichende Gewähr für eine unparteiische und unabhängige Rechtsprechung bieten.[473] Es ist hier auf die Ablehnungsgründe von Art. 180 Abs. 1 lit. b und c IPRG hinzuweisen. Auch der von einer Partei ernannte Schiedsrichter muss unabhängig sein, d.h. er darf zu einer Partei nicht in einem Freundschafts-, Pflicht- oder Abhängigkeitsverhältnis stehen.[474] Mit Bezug auf die Parität des Schiedsgerichts ist festzuhalten, dass ein Einzelschiedsrichter von den Parteien gemeinsam bestellt werden muss und dass beim üblichen Dreierschiedsgericht jede Partei einen Schiedsrichter ernennt und diese beiden den Obmann bestimmen. Fehlt eine Vereinbarung hierüber oder können sich die Parteien nicht einigen, hat die zuständige kantonale Behörde am Sitz des Schiedsgerichtes die Bestellung der Schiedsrichter bzw. des Obmannes vorzunehmen (Art. 179 Abs. 2 IPRG). Das staatliche Gericht muss die Ernennung nach den Bestimmungen der ZPO vornehmen, es sei denn, eine summarische Prüfung ergebe, dass zwischen den Parteien keine Schiedsvereinbarung besteht oder dass diese den Streit nicht erfasst (Art. 179 Abs. 3 IPRG).[475]

454 Wie bei der Gerichtsstandsvereinbarung nach Art. 5 IPRG (vgl. vorne Rz 108 ff.) richtet sich die Zulässigkeit einer Schiedsabrede nach der *lex fori* (zum Begriff vgl. vorne Rz 24), die hier zugleich die sog. *lex arbitri* (Recht am Sitz des Schiedsgerichts) darstellt.[476]

455 Die in der Praxis sehr relevante Frage, ob allfällige Abtretungsgläubiger (nach Art. 260 SchKG) an die Schiedsvereinbarung, die vom Gemeinschuldner abge-

---

470 WALTER/DOMEJ, 585 f.
471 BGE 118 II 353, 356.
472 Der Umfang der Schiedsfähigkeit solcher Ansprüche ist jedoch umstritten, vgl. zur Kontroverse BSK-IPRG BRINER, Art. 177 N 11 und 14.
473 BGE 107 Ia 158; Beispiel der fehlenden Unabhängigkeit in BGE 125 I 390 f.
474 SPÜHLER/DOLGE/GEHRI, 14. Kap. N 32–34.
475 BGE 118 Ia 20.
476 WALTER/DOMEJ, 589.

schlossen wurde, gebunden sind, hat das Bundesgericht – anders als die durchwegs bejahende Lehre[477] – in BGE 136 III 107 offengelassen.

3. Natur und Form

Die Schiedsabrede gemäss Art. 178 IPRG ist ein **Vertrag des Prozessrechts** und zwar des Bundesprozessrechts. Dies gilt unabhängig davon, ob sie in einem privatrechtlichen Vertrag oder in Statuten einer juristischen Person des Privatrechts enthalten ist. Für internationale Schiedsgerichte genügt für Schiedsabreden neben der Schriftform eine Abrede durch Telegramm, Telex, Telefax oder eine andere Form der Übermittlung, die den Nachweis der Vereinbarung durch Text ermöglicht (Art. 178 Abs. 1 IPRG). 456

Die **zivilrechtliche Ungültigkeit eines obligatorischen Vertrages** erfasst nicht auch die darin enthaltene Schiedsabrede. Diese hat nämlich den Sinn, dass das Schiedsgericht auch die Frage der Gültigkeit des betreffenden Vertrages zu prüfen hat. Das ergibt sich aus Art. 178 Abs. 3 Halbsatz 1 IPRG. 457

Während sich die **Form** nach der *lex fori* bzw. der *lex arbitri* richtet, beurteilt sich das **Zustandekommen** der Schiedsabrede nach der *lex causae* (zu den Begriffen vgl. vorne Rz 24 f.).[478] 458

4. Wirkungen

Eine gültige Schiedsabrede bildet ein **Prozesshindernis.** Ein vor einem staatlichen Gericht Beklagter kann die Einrede erheben, es bestehe eine Schiedsvereinbarung. Der staatliche Richter hat dann über seine Zuständigkeit zu befinden. Geprüft wird die Gültigkeit der Schiedsabrede und die Frage, ob der betreffende Streit überhaupt durch die Schiedsabrede gedeckt ist (vgl. z.B. Art. 7 Abs. 1 IPRG). 459

Die Schiedsabrede ist regelmässig *auch für die Rechtsnachfolger der Vertragsparteien gültig.* Dies trifft sowohl für die Universal- wie auch für die Singularsukzession zu. Die Gültigkeit der Zession bestimmt sich nach Art. 178 Abs. 2 IPRG entweder nach dem von den Parteien gewählten, dem auf die Streitsache anwendbaren oder dem schweizerischen Recht. Auch die Konkursmasse ist an die Schiedsabrede des Gemeinschuldners gebunden.[479] Dasselbe muss auch bei Nachlassverträgen mit Vermögensabtretung gelten. 460

Die **Wirkungen** beurteilen sich nach der *lex fori* bzw. *lex aribtri* (zu den Begriffen vgl. vorne Rz 24 sowie Rz 454).[480] 461

---

477 Zit. in BGE 138 III 107, insb. E. 2.5.
478 Walter/Domej, 589 f., 591.
479 Spühler/Dolge/Gehri, 14. Kap. N 31.
480 Walter/Domej, 589.

5. Fazit

462 Wie bei der Gerichtsstandsvereinbarung nach Art. 5 IPRG (vgl. vorne Rz 108 ff.) ist für die **Zulässigkeit, Form und Wirkungen** die *lex fori* massgeblich, und das **Zustandekommen** richtet sich nach der *lex causae.*

IV. Schiedsrichtervertrag

463 Zwischen den einzelnen Schiedsrichtern und den Parteien besteht ein Vertrag (sog. **Schiedsrichtervertrag).** Dieser wird als *mandatsähnlicher,* teils dem Privatrecht, teils dem Prozessrecht unterstehender *Vertrag* angesehen. Auf diesen Vertrag ist das Recht des Sitzes des Schiedsgerichts anwendbar.[481] Grundlage für die Honorierung der Schiedsrichter bildet grundsätzlich Art. 394 Abs. 3 OR. Das genaue Honorar bestimmt sich nach Abrede oder nach Tarifen, etwa anhand des Streitwerts[482] oder z.B. bei Rechtsanwälten nach den Anwaltsgebührentarifen.

V. Zuständigkeit

464 Die **Zuständigkeit** des Schiedsgerichts wird durch die Schiedsabrede begründet.[483] Es entscheidet gemäss Art. 186 Abs. 1 IPRG selbst über seine Zuständigkeit. In der Regel hat es über seine Zuständigkeit einen Vorentscheid zu fällen (Art. 186 Abs. 3 IPRG). Ist dieser negativ, so handelt es sich um einen Nichteintretensentscheid. Bejaht das Schiedsgericht seine Zuständigkeit, so kann es diesen Entscheid als selbständigen oder unselbständigen fassen.

VI. Verfahren vor Schiedsgericht

1. Allgemeines

465 Einen grossen Vorteil bildet die **Möglichkeit, dass die Parteien das schiedsgerichtliche Verfahren selber bestimmen können.** Sie dürfen für das Verfahren auch auf eine schon bestehende schiedsgerichtliche oder staatliche Verfahrensordnung verweisen (Art. 182 Abs. 1 IPRG). Nicht selten ist das Verfahren nicht bestimmt, sodass diese Aufgabe dem Schiedsgericht obliegt (Art. 182 Abs. 2 IPRG). Das beinhaltet den Vorteil, dass das Verfahren je nach der vorliegenden konkreten Streitsache bestimmt werden kann. Dabei werden häufig die «Swiss Rules» der

---

481 Spühler/Dolge/Gehri, 14. Kap. N 35.
482 So etwa wenn die Verfahrensregeln der schweizerischen Handelskammern («Swiss Rules») zur Anwendung kommen.
483 Spühler/Dolge/Gehri, 14. Kap. N 38.

schweizerischen Handelskammern[484] für anwendbar erklärt, vereinzelt auch (soweit relevant) die Bestimmungen der schweizerischen ZPO. Art. 182 Abs. 3 IPRG nennt als *Mindestverfahrensgrundsätze* die **Gleichbehandlung** der Parteien sowie das **rechtliche Gehör** in einem kontradiktorischen Verfahren. Es handelt sich um unverzichtbare Gründe; sie gehören zum verfahrensrechtlichen Ordre public.[485]

2. Rechtshängigkeit

466 Die Rechtshängigkeit bei internationalen Schiedsgerichtsverfahren tritt verhältnismässig früh ein. Damit wird ein allfälliges *forum running* (zum Begriff vgl. vorne Rz 22) mit einem staatlichen Gericht weitgehend vermieden. Die Rechtshängigkeit wird in Art. 181 IPRG geordnet. Es sind grundsätzlich **zwei Fälle zu unterscheiden.** Sind die *Schiedsrichter* schon in der Schiedsgerichtsordnung *bezeichnet,* so genügt es, wenn eine Partei einen oder die in der Schiedsvereinbarung bezeichneten Schiedsrichter mit dem Rechtsbegehren anruft. Ist hingegen in der Vereinbarung *noch kein Schiedsrichter bezeichnet,* so genügt es, dass eine Partei ein Gesuch zur Bildung eines Schiedsgerichts einreicht.

3. Kautionierung

467 Das Schiedsgericht verlangt von den Parteien regelmässig **Sicherstellung** der **Kosten.** Leistet eine Partei – nicht selten die beklagte Partei – den Vorschuss nicht, so wird angeordnet, die Gegenpartei könne diesen leisten oder auf die Durchführung des Schiedsgerichtsverfahrens verzichten. Damit entfällt die Bindung an das Schiedsgericht. Derartige Anordnungen finden sich regelmässig in den Konstituierungsbeschlüssen von Schiedsgerichten (vgl. etwa für das binnenrechtliche Schiedsverfahren ausdrücklich Art. 378 ZPO).

4. Vorsorgliche Massnahmen

468 Ein dem IPRG unterstehendes Schiedsgericht **kann vorsorgliche Massnahmen erlassen,** sofern die Parteien nichts anderes vereinbart haben (Art. 183 Abs. 1 IPRG; ähnlich Art. 374 ZPO für binnenrechtliche Schiedsgerichte). Die in Art. 183 Abs. 1 IPRG besonders erwähnten «sichernden Massnahmen» sind nichts anderes als eine Unterart der vorsorglichen Massnahmen. Schwierigkeiten ergeben sich dann, wenn eine Partei sich den angeordneten Massnahmen nicht freiwillig unterzieht. In solchen Fällen kann gemäss Art. 183 Abs. 2 IPRG das Schiedsgericht den staatlichen Richter um Mitwirkung ersuchen. Besteht in einem gewissen Mass die Gefahr, dass die verlangten vorsorglichen Massnahmen der Gegenpartei Schaden

484 Abrufbar unter <https://www.swissarbitration.org/sa/en/rules.php> (besucht am 1.9.2012).
485 BSK-IPRG Schneider, Art. 182 N 51.

verursachen könnten, kann das Gericht die Anordnung bzw. den Vollzug derselben von der Leistung angemessener Sicherheiten (Kautionen, Hinterlegung von Wertschriften usw.) abhängig machen (vgl. Art. 183 Abs. 3 a.E. IPRG). Gegen vorsorgliche Massnahmen gemäss Art. 183 Abs. 1 IPRG ist die Beschwerde in Zivilsachen nicht zulässig (BGE 136 III 200, 203 f.).

5. Beweisverfahren

469 Das Beweisverfahren ist in Art. 184 IPRG geregelt. Das Schiedsgericht nimmt die Beweise selber ab. Es kann aber **keine Zwangsmassnahmen** anordnen, weshalb es sich hierfür gemäss Art. 184 Abs. 2 IPRG an das staatliche Gericht wenden muss. Zuständig ist dasjenige am Sitz des Schiedsgerichts. Dabei geht der staatliche Richter nach seinem eigenen Recht vor, als hätte er selbst den entsprechenden Teil der Beweisaufnahme in einem eigenen Verfahren vorzunehmen.[486]

VII. Urteil

1. Urteilsfällung

470 Für das Urteil, d.h. den **Sachendentscheid,** sind die Art. 187 bis 189 IPRG massgeblich. Unter dem Vorbehalt des Fehlens einer abweichenden Parteivereinbarung kann das Schiedsgericht **Teilentscheide** fällen (Art. 188 IPRG); es handelt sich dabei nicht etwa um Zwischenentscheide, sondern um Entscheide, die einen Teil der Streitsache endgültig erledigen. Aufgrund eines Teilentscheides kann nicht selten der Rest der Streitsache verglichen werden.[487] Für den Schiedsentscheid ist in erster Linie die Parteivereinbarung massgeblich (Art. 189 Abs. 1 IPRG). Fehlen derartige Vereinbarungen, so ist gemäss Art. 189 Abs. 2 Satz 1 IPRG vorzugehen. Absatz 2 dieser Vorschrift enthält die Pflicht zur schriftlichen Begründung und Datierung. Es genügt, dass der Präsident das Urteil unterzeichnet. In der Praxis unterzeichnen oft alle Schiedsrichter das Urteil.[488]

2. Anwendbares Recht

471 Das *auf den Sachendentscheid* anwendbare Recht bestimmt sich nach Art. 187 IPRG. Darnach herrscht auch in diesem Punkt grosse Parteifreiheit. Grundsätzlich ist die Streitsache nach dem von den Parteien *gewählten Recht* zu entscheiden.[489] Bei *Fehlen einer Rechtswahl* ist das Recht massgebend, mit dem die Streitsa-

486 Walter/Domej, 596 f.
487 Praktiker sprechen von ungefähr einem Drittel der Fälle.
488 Damit zeigen sie ihre kollektive Vernehmlassung.
489 Das hängt eng mit dem Wesen der Schiedsgerichtsbarkeit zusammen.

che am engsten zusammenhängt. Es handelt sich dabei um die direkte Rechtswahl und nicht nur um die Wahl des Kollisionsrechts.[490] Gemäss Art. 187 Abs. 2 IPRG können die Parteien das Schiedsgericht auch ermächtigen, anstatt nach einer bestimmten Rechtsordnung nach Billigkeit zu entscheiden.[491] Das Schiedsgericht hat aber auch in solchen Fällen die für den streitigen Anspruch massgeblichen Tatsachen festzustellen und das massgebliche Verfahrensrecht anzuwenden.[492]

VIII. Rechtsmittel

1. Allgemeines

Die **Zahl der Rechtsmittel ist beschränkt,** denn einer der Hauptvorteile der privaten Schiedsgerichtsbarkeit ist die Raschheit. **Eingeschränkt ist aber auch die Kognitionsbefugnis** der Rechtsmittelbehörde.[493] Der Gesetzgeber verfolgte bewusst das Ziel, die Anfechtbarkeit des Schiedsspruches möglichst einzuschränken und somit vor allem die Überprüfung der (materiellen) Rechtsanwendung auszuschliessen.[494] Deshalb kann ein Schiedsgerichtsurteil *materiellrechtlich* nur mit einem *numerus clausus* an Rügen angefochten werden (Rz 477 ff.), wobei die Rüge, der Entscheid sei mit dem (materiellen) *Ordre public* nicht vereinbar (Art. 190 Abs. 2 lit. e IPRG), den wichtigsten Anwendungsfall bildet. 472

Dies führt das BGer nicht ganz selten dazu, zwar einen Verstoss gegen den Ordre public zu verneinen, im Übrigen aber dennoch Kritik an der Richtigkeit des Schiedsgerichtsurteils anzubringen oder die Schiedsrichter mit Zensuren zu versehen. Da dies für den Urteilsspruch gar nicht von Bedeutung ist, handelt es sich dabei um sog. *«obiter dicta»*. Diese sollten, soweit sie den materiellen Schiedsentscheid betreffen, weggelassen werden, stehen sie doch mit dem Wesen der internationalen Schiedsgerichtsbarkeit in Widerspruch. 473

2. Beschwerde

Das *einzige Rechtsmittel* gegen internationale Schiedsgerichtsentscheide ist die Beschwerde in Zivilsachen an das Bundesgericht (Art. 191 IPRG). Voraussetzung ist, dass kein Verzicht der Parteien zur Ergreifung eines Rechtsmittels vorliegt (Art. 192 IPRG). Das Verfahren der internationalen Schiedsgerichtsbeschwerde 474

490 Es geht also darum, das anwendbare Recht zu bestimmen und nicht das Recht, welches das anwendbare Recht bestimmt.

491 SPÜHLER/DOLGE/GEHRI, 5. Kap. N 49. Damit ist das Schiedsgericht der Anwendung materiellen Rechts enthoben.

492 Zum Grundsätzlichen BSK-ZPO GIRSBERGER, Art. 381 N 22 ff.

493 Art. 190 IPRG.

494 ZK-IPRG HEINI, Art. 190 N 38.

richtet sich nach den Bestimmungen des BGG, allerdings nur soweit Art. 77 BGG die betreffenden Bestimmungen für anwendbar erklärt.

3. Anfechtungsobjekt

475 Anfechtungsobjekt kann nur ein Entscheid eines internationalen Schiedsgerichtes bilden. Anfechtbar sind auch Teilentscheide. Entscheide von Binnenschiedsgerichten unterstehen der Rechtsmittelordnung der Art. 389 ff. ZPO.

4. Legitimation und Verfahren

476 Zur Beschwerde sind die **Parteien des Schiedsgerichtsverfahrens legitimiert.** Beschwerdeinstanz ist das Bundesgericht. Massgeblich für das Verfahren ist dasjenige des BGG über die Zivilbeschwerde; vorbehalten bleiben die Ausnahmen in Art. 77 Abs. 2 BGG. Es herrscht sodann das Rügeprinzip (Art. 77 Abs. 3 BGG). Das Streitwerterfordernis beträgt grundsätzlich CHF 30 000.–. Die Rechtsmittelfrist beträgt 30 Tage. Gegen Ablehnungsentscheide von Schiedsrichtern muss jedoch sofort Beschwerde eingereicht werden.[495]

5. Beschwerdegründe

477 Wie schon unter Rz 472 f. dargelegt, sind die **Beschwerdegründe** in Art. 190 Abs. 2 IPRG *abschliessend* aufgezählt. Es sind keine anderen Rügen tatsächlicher und rechtlicher Art möglich.

478 Die ersten beiden Rügegründe (Art. 190 Abs. 2 lit. a und b IPRG) betreffen **die Ernennung, die Zusammensetzung und den Zuständigkeitsentscheid** des Schiedsgerichts. In letzterem Fall ist auch ein Vor- oder Zwischenentscheid anfechtbar.[496]

479 Im Weiteren kann eine **Verletzung der Dispositionsmaxime** geltend gemacht werden (Art. 190 Abs. 2 lit. c IPRG). Infrage kommt dies, wenn das Schiedsgericht über ein Begehren entschieden hat, das ihm gar nicht unterbreitet worden ist, oder wenn es ein Begehren gar nicht beurteilt hat; Letzteres ist eine *Verletzung des rechtlichen Gehörs.* Diese Rüge wird vom IPRG allgemein unter Art. 190 Abs. 2 lit. d IPRG subsumiert. Das BGer lässt aber eine hinreichende Begründungspflicht nicht darunter fallen; in der Lehre wird dies teilweise kritisiert.[497] Allerdings gehört dies zum Wesen der internationalen Schiedsgerichtsbarkeit, deren Urteile im Wesentlichen eben nur der Prüfung auf den Ordre public hin unterlie-

---

495 BGE 138 III 270.

496 BGE 118 II 355.

497 ZK-IPRG Heini, Art. 190 N 33.

gen. Unter der gleichen Litera ist auch der Grundsatz der **Gleichbehandlung der Parteien** als Rügegrund erwähnt.

Der letzte Rügegrund von Art. 190 Abs. 2 lit. e IPRG betrifft die **Ordre public-Widrigkeit.**[498] Lehre und Praxis gehen davon aus, dass der Ordre public sowohl einen materiellen als auch einen verfahrensrechtlichen Gehalt hat. Es können deshalb auch Verfahrensmängel, die nicht unter die ausdrücklichen Rügen von Art. 190 Abs. 2 IPRG fallen, als gegen den Ordre public verstossend angefochten werden.[499] Ein Verstoss gegen den *verfahrensrechtlichen Ordre public* ist gegeben bei der Verletzung von fundamentalen und allgemein anerkannten Verfahrensgrundsätzen, deren Nichtbeachtung zum Rechtsempfinden in einem unerträglichen Widerspruch steht, sodass die Entscheidung als mit der in Kulturstaaten geltenden Rechts- und Wertordnung schlechterdings unvereinbar erscheint.[500] Das BGer ist bei der Handhabung dieses Verstosses zurückhaltend. Es sagte kürzlich, es müsse verhindert werden, dass aus dem verfahrensrechtlichen Ordre public ein eigentlicher *«code de procédure arbitrale»* abgeleitet werde.[501] Ablehnungsgründe gegen Schiedsrichter fallen nach dem BGer unter diese Rügemöglichkeit. Allerdings tritt das BGer hierauf nur ein, wenn die Ablehnungsgründe unmittelbar nach ihrer Entdeckung dem Schiedsgericht und der Gegenpartei bekannt gemacht worden sind, von diesem aber nicht akzeptiert wurden.[502] 480

Das BGer ist im Übrigen in Schiedsgerichtsverfahren zurückhaltend bei der Bejahung von Befangenheit; es scheint hier einen etwas milderen Massstab zu handhaben als bei der gleichen Rüge staatlichen Gerichten gegenüber. *Materiell Ordre public-widrig* sind Verletzungen fundamentaler Grundsätze wie Treu und Glauben, *pacta sunt servanda,* Verbot des Rechtsmissbrauchs, Diskriminierungsverbot, Schutz von Handlungsunfähigen usw.[503] 481

6. Urteil

Den Schiedsspruch prüft das BGer im Rahmen von Art. 190 Abs. 2 IPRG umfassend.[504] Es kann die Beschwerde **abweisen,** ganz oder teilweise **gutheissen** oder die Sache an das Schiedsgericht **zurückweisen.** Es ist im letzteren Fall an den Rückweisungsentscheid gebunden.[505] 482

---

498 Vgl. BGE 136 III 345 für den verfahrensrechtlichen und BGE 138 III 322, 327 E. 4.1. für den materiellrechtlichen Ordre public mit Anwendungsbeispielen.
499 BGE 136 III 345.
500 BGE 103 Ia 531, 532.
501 BGE 126 III 249, 253.
502 BGE 118 II 359 und 361.
503 ZK-IPRG Heini, Art. 190 N 44.
504 BGE 119 II 380 E. 3c.
505 Spühler/Vock, Rechtsmittel, 14 f.

7. Revision

483 Das IPRG erwähnt die **Revision** nicht. Das BGer hat jedoch auf eine Gesetzeslücke erkannt und lässt die Revision zu.[506] Revisionsfähig sind sämtliche Entscheide internationaler Schiedsgerichte. Es können die Revisionsgründe von Art. 121 ff. BGG geltend gemacht werden. Zur Behandlung von Revisionsgesuchen ist das Bundesgericht zuständig. Das Verfahren richtet sich nach Art. 126 ff. BGG.[507] Die Erfolgschancen von derartigen Revisionsgesuchen sind – wie schon diejenigen von Beschwerden Art. 190 IPRG – gering.

---

506 BGE 118 II 199, 200. Gemäss BGE 129 III 729 ist bei gleichzeitiger Erhebung eines Revisionsgesuchs und einer Beschwerde in Zivilsachen zuerst die Beschwerde zu behandeln.

507 SPÜHLER/VOCK, Rechtsmittel, 15.

§ 12 Exkurs: Grundelemente des Internationalen Konkursrechts

I. Zugehörigkeit des Internationales Konkursrechtes zum IZPR

Das internationale Konkursrecht ist zwar streng genommen eine eigene Disziplin. Bei gewissen Fragen hängt es jedoch sehr eng mit dem IZPR zusammen. Dies gilt z.B. bei der Anerkennung und Vollstreckung von ausländischen Konkurserkenntnissen. Auch bei Kollokations- und Admassierungsklagen sowie Paulianae bei grenzüberschreitenden Konkursen hängen internationales Konkurs- und internationales Zivilprozessrecht eng zusammen. Ein klares Indiz für Zugehörigkeit zum IZPR bildet auch der Umstand, dass das IPRG nicht weniger als zehn Artikel über das internationale Konkursrecht enthält, wobei diese überwiegend von verfahrensrechtlichem Inhalt sind. Somit rechtfertigt sich ein kurzer Exkurs. 484

II. Situationen

Das internationale Konkursrecht hat sich mit folgenden typischen Situationen auseinanderzusetzen: 485

- Schweizer Konkursit ist Eigentümer von **Vermögen im Ausland.**
- Ausländischer Konkursit hat **Vermögen in der Schweiz.**
- Schweizer Gläubiger hat **Forderungen gegen ausländische Konkursmasse.**

III. Schweizerische Rechtsgrundlagen

Rechtsgrundlagen des internationalen Konkursrechtes in der Schweiz sind multilaterale und bilaterale **Staatsverträge, das IPRG und das SchKG.** 486

Im SchKG sind die Art. 46 ff. (Konkursort) und Art. 197 (aktives Universalitätsprinzip) von international konkursrechtlicher Bedeutung. 487

Im **IPRG** sind Konkurs- und Nachlassvertrag in den Art. 166–175 geregelt. Diese Bestimmungen kommen zur Anwendung, wenn der Konkurs im Ausland eröffnet worden ist, aber Vermögenswerte des ausländischen Gemeinschuldners in der Schweiz liegen. 488

489 Auf Verordnungsstufe finden sich einige IPR-relevante Normen. So Art. 27 **KOV** betreffend die Inventarisierung von im Ausland gelegenen Vermögensstücken und Art. 62 KOV über die Behandlung im Ausland liegender Pfandobjekte im schweizerischen Konkursverfahren.

490 Das **LugÜ** ist gemäss dessen Art. 1 Abs. 2 lit. b nicht auf Konkurs- und Nachlassverfahren anwendbar. Dies gilt auch für die konkurs- und nachlassrechtlichen Annexverfahren, d.h. betreibungsrechtliche Klagen. Für die Zuständigkeit und Anerkennung solcher Klagen sind bilaterale Staatsverträge, das IPRG und das SchKG massgebend.

491 Es bestehen noch drei **Staatsverträge zwischen einzelnen schweizerischen Kantonen und deutschen Staaten** aus dem 19. Jahrhundert. Es handelt sich um eine Übereinkunft mit dem Königreich Bayern über die gleichmässige Behandlung der gegenseitigen Staatsangehörigen in Konkursfällen vom 11. Mai/27. Juni 1834. Ähnliche Übereinkünfte bestehen mit der Krone Württemberg vom 12. Dezember 1825/13. Mai 1826 (gegenseitige automatische Anerkennung des Konkurses am jeweiligen Sitz des Konkursiten unter Vorbehalt dinglicher Rechte, Verbot der Arrestlegung nach der Konkurseröffnung), dem Königreich Sachsen vom 14./18. Februar 1837 (gegenseitige Gleichstellung der Gläubiger) und dem Königreich Bayern vom 11. Mai/27. Juni 1834 (Verbot der Einzelvollstreckung ab Konkurserkenntnis, gegenseitige Gleichbehandlung der Gläubiger). In einem (umstrittenen) neueren Entscheid (5A_134/2009 vom 7. Juli 2009[508]) hat das Bundesgericht allerdings kurzerhand den Staatsvertrag mit der Krone Württemberg als vom IPRG abgelöst und somit nicht mehr anwendbar erklärt. Dies hätte konsequenterweise auch für die übrigen Abkommen zu gelten.

IV. Internationale Rechtsvereinheitlichung

492 Für die Schweiz als nicht EU-Mitglied ist die internationale Vereinheitlichung des Konkursrechtes gering. Im EU-Bereich besteht die Verordnung (EG) Nr. 1346/2000 des Rates vom 29. Mai 2000 über das Insolvenzverfahren (EuInsVO)[509] betr. Zuständigkeit und Anerkennung von Hauptkonkursverfahren. Am Ort einer Niederlassung können aber auch unter der EuInsVO Sekundärkonkursverfahren durchgeführt werden.

493 Daneben erarbeitete die UN-Kommission für Internationales Handelsrecht (UNCITRAL) sogenannte **Modellgesetze,** so auch für internationale Insolvenzverfah-

508 Vgl. Näheres Spühler/Dolge, N 346 mit Hinweisen und weiterführender Literatur sowie, ausführlich, Liersch/Walther, *passim.* Der Entscheid wurde in BGE 135 III 666 publiziert, allerdings ohne E. 3. Somit besteht Rechtsunsicherheit ob der Geltung dieses und anderer bilateraler Staatsverträge mit Teilen Deutschlands.

509 ABl. EG L 160/1.

ren.[510] Wie weit diese bei den gesetzgeberischen Arbeiten ins schweizerische Recht einfliessen werden, bleibt offen. Deren bisheriger Einfluss ist bescheiden.[511]

V. Universalitäts- und Territorialitätsprinzip

Im internationalen Konkursrecht bestehen zwischen den einzelnen Staaten verschiedene Auffassungen über die **Wirkungen eines ausländischen Konkurserkenntnisses.** Es bestehen zwei Konzeptionen, jene der Universalität und jene der Territorialität. 494

Das **Universalitätsprinzip** besagt, dass ein Konkurs nicht nur Wirkungen im Staat der Konkurseröffnung (Konkursort) hat, sondern überall, wo Vermögenswerte der Konkursmasse liegen. Die Schweiz folgt diesem Prinzip, das dem Art. 197 Abs. 1 SchKG zugrunde liegt. Trotzdem hat das IPRG in den Art. 166–175 eine Mittellösung vorgesehen; zwar wird der ausländische Konkurs anerkannt, aber die Einzelexekution lokaler Gläubiger zugelassen.[512] 495

Gemäss dem **Territorialprinzip** beschränken sich die Wirkungen eines Konkurses auf das Territorium des Konkurseröffnungsstaates. 496

VI. Ausländisches Konkursdekret

Bei dieser Konstellation hat der insolvente Schuldner seinen Sitz im Ausland, weshalb dort ein Hauptinsolvenzverfahren eröffnet wird. Dabei müssen im Dienste dieses Verfahrens in der Schweiz Handlungen vorgenommen werden. 497

1. Anerkennungsproblem

Der Anerkennungsgegenstand ist gemäss Art. 166 Abs. 1 IPRG das ausländische Konkursdekret. Die **Anerkennung eines ausländischen Konkurserkenntnisses** in der Schweiz bildet dogmatisch einen zusätzlichen Konkurseröffnungsgrund (Art. 170 Abs. 1 IPRG). Der ausländische Konkurseröffnungsentscheid muss nicht unbedingt von einem Gericht ausgegangen sein. Nicht in Betracht fallen Anordnungen einer Einzelvollstreckung, fiskalische oder strafrechtliche Vollstreckungen oder rein private Sanierungen und Schulderlasse. Das in der Schweiz gelegene Vermögen des ausländischen Konkursiten untersteht ab Anerkennung den konkursrechtlichen Folgen des schweizerischen Rechts (Art. 170 Abs. 1 IPRG). In 498

510 1997 Model Law on cross-border insolvencies, abrufbar (neben weiteren einschlägigen UNCITRAL Dokumenten) unter <http://www.uncitral.org/uncitral/en/uncitral_texts/insolvency.html> (besucht am 1.10.2012).

511 Vgl. Näheres Spühler/Dolge, N 346 mit Hinweisen und weiterführender Literatur.

512 ZK-IPRG Volken, vor Art. 166–175 N 39 ff.

der Schweiz wird mit Bezug auf das hier liegende Vermögen ein Partikulär-, Parallel-, Sekundär-, Hilfs-, Mini- oder Anschlusskonkursverfahren durchgeführt (so die verschiedenen Bezeichnungen für das in Art. 171 IPRG vorgesehene Verfahren). Heute ist der gebräuchlichste Begriff «Anschlusskonkurs».[513] Er dient dazu, vorab die schweizerischen Pfandgläubiger und die privilegierten Gläubiger zu befriedigen. Ferner will er gewährleisten, dass privilegierte Gläubiger mit Wohnsitz in der Schweiz im ausländischen (Haupt-)Konkursverfahren nicht benachteiligt werden (Art. 172–174).

499 Die Anerkennung ist auch Voraussetzung dafür, dass die ausländische Konkursverwaltung in der Schweiz eine **materiellrechtliche Klage** gegen einen angeblichen Schuldner des Konkursiten erheben kann.[514]

500 Dem ausländischen Konkurs ist weitgehend das **ausländische Nachlassverfahren** gleichgestellt. Der ausländische Entscheid, welcher der schweizerischen Nachlassstundung entspricht, ist gleicherweise anerkennungsfähig.[515] Die Anerkennung eines ausländischen Nachlassverfahrens kann nur erfolgen, wenn das ausländische Recht eine grenzüberschreitende Sanierung ermöglicht.

2. Anerkennungsvoraussetzungen

501 Art. 166 IPRG, der dem allgemeinen Art. 25 lit. b IPRG vorgeht, regelt, vorbehältlich von Staatsverträgen, die **fünf Anerkennungsvoraussetzungen:**

- Zuständigkeit der ausländischen (Haupt-)Konkursbehörde (Wohnsitz oder Sitz des Gemeinschuldners)
- Legitimation des Gesuchstellers (ausländische Konkursverwaltung, jeder Konkursgläubiger)
- Vollstreckbares, endgültiges ausländisches Konkursdekret. Die formelle Rechtskraft ist nicht erforderlich (BGE 126 III 101).
- Fehlen eines Verweigerungsgrundes i.S.v. von Art. 27 IPRG (kein Verstoss gegen formellen oder materiellen Ordre public)
- Gegenrecht des ausländischen Konkurseröffnungsstaates. Es genügt, wenn das ausländische Recht in einem ähnlichen Fall nicht spürbar ungünstiger für das schweizerische Anerkennungsgesuch wäre (BGE 126 III 101, 103; BGE 137 III 517, 519, wobei dieses Erfordernis nicht mit extensiver Strenge ausgelegt werden darf).

513 BGE 135 III 40; BGE 137 III 374, 375.
514 BGE 137 III 138, allerdings erst nach Abtretung des Anspruchs nach Art. 260 SchKG.
515 BGE 137 III 138.

3. Anerkennungsverfahren

Das Anerkennungsverfahren wird durch **Gesuch** der ausländischen Konkursverwaltung oder eines Konkursgläubigers eingeleitet. Das Verfahren richtet sich nach Art. 335 ff. ZPO, soweit weder das IPR oder ein Staatsvertrag etwas anderes bestimmen (Art. 335 Abs. 3 ZPO). Der Konkursschuldner ist nicht anspruchsberechtigt. **Örtlich** zuständig ist das schweizerische Gericht am Lageort von Vermögenswerten des Schuldners bzw. bei mehreren Lageorten das zuerst angerufene Gericht (Art. 167 Abs. 1 und 2 IPRG; für den Lageort von Forderungen vgl. Art. 167 Abs. 3 IPRG). Die **sachliche** Zuständigkeit regelt das kantonale Recht i.V.m. Art. 162–165 und 170 SchKG. 502

4. Entscheid und Publikation

Der **Anerkennungsentscheid** eines ausländischen Konkursdekretes **eröffnet gleichzeitig den schweizerischen Hilfskonkurs.** Deshalb ist der Entscheid zu veröffentlichen und gemäss Art. 169 Abs. 2 IPRG mitzuteilen. 503

5. Wirkungen der Anerkennung

a. Eröffnung des Anschlussrekurses

Die wesentliche Wirkung der Anerkennung eines ausländischen Konkurserkenntnisses bildet die **Eröffnung des Anschlusskonkurses** (Art. 170 ff. IPRG). Es handelt sich dabei aber nur um eine **Form der Rechtshilfe** zugunsten eines im Ausland durchgeführten Verfahrens. Die Durchführung des Anschlusskonkurses obliegt dem zuständigen schweizerischen Konkursamt.[516] Mit der Anerkennung ist das schweizerische Konkursamt befugt, die der ausländischen Konkursmasse gehörenden Rechte auszuüben, soweit es um in der Schweiz liegendes Vermögen geht.[517] Zu den in der Schweiz belegenen Vermögenswerten zählen auch paulianische Ansprüche des Schuldners gegenüber Anspruchsbeklagten in der Schweiz. 504

Der Entscheid über die Anerkennung eines ausländischen Konkurserkenntnisses unterliegt der **Beschwerde gemäss Art. 319 ff. ZPO** an die obere kantonale Instanz und dann der Zivilbeschwerde an das Bundesgericht.[518] 505

b. Durchführung des Anschlusskonkursverfahrens

Das Anschlusskonkursverfahren ist in Bezug auf das in der Schweiz gelegene Vermögen des ausländischen Konkursiten nach den **Bestimmungen des SchKG** 506

---

516 BGE 135 III 40, 44.
517 BGE 135 III 40, 44.
518 BGE 135 III 566, 569.

durchzuführen (vgl. Art. 170 IPRG). Alle ordentlichen schweizerischen Regeln des ordentlichen schweizerischen Konkursrechtes gelten für den Anschlusskonkurs ebenfalls. Allerdings finden sich in den Art.170–174 IPRG einige Besonderheiten. So wird weder eine Gläubigerversammlung durchgeführt noch ein Gläubigerausschuss gebildet (Art. 170 Abs. 3 IPRG). Vor allem aber erfährt der Kollokationsplan die in Rz 508 erwähnten Beschränkungen.

c. Klagen

507 **Anfechtungsklagen** (Art. 285 ff. SchKG) und **Admassierungsklagen** (Art. 242 SchKG) können nach der Anerkennung des ausländischen Konkurserkenntnisses von der ausländischen Konkursverwaltung erhoben werden. Zur **Kollokationsklage** nach Art. 250 SchKG sind nur die Pfandgläubiger und die privilegierten Gläubiger nach Art. 172 Abs. 1 IPRG legitimiert (Art. 172 Abs. 2 IPRG).[519]

d. Kollokationsplan und Verteilung

508 Der Kollokationsplan im Anschlusskonkurs fällt verhältnismässig bescheiden aus. Er beschränkt sich auf die **pfandgesicherten Forderungen** sowie die **privilegierten Forderungen** von Gläubigern mit Wohnsitz in der Schweiz. Die Verteilung erfolgt nach Art. 172 f. IPRG. Art. 173 und Art. 174 IPRG regeln das Schicksal eines allfälligen Überschusses.

e. Abtretung

509 Eine **inventarisierte Forderung** kann nach Auffassung des Bundesgerichts in analoger Anwendung von Art. 260 SchKG an die ausländische Konkursverwaltung abgetreten werden.[520]

6. Befugnisse der ausländischen Konkursverwaltung

510 Eine ausländische Konkursmasse kann nur die folgenden Handlungen durchführen:[521]

- Antrag auf Anerkennung des ausländischen Konkursdekretes (gleichsam als Voraussetzung der nachfolgenden Handlungen);
- Antrag auf Anordnung vorsorglicher Massnahmen wie Verfügungssperren (Art 170 SchKG) und Anordnung eines Güterverzeichnisses (Art. 162–165 SchKG);

519 Zum Ganzen vgl. BGE 137 III 570.
520 BGE 137 III 566, 569.
521 BGE 129 III 683, 688; BGE 137 III 570.

– Anhebung von Anfechtungsklagen gemäss Art. 285 ff. SchKG.

Nach Art. 171 IPRG bestimmt sich die Anfechtungsklage nach schweizerischem Recht. Ein allfälliger Vollstreckungserlös fällt zuerst in die schweizerische Partikularmasse, bis er unter den Voraussetzungen von Art. 173 IPRG der ausländischen Konkursverwaltung überwiesen wird. Denkbar ist auch eine Abtretung allfälliger Ansprüche der Hilfskonkursmasse gegenüber Dritten an die ausländische Konkursverwaltung in Anwendung von Art. 260 SchKG, sofern der ausländische Konkurs anerkannt worden ist und kein Gläubiger nach Art. 172 Abs. 1 IPRG die Abtretung verlangt.[522] 511

7. Wirkungen der Nichtanerkennung

Wird ein ausländisches Konkursdekret in der Schweiz nicht anerkannt, so wird auch kein Hilfskonkurs nach IPRG eröffnet. Die ausländische Konkursverwaltung kann in der Schweiz nichts unternehmen. 512

Wird das ausländische Konkursdekret anerkannt, nicht aber der ausländische Kollokationsplan, so wird der allfällige Überschuss nicht der ausländischen Konkursmasse überwiesen, sondern den Gläubigern mit Wohnsitz in der Schweiz, die in der dritten Klasse kolloziert werden, gutgeschrieben (Art. 174 Abs. 1 IPRG). 513

VII. Hauptkonkurs in der Schweiz

1. Formelle und materielle Grundzüge

Im IPRG nicht geregelt ist der Fall, wonach ein (Haupt-)Konkurs in der Schweiz eröffnet wurde und sich im Ausland Vermögenswerte befinden. Analog anwendbar ist Art. 46 SchKG über Sitz bzw. Wohnsitz. Die Antwort findet sich sodann aber auch in Art. 197 SchKG. Darnach ist in einem ordentlichen schweizerischen Konkursverfahren **sämtliches Vermögen** des Konkursiten, auch das im Ausland liegende, **in die schweizerische Konkursmasse** einzubeziehen. Deshalb ist das ausländische Vermögen auch in das schweizerische Konkursinventar aufzunehmen (Art. 27 Abs. 1 KOV).[523] Ob ein Einbezug des im Ausland liegenden Vermögens in die schweizerische Masse tatsächlich gelingt, hängt vom ausländischen Recht ab. 514

Die *lex fori concursus*, also das schweizerische Recht, bestimmt praktisch alle konkursrechtlichen Fragen. Demgegenüber sind materiellrechtliche Fragen (z.B. Verjährung einer Forderung im Rahmen einer Kollokation) nach dem gemäss IPRG (oder dem zutreffenden Staatsvertrag) massgebenden Recht zu bestimmen. 515

---

522 BGE 137 III 374.
523 Kren Kostkiewicz, SjL Internationales Privatrecht, N 1154.

2. Grundlage für die Wirkungserstreckung im Ausland

516 Es besteht keine staatsvertragliche Grundlage, welche ausländischen Gerichte und Behörden dazu verpflichten würden, schweizerische Insolvenzverfahren und deren Wirkungen anzuerkennen. Ausgenommen sind (oder waren)[524] die Staatsverträge mit Teilen von Deutschland. Somit gilt grundsätzlich allein das ausländische autonome internationale Insolvenzrecht.

3. Vermögenswerte im Ausland

517 **Dingliche Rechte** und **Wertpapiere** gelten als am effektiven Lageort belegen. Falls sie zum Zeitpunkt der Eröffnung des Konkurses in der Schweiz liegen, unterliegen sie der schweizerischen Zwangsvollstreckung. **Die Forderungen** des Gemeinschuldners gegen Dritte liegen am Sitz/Wohnsitz des Gemeinschuldners. Sie gelangen ohne Weiteres in die Konkursmasse. Immaterialgüterrechte werden gleich behandelt.

518 Sämtliche **im Ausland liegenden Vermögenswerte** sind nach Art. 27 KOV voraussetzungslos ins Inventar einzustellen. Da die schweizerische Konkursverwaltung nicht auf ausländischem Territorium tätig werden darf, hat sie sich für die Beibringung dieser Vermögenswerte der Rechtshilfe zu bedienen.

519 Zur Konkursmasse zu ziehen sind auch im Ausland liegende Vermögensstücke, an denen Pfandrechte haften (Art. 198 SchKG). Hierfür ist notfalls auf dem Rechtshilfeweg vorzugehen.

4. Klagen

520 Für die Admassierungs- und die Aussonderungsklage gelten im örtlichen Anwendungsbereich des LugÜ die Gerichtsstände der Art. 2 ff. LugÜ. Zwar schliesst Art. 1 Abs. 2 lit. b LugÜ Insolvenzverfahren von seiner Anwendung aus. Die erwähnten Klagen gehen jedoch weder unmittelbar aus den Insolvenzverfahren hervor noch stehen sie mit diesem in besonders engem Zusammenhang.[525]

521 Eine andere Regelung gilt für die paulianischen Anfechtungsklagen (Art. 285 ff. SchKG). Hier greift der Ausschluss nach Art. 1 Abs. 2 lit. b LugÜ und der Gerichtsstand bestimmt sich ausschliesslich nach Art. 289 SchKG. Darnach ist bei fehlendem Sitz/Wohnsitz in der Schweiz die Klage am Konkursort einzureichen.[526]

---

524 Vgl. zur Kontroverse um die Weitergeltung bestimmter Staatsverträge vorne Rz 491.

525 So das Abgrenzungskriterium des EuGH v. 22. Febraur 1979, Gourdain vs. Nadler, Rs. C-133/78, Slg. 1979 773 ff. (Rz 4); weiterführend Walter/Domej, 188 f.

526 Walter/Domej, 188 f. sowie Vock Dominik/Müller Danièle, SchKG-Klagen nach der Schweizerischen ZPO, Zürich 2012.

5. Ausländische Beteiligte im schweizerischen Verfahren

In einem Konkurs- oder Nachlassverfahren, das in der Schweiz stattfindet, haben Gläubiger mit Wohnsitz oder Sitz im Ausland grundsätzlich die gleichen Rechte wie Gläubiger mit Sitz oder Wohnsitz in der Schweiz. Sie sind sogar privilegiert, weil ihnen gemäss Art. 33 Abs. 2 SchKG längere Fristen als im SchKG eingeräumt oder dieselben verlängert werden können. 522

Bei Forderungen in fremder Währung ist diese vom Gläubiger auf den Tag der Konkurseröffnung in gesetzliche Schweizerwährung umzuwandeln. Ansonsten nimmt die Konkursverwaltung dies vor. 523

VIII. Niederlassungskonkurs

Der Niederlassungskonkurs ist streng vom Anschlusskonkurs zu unterscheiden. Er ist in Art. 50 SchKG geregelt. Es müssen **zwei Voraussetzungen** kumulativ gegeben sein: 524

- Geschäftsniederlassung in der Schweiz eines ausländischen Schuldners,
- Zwangsvollstreckung von Verbindlichkeiten der Geschäftsniederlassung.

Der konkursrechtliche Begriff der Zweigniederlassung entspricht weitgehend demselben nach Art. 935 OR.[527] Art. 160 Abs. 2 IPRG enthält eine Koordinationsnorm, die das Verhältnis zwischen dem Partikularkonkurs nach Art. 50 SchKG und dem Hilfskonkurs nach Art. 170 ff. IPRG regelt. Der Niederlassungskonkurs schliesst einen parallelen Hilfskonkurs nicht aus, geht diesem aber vor. Der Niederlassungskonkurs ist allerdings beschränkt: Er erstreckt sich nur auf Forderungen, die sich auf den Geschäftsbetrieb der Niederlassung beschränken und nur das in der Schweiz belegene Vermögen ist zur Partikularmasse heranzuziehen. 525

IX. Sanierungsverfahren im Besonderen

Ein Insolvenzverfahren kann sowohl in einem **Konkurs- als auch in einem Sanierungsverfahren (Nachlassstundung)** münden. Für den letzteren Gegenstand ist im IPRG nur eine einzige Norm, Art. 175 IPRG, vorhanden. Diese erklärt Art. 166–170 IPRG für ausländische Nachlassverfahren als *sinngemäss* anwendbar. Somit sind auch ausländische Sanierungsverfahren (etwa ein «Chapter 11»-Ver- 526

527 BGE 117 II 87. Eine Eintragung der Niederlassung ins Handelsregister ist keine notwendige Voraussetzung für deren Betreibungs- und Konkursfähigkeit (BGE 114 II 11); ist die Niederlassung aber im Handelsregister eingetragen, ist nur die Konkursbetreibung zulässig (Art. 39 SchKG).

fahren nach US Bankrupcy Code)[528] in der Schweiz anerkennbar und somit auch deren Wirkungen (etwa auf bestimmte Vertragsverhältnisse). Der Verweis in Art. 175 IPRG klammert die Bestimmungen über das IPRG-Anschlussverfahren (Art. 171 ff. IPRG) aus. Es kommt demnach lediglich zu einem Anerkennungsverfahren, nicht aber zu einem «Anschlusssanierungsverfahren» in der Schweiz.[529]

527 Bezüglich eines in der Schweiz zu eröffnenden Sanierungs- bzw. Nachlassverfahrens gelten bezüglich der Eröffnungszuständigkeit Art. 46 SchKG i.V.m. Art. 20 IPRG; das Verfahren richtet sich nach den Art. 293 ff. SchKG. Die Unmöglichkeit oder Unzumutbarkeit, am ausländischen Sitz ein Sanierungsverfahren durchzuführen, kann die Frage nach einer Notzuständigkeit in der Schweiz (Art. 3 IPRG) aufwerfen, sofern etwa der faktische Sitz des Unternehmens in der Schweiz liegt.

---

528 Vgl. dazu statt vieler Meier Isaak, Chapter 11 im Vergleich mit dem schweizerischen Nachlassverfahren, in: Basedow Jürgen et al. (Hrsg.), Private Law in the International Arena, Liber Amicorum Kurt Siehr, Zürich 2000, S. 446–463.

529 Ausführlich zum internationalen Sanierungsrecht der Schweiz Bopp Lukas, Sanierung im Internationalen Insolvenzrecht der Schweiz, Basel 2004.

Sachregister

A

B

C

D

E

F

G

M

N

O

P

R

S

T

U